MASTER
SUPER FAST, SUPER QUICK

宅建士
超速マスター

2025年度版

TAC宅建士講座 専任講師
都丸 正弘

はじめに

短時間で効率よく、
『覚えた知識』を『問題が解ける知識』に

　以前、教室で生徒さんから「先生、テキストを全部丸暗記したら合格できますか？」と聞かれたことがあります。そのとき私は、「丸暗記しただけでは合格できません。同じ論点でもいろいろな聞き方があり、また、ひっかけもあるため、テキストに書いてあった内容が、本試験ではどのように出題されているのかを把握し、本試験で問題が解けるように準備しておかなければいけません。したがって、ある項目を勉強したら、忘れないうちに問題を解いて、『覚えた知識』を『問題が解ける知識』にレベルアップさせる必要があります」という内容の話をしました。

　つまり、「知識を頭に入れる（インプット）」と「頭に入れた知識を場面に応じて使い分けて問題を解く（アウトプット）」は別のものなのです。そして、本試験では、問題を解く（アウトプット）力が必要になります。

　合格するためには、基本書を読み、過去に出題された問題を解く必要があるのですが、これには大きく分けて2つのルートがあります。ひとつ目は、厚い基本書でたくさんの論点に触れ、理解してから過去問を解くというルート。ふたつ目は、薄い基本書で重要論点の把握をしたら、あとは繰り返し過去問を解くことによって力をつけていくというルートです。

　どちらも「合格」という目的地は同じですが、そこへ至るルートが違うのです。そして本書は、後者のルートを選択した方のためのものであり、合格に必要な重要論点を短時間で把握でき、また、いつでも持ち歩いて、気になったらすぐに確認できるようコンパクトにまとめた「超速」基本書となっています。

　後述の「本書の使い方」に、効率よく勉強を進めるための方法が記載してありますので、参考にしてください。

　本書を使用されたみなさんの合格を心からお祈りしています。

2025年2月

TAC宅建士講座講師　都丸正弘

本書の使い方

1 まずは本文を読みましょう。

本書は、宅建士試験の合格のために"これだけは知っておきたい"という内容を厳選して掲載しています。また、できるだけ短時間で読み切れるように、わかりやすく、かみくだいた表現で記述しています。重要な部分は赤字や太字で書かれていますので、1度目はそういった部分を中心に時間をかけずに読み進め、2度目以降は理解&暗記しながらスピーディに学習していくようにしてください。

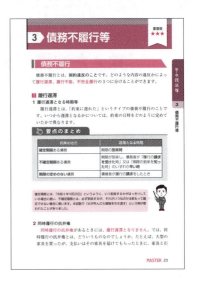

2 要点のまとめ 講義のまとめ で要点整理をしましょう。

〔要点のまとめ〕は各項目のまとめ、〔講義のまとめ〕は各テーマのまとめになっています。〔要点のまとめ〕でそれぞれの項目が"要するにどういうことなのか"を把握し、〔講義のまとめ〕でテーマの全体像を整理して理解することで、"実戦で使える知識"にすることができます。

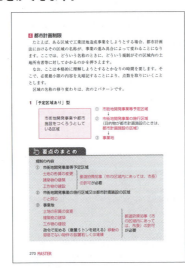

③ 📝 頻出！一問一答 で知識の確認＆定着をはかりましょう。

各テーマの終わりには、一問一答形式の〔頻出！一問一答〕を掲載しています。記憶の定着にはインプットだけでなく、アウトプットも欠かせません。本文を読んだら、すぐに〔頻出！一問一答〕で今、学んだ知識の確認をしましょう。**それぞれの選択肢について"どうして○なのか""どこが×なのか"といった、理由を考えながら解答する**ことも重要です。もし間違えてしまった場合は、必ず本文に戻って復習するようにしましょう。

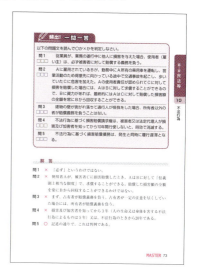

④ 重要度別の★マークを使って、メリハリをつけながら学習しましょう。

本試験での重要度を考慮し、それぞれのテーマには3段階で★マークをつけています。**どこに時間を割くか、どこは軽く済ませるか**など、自分なりの"宅建士合格戦略"の指針として、ぜひご活用ください。

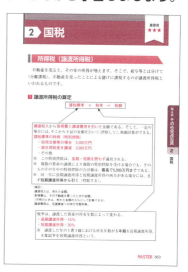

『超速マスター』を使った "合格のため" の学習法

1 何度も繰り返し読む

　本書はとてもコンパクトな内容になっています。早い方であれば、1週間もあれば読み切ることができるでしょう。**知識を定着させる方法として、最も早くかつ最も有効な手段は繰り返すことです。**何度でも、本書を繰り返し読んでください。

　本試験ではだれもが緊張します。普段の力が出せるとは限りません。そんな時、唯一頼れるのは、**何度も繰り返すことで頭にしっかりと残った自分の知識だけ**です。必要なことは書き込んだり、覚えるべきことにはマーカーを引いたりして、本書を徹底的に自分のものにしてください。

2 本文→まとめ→一問一答のサイクルで知識を定着

　本文で得た知識を〔要点のまとめ〕〔講義のまとめ〕で整理し、〔頻出！一問一答〕で確認＆定着するというサイクルをしっかり回しましょう。**できるだけ早く1度目を読み切った後、2度目、3度目以降はこのサイクルを意識しながら同時に過去問にも取り組む**ことで着実に力がついていきます。さらに4度目、5度目と回を重ねれば、合格という目的地はどんどん近くなることでしょう。

3 確実な知識を得る

　あやふやな10の知識はひとつの正確な知識にかないません。宅建士試験では、受験者の方の7割が正解する問題を確実に正解し、5割の方が正解する問題を数問から半分程度、追加で正解できればよいのです。逆に、こうした問題を間違えてしまうと、道は遠く険しくなります。**効率重視の学習では、合格に必要十分であり、かつ確実な知識だけを武器に戦うのが正攻法です。**徹底的に内容を絞り込んだ本書や過去問に取り組んだ回数だけがみなさんの実力につながります。

4 過去問に取り組む

　どんな試験にもいえることですが、過去問は宝の山です。宅建士の試験でも、過去に出された問題が少しアレンジされた形で出題されることは多くあります。過去問に取り組むことで、どんな知識が必要なのか、どんな形式で出題されるのかなど、さまざまな情報が手に入ります。**最大限の学習効果を得るには、戦う相手をよく知ることがとても大切です。**『わかって合格る宅建士 過去問12年PLUS』などを使い、しっかりと試験問題に慣れた状態で本試験に臨みましょう。

宅建士試験は例年、４月１日現在施行中の法令等に基づいて出題されます。本書は２月１日現在施行されている法令に基づいておりますので、試験団体の実施公告にご注意いただくとともに、改正情報については、以下の『法律改正点レジュメ』などで必ずご確認をお願いいたします。

《『法律改正点レジュメ』のご案内》

法改正情報・最新統計データを網羅した、ＴＡＣ宅建士講座の『法律改正点レジュメ』を、2025年７月よりＴＡＣ出版ウェブページ「サイバーブックストア」内で無料公開いたします（パスワードの入力が必要です）。

ご確認方法
- ● ＴＡＣ出版で検索し、TAC出版ウェブページ「サイバーブックストア」へアクセス
- ● 「各種サービス」より「書籍連動ダウンロードサービス」を選択し、「宅地建物取引士 法律改正点レジュメ」に進み、パスワードを入力してください。

パスワード：251011433
公開期限：2025年度宅建士本試験終了まで

目　次

第1章　民法等

1　意思表示
契約について ……………………………………………… 2
意思表示 …………………………………………………… 2

2　制限行為能力者等
制限行為能力者 ………………………………………… 15
意思能力 ………………………………………………… 20

3　債務不履行等
債務不履行 ……………………………………………… 23
契約の解除 ……………………………………………… 25
手　付 …………………………………………………… 27
危険負担等 ……………………………………………… 28

4　契約不適合（担保責任）
契約不適合とは ………………………………………… 31

5　代　理
代　理 …………………………………………………… 37
無権代理 ………………………………………………… 39

6　時　効
時　効 …………………………………………………… 45

7　債権譲渡・債権の消滅
債権譲渡 ………………………………………………… 52
債権の消滅 ……………………………………………… 54

8　保証・連帯保証、連帯債務
保証債務 ………………………………………………… 60
連帯債務 ………………………………………………… 62

9 請 負
請 負 ……………………………………………… 67

10 不法行為
不法行為 ……………………………………………… 70

11 物 権
所有権 ……………………………………………… 74
地上権・地役権 …………………………………… 78

12 物権変動の対抗要件
物権変動の対抗要件 ……………………………… 82

13 抵当権
抵当権 ……………………………………………… 86

14 相 続
相 続 ……………………………………………… 94

15 不動産登記法
登 記 ……………………………………………… 104

16 賃貸借（民法）
賃貸借 ……………………………………………… 112

17 借地権（借地借家法）
借地権 ……………………………………………… 119

18 借家権（借地借家法）
借家権 ……………………………………………… 127

19 区分所有法（マンション法）
区分所有法（マンション法）…………………… 136

第2章 宅建業法

1 用語の定義
宅地建物取引業法とは ………………………………………… 142

2 免 許
免許制度 ………………………………………………………… 147

3 宅建士
宅建士制度とは ………………………………………………… 162

4 保証金制度
営業保証金 ……………………………………………………… 175
保証協会 ………………………………………………………… 178

5 取引における諸規定
広告・契約締結上の規制 ……………………………………… 188
事務所・案内所等 ……………………………………………… 189
業務における諸規定 …………………………………………… 192

6 媒介契約
媒介契約とは …………………………………………………… 197

7 重要事項の説明
重要事項の説明とは …………………………………………… 205

8 37条書面
37条書面とは …………………………………………………… 213

9 8種規制
8種規制とは …………………………………………………… 218

10 報 酬
報酬の制限 ……………………………………………………… 234

11 監督・罰則
監督処分 ………………………………………………………… 244
罰 則 …………………………………………………………… 250

12 住宅瑕疵担保履行法
住宅瑕疵担保履行法とは ……………………………………… 253

第3章 法令上の制限

1 都市計画法（都市計画全般）
都市計画法とは ………………………………………… 260

2 都市計画法（開発許可）
開発許可制度とは ……………………………………… 274

3 建築基準法（建築確認等）
建築確認制度とは ……………………………………… 285
建築基準法の適用されない建築物 ………………… 288

4 建築基準法（単体規定）
単体規定とは …………………………………………… 290

5 建築基準法（用途制限）
用途制限とは …………………………………………… 292

6 建築基準法（道　路）
敷地等と道路との関係 ……………………………… 295

7 建築基準法（建蔽率・容積率）
建蔽率とは ……………………………………………… 299
容積率とは ……………………………………………… 301

8 建築基準法（防火規制）
防火地域・準防火地域 ……………………………… 308

9 建築基準法（高さ規制・その他）
高さ規制とは …………………………………………… 311
その他の建築基準法の規定 ………………………… 314

10 農地法
農地法の目的 …………………………………………… 317

11 国土利用計画法
国土利用計画法の目的 ……………………………… 323

12 土地区画整理法
土地区画整理法の目的 ……………………………… 334

13 盛土規制法・その他の法令制限
盛土規制法(宅地造成及び特定盛土等規制法)の目的 … 342
その他の法令制限 …………………………………… 349

第4章 その他関連知識

1 地方税
税法について ……………………………………… 354
不動産取得税 ……………………………………… 355
固定資産税 ………………………………………… 357

2 国税
所得税（譲渡所得税）……………………………… 363
印紙税 ……………………………………………… 369
登録免許税 ………………………………………… 371

3 不動産鑑定評価基準・地価公示法
不動産鑑定評価基準 ……………………………… 376
地価公示法 ………………………………………… 379

4 住宅金融支援機構法
住宅金融支援機構 ………………………………… 384

5 不当景品類及び不当表示防止法
不当景品類及び不当表示防止法 ………………… 387

6 土地・建物の知識
土　地 ……………………………………………… 397
建　物 ……………………………………………… 400

第1章

民法等

「民法等」からは、例年、民法10問、借地借家法2問、区分所有法1問、不動産登記法1問の計14問が出題されています。

この分野の中心となる民法は、たとえばAさんとBさんの法的利害が対立した場合、どのように調整して解決するのかを規定した法律です。試験対策としてだけでなく、実社会においても大変有用な知識ですので、しっかりと押さえていきましょう。

1 意思表示

重要度 ★★★

契約について

契約は、原則として、申込みと承諾の意思表示が合致することにより成立します。

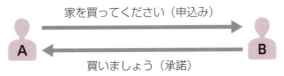

この契約の成立により、Aには「家を引き渡す義務」が発生し、Bには「代金を支払う義務」が発生します。逆からいうと、Aは「代金を請求する権利」を取得し、Bは「家の引渡しを請求する権利」を取得します。つまり、売買契約が成立すると、AとBの当事者間に権利や義務が発生するのです。

そして、契約にかかった費用は、原則として、双方が等しい割合（半分ずつ）で負担します。

なお、相手に対して有する権利を「債権」といい、逆に、負う義務のことを「債務」といいます。したがって、権利を有している人を「債権者」、義務を負っている人を「債務者」といいますので、必ず覚えておいてください。

意思表示

今から、「本当は売りたくはなかった」けれども、強迫されて売買契約を締結させられた等のトラブルを含んだ契約関係について見ていきます。

1 心裡留保

意思表示をした者（表意者）が、真意とは異なる（矛盾している）ことを知りながら行った意思表示のことです。

1 当事者間

Aは、売るつもりがまったくないにもかかわらず、自己が所有する土地をBに売る売買契約を冗談のつもりで締結した。この場合、Aは、本当に土地をBに渡す必要があるのでしょうか？

要点のまとめ

原則…契約は有効。
例外…Bが冗談であることを知っていた（悪意）場合や注意すれば知ることができた（善意有過失）ときは無効。

民法を勉強していると「善意」とか「悪意」という単語がよく出てきます。善意は「知らない」という意味で、悪意は「知っている」という意味になります。また、「善意無過失」と「（善意）有過失」もよく出てきます。善意無過失は、「知らなかったけれど、そのことに落ち度はなかった」という意味で、善意有過失は、「知らなかったけど、そのことについて落ち度があった（注意すれば気がついたはず）」という意味になります。

2 善意の第三者との関係

上のケースに、もう一人登場人物を増やすと次のようになります。

冗談であることに気付いていたBが、その事情を知らないCにこの土地を転売してしまった。この場合、Aは、Cに対してその土地の所有権を主張することができません。

> ### 要点のまとめ
>
> 善意の第三者との関係（ＡＢ間が無効の場合）
> Ｃが善意（知らなかった）の場合…ＡはＣに対抗できない（Ｃから取り戻すことができない）。
> ※ 過失の有無は問わない。

2 通謀虚偽表示

表意者（意思表示をした者）が、相手方と通謀して（示し合わせて）行った虚偽（ウソ）の意思表示をいいます。

1 当事者間

Ａが債権者甲からの差押えを免れるため、悪友Ｂと相談し、Ａ所有家屋をＢに売ったこととする売買契約をでっち上げ、登記の名義をＢに移した。この家の所有者は、本当にＢになったのでしょうか？

→そんなハズはありません。この契約は無効です。

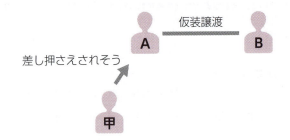

2 善意の第三者との関係

ＢがＡを裏切って、その事情を知らないＣに売却してしまった場合、Ａは、ＡＢ間が仮装譲渡であったことを理由に、Ｃに対して所有権を主張し、その家屋の返還を求めることができるでしょうか？

この場合、仮装譲渡をしたＡよりも善意のＣを保護すべきです。したがって、Ａは、Ｃに返還を求めることができません。ついでに申し上げると、Ｃは善意であれば、登記がなくてもＣの勝ちというのが判例です。

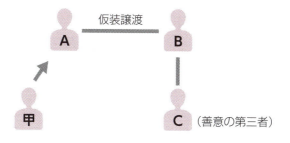

3 転得者がいる場合

Cから転売を受けたDを転得者といいます。今度はA対Dであり、パターンは2つあります。

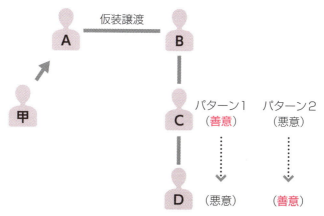

※ どちらのパターンも、Dの勝ち（Aは対抗できない＝判例）となる。

要点のまとめ

（1）当事者間
　　契約は無効。
（2）善意の第三者との関係
　　Aは善意の第三者Cに対抗できない（Cから取戻しできない）。
（3）転得者がいる場合
　　Aは、転得者Dが善意なら対抗できない。また、転得者Dが悪意であってもC（第三者）が善意なら、同様に対抗できない。

3 錯誤

1 当事者間

錯誤とは勘違いのことです。例えば、有名な画家が描いた絵を100万円で売るつもりだったのに、誤って売買契約書には10万円と書いてしまったというような場合（これを「表示の錯誤」という）や、今なら課税されないと信じていたAが、自己が所有する土地をBに売却したところ、後に課税されたというような場合（これを「動機の錯誤」という）が該当します。この場合、AB間の契約は**有効**ですが、A（表意者）は一定の要件を満たせば**取消し**を主張することができます。

取り消すためには、上記にあるような「表示の錯誤」又は「動機の錯誤」に該当しており、次の要件を両方とも満たす必要があります。なお、動機の錯誤を理由に取り消すためには、動機が相手に表示されている必要があります。

① その契約の**重要な部分**の錯誤であること
　※ 条文上は、「その錯誤が法律行為の目的及び取引上の社会通念に照らして重要なもの」という。
② 原則として、表意者に**重過失**がないこと

2 善意無過失の第三者との関係

ＡＢ間の売買契約が錯誤により取り消された場合において、目的物である家屋が、そういった事情を知らないＣに転売されていたとき、Ａは、Ｃに対して、ＡＢ間の契約取消しを理由に、その家屋の返還を求めることができるでしょうか？

この場合、AはCが**善意無過失**だったときには、Cに**対抗できません**（所有権を主張できない）。

3 補足

左記**1**②にあるように、表意者に重過失があると取消しはできません。しかし、これには例外があり、以下の①、②、③のどれかに該当すると、表意者に**重過失があっても取消し可能**となります。

① 相手方が表意者に錯誤があることを**知っていた**
② 相手方が表意者に錯誤があることを**重大な過失**によって**知らなかった**
③ 相手方が表意者と**同一の錯誤**に陥っていた

要点のまとめ

（1）当事者間

契約は有効だが取り消すことができる。取り消すためには、「表示の錯誤」又は「動機の錯誤」に該当した上で、以下の2つを満たさなければならない。

① その契約の重要な部分の錯誤であること
② 原則として、表意者に重過失がないこと

（2）善意無過失の第三者との関係

表意者Aは、善意無過失の第三者Cに対抗できない。

（3）例外

表意者に重過失があっても、以下のいずれかに該当すると取消し可能となる。

① 相手方が表意者に錯誤があることを知っていた
② 相手方が重大な過失によって知らなかった
③ 相手方が表意者と同一の錯誤に陥っていた

4 詐欺

1 当事者間

Aは、Bにだまされて自己所有不動産をBに売却する契約を締結した。この契約は**有効**です。しかし、**取り消すことができます**。取消しをすると、その契約は、契約をしたときにさかのぼってなかったことになるので、引渡し済みの不動産を返還してもらうことができます。

2 善意無過失の第三者との関係

Bが、Aをだまして取得した不動産を、善意無過失（事情を知らず、そのことについて落ち度もない）のCに譲渡した後、Aがだまされたことに気がついてAB間の売買契約を取り消した場合、AはCにその不動産の返還を請求することができるでしょうか？

この場合、だまされたという落ち度のあるAよりも、**善意無過失のCの保護を優先**します。したがって、AはCから取り戻すことが**できません**。

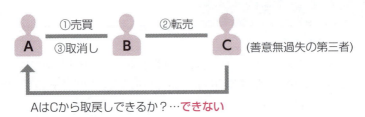

3 第三者からの場合

Aが、Cからだまされて自己所有不動産を、善意無過失のBに売る契約を締結した。その後、Cからだまされたことに気づいたAは、そのことを理由としてBとの契約を取り消すことができるでしょうか？

この場合も、だまされたAよりも**善意無過失のBの保護を優先**し、AはBとの契約を取り消すことが**できません**。

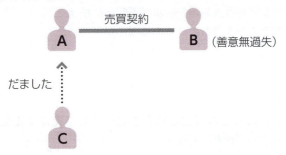

要点のまとめ

（1）当事者間
　契約は有効。ただし、だまされて契約した者は、その契約を取り消すことができる。
（2）善意無過失の第三者との関係
　詐欺による契約の取消しは、善意無過失の第三者に対抗できない。
（3）第三者からだまされた場合
　だまされて契約した者は、善意無過失の相手との契約を取り消すことができない。

5 強迫

1 当事者間

　Aは、Bから強迫されて自己所有不動産をBに売却する契約を締結した。この契約は有効です。しかし、取り消すことができます。したがって、詐欺のときと同様に、取消しをすると、その契約は、契約をしたときにさかのぼってなかったことになるので、引渡し済みの不動産を返還してもらうことができます。

2 善意無過失の第三者との関係

　Bが、Aを強迫して取得した不動産を、善意無過失のCに譲渡した後、Aが強迫を理由としてAB間の売買契約を取り消した場合、AはCにその不動産の返還を請求することができるでしょうか？

　この場合、善意無過失のCの保護よりも、強迫されたAの保護を優先します。したがって、AはCから取り戻すことができます。

詐欺と結論が逆になります。

3 第三者からの場合

　Aが、Cから強迫されて自己所有不動産を、善意無過失のBに売る契約を締結した。その後、Cからの強迫を理由として、Aは、Bとの契約を取り消すことができるでしょうか？

　この場合も、強迫されたAの保護を優先します。したがって、AはBとの契約を取り消すことができます。

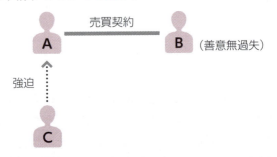

ここも、詐欺と結論が逆になります。

要点のまとめ

（1）当事者間
　　契約は有効。ただし、強迫されて契約した者は、その契約を取り消すことができる。

（2）善意無過失の第三者との関係
　　強迫による契約の取消しは、善意無過失の第三者に対抗できる。
　　　※　詐欺と結論が逆になる。

（3）第三者から強迫された場合
　　強迫されて契約した者は、善意無過失の相手との契約を取り消すことができる。
　　　※　詐欺と結論が逆になる。

6 追認と取消権の消滅

　取り消すことができる行為（契約）を「取消ししません。そのままでいいです」というのが追認です。当然のことながら、追認したらもう取消しはできなくなります。

　また、追認できるようになってから5年、又は、行為のときから20年経った場合（どちらか早い方）にも、取消権は消滅します。したがって、詐欺であれば、だまされたことを知ってから5年間取消しをしないでいると、取消権は消滅します。

講義のまとめ

1．基本パターン

	当事者間	第三者に対して
心裡留保	原則：有効	
	例外：無効（相手方が悪意又は善意有過失の場合）	**善意**の第三者に**対抗できない**
通謀虚偽表示	無効	**善意**の第三者に**対抗できない**（※1）
錯誤	有効。ただし、表示の錯誤か動機の錯誤に該当し、①②を満たすと取消し可 ①**重要な部分の錯誤** ②原則、表意者に**重過失なし**	**善意無過失**の第三者に**対抗できない**（※2）
詐欺	有効（取り消すことができる）	**善意無過失**の第三者に**対抗できない**（※2）
強迫	有効（取り消すことができる）	**善意無過失**の第三者に**対抗できる**（※2）

※1　善意の第三者は、「過失の有無」および「登記の有無」を問わない。また、転得者も第三者に入る。

※2　錯誤・詐欺・強迫の「第三者に対して」は、転売後に取消しをした場合。

2．第三者からの場合

	善意無過失の相手との契約
第三者からだまされて契約した	**取消しできない**
第三者から強迫されて契約した	**取消しできる**

12 **MASTER**

頻出! 一問一答

以下の問題文を読んで〇か×かを判定しなさい。

問1 □□□　Aが冗談で売買契約の申込みをしたところ、Bが本気になって承諾をした。この契約は、Aの申込みが冗談であったことから、原則として、無効である。

問2 □□□　Aが債権者からの差押えを免れるため、悪友Bと相談し、A所有家屋をBに売ったこととする売買契約をでっち上げ、登記の名義をBに移したところ、BがAを裏切って、その事情を知らないCに売却してしまった。Aは、AB間が仮装譲渡であったことを理由に、Cに対して所有権を主張し、その家屋の返還を求めることができる。

問3 □□□　錯誤による契約は、表意者に重過失がなければ、無効を主張することができる。

問4 □□□　Aは、その所有する甲土地を譲渡する意思がないのに、Bと通謀して、Aを売主、Bを買主とする甲土地の仮装の売買契約を締結した。その後、善意のCがBから甲土地を買い受けた場合、Cがいまだ登記を備えていなくても、AはAB間の売買契約の無効をCに主張することができない。

問5 □□□　Aは、その所有する甲土地を譲渡する意思がないのに、Bと通謀して、Aを売主、Bを買主とする甲土地の仮装の売買契約を締結した。その後、甲土地がBから悪意のCへ、Cから善意のDへと譲渡された場合、AはAB間の売買契約の無効をDに主張することができない。

問6 □□□　A所有の甲土地につき、AB間で売買契約が締結された。Bは、甲土地は将来地価が高騰すると勝手に思い込んで売買契約を締結していたが実際には高騰しなかった場合、動機の錯誤を理由に本件売買契約を取り消すことができる。

問7 □□□　詐欺によってなされた契約の取消しは、善意無過失の第三者に対抗することができる。

問8 □□□　強迫によってなされた契約は無効である。

第1章 民法等

1 意思表示

MASTER 13

問9 □□□	Ａが、Ｃにだまされて自己所有家屋を善意無過失のＢに売却する契約を締結した場合、Ａは、この契約を取り消すことができる。
問10 □□□	Ａが、Ｃに強迫されたことによって自己所有家屋を善意無過失のＢに売却する契約を締結した場合、Ａは、この契約を取り消すことができる。

※　本書は、「重要論点」を短時間で押さえることができるように編集された超速"テキスト"です。したがって、必ず別に過去問題集を用意し、項目ごとの過去問を解いて、論点のチェックと本試験問題の文章表現に慣れる作業も忘れずに行いましょう。

解　答

問1　×　原則として、有効である。

問2　×　善意の第三者には、対抗できない。

問3　×　錯誤による契約は有効であるが、一定の場合には取消しができる。無効ではない。

問4　○　問2にもあるように、Ａは善意の第三者には、対抗できない。そして、判例は、第三者は「善意」であれば、「登記をしていなくても保護される」としている。

問5　○　Ｃは悪意であったが、転売を受けたＤが善意だった場合、Ａは、ＡＢ間の売買契約の無効をＤに主張することができない。

問6　×　動機の錯誤を理由に取り消すためには、動機が相手に表示されている必要がある。本問は、「将来地価が高騰すると勝手に思い込んで」とあり、相手に動機が表示されていないと解される。したがって、取消しできない。

問7　×　善意無過失の第三者に対抗できない。

問8　×　有効である（取消しができる）。

問9　×　取り消すことができない。

問10　○　取り消すことができる。

2 制限行為能力者等

重要度 ★★☆

制限行為能力者

　制限行為能力者という制度は、一般の人と比べて判断力が不足している人を保護しようとするものです。
　制限行為能力者には、未成年者、成年被後見人、被保佐人、被補助人の4つがあります。このうち、未成年者は年齢に着目して保護の対象としますが、それ以外は、認知症を典型例とした判断力が不足している人たちということになります。
　この判断力の不足の程度によって、成年被後見人、被保佐人、被補助人に分けられます。この中では、成年被後見人がいちばん判断能力が低く、被補助人がいちばん高くなります。

1 未成年者

　未成年者とは、18歳未満の者です。

> したがって、18歳から成年となり、婚姻できる年齢も男女問わず18歳からになります。

　未成年者には、親権者又は未成年後見人という保護者がつきます。この保護者の立場は法定代理人であり、未成年者を保護するため、**同意権**、**代理権**、**取消権**、**追認権**を有します。
　未成年者が保護者に相談することなく勝手に売買契約等を行った場合、その契約は有効ですが、取消しできるものとなります。したがって、相手方は取消しをされたくなければ、保護者の同意をもらってきてもらうか、保護者に代理人として契約してもらうことになります。そうすれば、取消しという話の出ない契約になります。
　なお、未成年者が勝手にやった契約の取消しは、未成年者本人や法定代理人は当然のことながら、契約時は未成年者であったが今は成年者という元未成年者もできます。

要点のまとめ

1. 未成年者とは18歳未満の者である。
2. 未成年者が単独で行った契約は、有効であるが取消しできる。
   なお、単独で行っても取消しできないものがある（以下の3つ）。
   ① 単純に贈与を受けるだけ等の権利を得、又は義務を免れる行為
   ② こづかいでお菓子を買う等の法定代理人が処分を許した財産の処分行為
   ③ 法定代理人から営業許可を受けた場合、その業務に関してする行為
3. 保護者は親権者又は未成年後見人である。未成年後見人は法人でもなれるし、複数の者がなることもできる。
4. 法定代理人が有している権限は、同意権、代理権、取消権、追認権である。
5. 取消しできる者は、未成年者本人、法定代理人、今は成年者になった元未成年者。

2 成年被後見人

　家庭裁判所から「後見開始の審判」を受けることにより、契約等の取消しができる "保護すべき人" となります。この成年被後見人にも保護者がつきますが、この保護者のことを「**成年後見人**」といいます。立場は、未成年者の保護者と同様に法定代理人です。成年後見人が有している権限は、**代理権**、**取消権**、**追認権**であり、同意権は有していません。

　なお、代理権を有しているからといって、なんでも好きにできるわけではありません。成年後見人が、成年被後見人に代わって、その居住の用に供する建物又はその敷地について、売却、賃貸、賃貸借の解除又は抵当権の設定等をするには、家庭裁判所の許可を得る必要があります。

　成年被後見人が行った行為は、日常生活に関する行為を除いて取り消すことができます。なお、保護者である成年後見人は同意権を有していないので、成年被後見人が成年後見人の同意を得て行った売買契約等も取消しできることになります。

　なお、成年被後見人が行った契約の取消しができるのは、成年被後見人

16 **MASTER**

本人、成年後見人、そして後見開始の審判を取り消されて普通の人に戻った元成年被後見人です。

要点のまとめ

1. 家庭裁判所から「後見開始の審判」を受けることにより、成年被後見人となる。
2. 成年被後見人の行った契約は、有効であるが取消しできる。ただし、日常生活に関する行為については取消しできない。
3. 法定代理人が有している権限は、代理権、取消権、追認権である。
4. 成年後見人が、成年被後見人に代わって、その居住の用に供する建物又はその敷地について、売却、賃貸、賃貸借の解除又は抵当権の設定等をするには、家庭裁判所の許可を得る必要がある。
5. 取消しできる者は、成年被後見人本人、法定代理人、後見開始の審判を取り消された元成年被後見人

3 被保佐人

家庭裁判所から「保佐開始の審判」を受けることにより、被保佐人になります。かなりの行為が単独ででき、重要な財産上の行為だけ保佐人という保護者の同意が必要となります。したがって、同意を得ずに以下の「保佐人の同意を要する重要な財産上の行為」をした場合には、取消し可能となります（逆からいうと、以下に該当しない行為は、勝手にやっても取消しできない）。

保佐人の同意を要する重要な財産上の行為

① 保証をすること
② 不動産その他重要な財産の売買等をすること
③ 相続の承認若しくは放棄又は遺産の分割をすること
④ 贈与の申込みを拒絶すること
⑤ 新築、改築、増築又は大修繕をすること
⑥ 一定の期間を超える賃貸借をすること
⑦ その他

第1章 民法等

2 制限行為能力者等

MASTER 17

なお、保佐人の同意が必要な行為について、被保佐人に不利益とならない場合であるにもかかわらず、保佐人が同意しないときには、被保佐人の請求により、**家庭裁判所**は、**保佐人の同意に代わる許可**を与えることができます。

　また、保佐人は、未成年者や成年被後見人の保護者と違って、法定代理人ではありません。この保佐人が有している権限は、**同意権**、**取消権**、**追認権**です。ただし、一定の場合には代理権を与えられることがあります。

　そして、被保佐人が単独で行った重要な財産上の行為について取消しができるのは、被保佐人、保佐人、そして保佐開始の審判を取り消されて普通の人に戻った元被保佐人です。

4 被補助人

　家庭裁判所から「**補助開始の審判**」を受けることにより、被補助人になります。制限行為能力者の中で、いちばん単独でできる行為が多く、**補助人**という保護者の同意を得なければならない行為が家庭裁判所から指定されます（前出の「保佐人の同意を要する重要な財産上の行為」の中から一部が選ばれる）。

5 制限行為能力者の取消しとその効力

　ここからは、制限行為能力者全体の話です。

　制限行為能力を理由として契約を取り消した場合、その取消しは**善意の第三者に対抗することができます**。

事例）

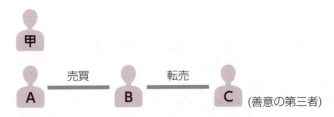

※　未成年者Ａが、保護者甲に無断で自己所有不動産をＢに売却した。この契約は

有効である。そして、ＢがＣに転売した後、甲がＡＢ間の売買契約を取り消した場合、Ａは善意のＣから不動産を取り戻すことができる。

6 取引の相手方の保護

上の事例であれば、Ｂはいつ契約を取り消されるかわかりません。Ｃへの転売後に取り消されると、ＢはＣから損害賠償請求をされることもあり得ます。そこで、Ｂは、甲に「取消しをするか、追認するか」の返事をくれるよう**1か月以上**の期間を定めて**催告**できることになっています。

相手方は誰に催告できるのか、そして返事がなかった場合は？

取引した者	誰に催告をするのか	返事がない場合
未成年者又は成年被後見人	法定代理人又は制限行為能力者でなくなった本人	追認とみなす
被保佐人又は**被補助人**	保護者又は制限行為能力者でなくなった本人	追認とみなす
	未だ制限行為能力者である本人	取消しとみなす

7 詐術（さじゅつ）

制限行為能力者が、自分は制限行為能力者ではないとウソをついて契約をした場合、制限行為能力者であることを理由として、その契約を**取り消すことができなくなります**。

要点のまとめ

1. 制限行為能力を理由とした取消しは、善意の第三者に対抗することができる。
2. 未成年者の法定代理人に1か月以上の期間を定めて催告をしたけれども確答がない場合、追認とみなす。
3. 詐術を用いた制限行為能力者は、取消しができなくなる。

意思能力

　契約等の法律行為を行うために必要な判断能力を意思能力といいます。そして、泥酔者のような意思能力の無い者（意思無能力者）がした契約は無効となります。

頻出! 一問一答

以下の問題文を読んで〇か×かを判定しなさい。

問1 未成年者が単独で自己所有不動産を売却する契約を締結した場合、その契約は無効である。

問2 男は18歳に、女は16歳になれば婚姻することができる。

問3 古着の仕入販売に関する営業を許された未成年者は、成年者と同一の行為能力を有するので、法定代理人の同意を得ないで、自己が居住するために建物を第三者から購入したとしても、その法定代理人は当該売買契約を取り消すことができない。

問4 成年被後見人が行った行為は、すべて取り消すことができる。

問5 成年被後見人が行った売買契約の取消しは、善意の第三者には対抗することができない。

問6 成年後見人が、成年被後見人に代わって、その居住の用に供する建物又はその敷地を売却するには、家庭裁判所の許可を得なければならない。

問7 被保佐人が、不動産を売却する場合には、保佐人の同意が必要であるが、贈与の申し出を拒絶する場合には、保佐人の同意は不要である。

問8 未成年者が単独で不動産の売買契約を締結した場合、相手方は、未成年者の法定代理人に対して追認するか否かの確答をするよう催告でき、一定の期間内に確答がない場合には、取り消したものとみなされる。

問9 Aが泥酔して意思無能力である間に、自己が所有する土地をBに売る契約を締結した場合、Aは、その契約を取り消すことができ、契約は、取消しの時点から将来に向かって無効となる。

MASTER 21

解 答

問1 ✕ 有効である。しかし、取り消すことができる。

問2 ✕ 婚姻は、男女とも18歳にならなければ、することができない。

問3 ✕ 法定代理人から営業許可を受けた場合、その業務に関してする行為は取消しできない。したがって、古着の仕入販売は取消しできないが、それ以外の行為は、法定代理人の同意を得ていなければ取消しできる。

問4 ✕ すべてではない。日常生活に関する行為は取り消すことができない。

問5 ✕ 善意の第三者に対抗できる。

問6 ○ 家庭裁判所の許可を得る必要がある。

問7 ✕ 被保佐人が、不動産を売却する場合には、保佐人の同意が必要である。また、贈与の申し出を拒絶する場合にも、保佐人の同意が必要である。

問8 ✕ 追認したものとみなされる。

問9 ✕ 意思能力の無い者がした契約は無効であり、有効を前提とした「取り消す」ではない。

3 債務不履行等

重要度 ★★★

債務不履行

　債務不履行とは、**契約違反**のことです。どのような内容の違反かによって**履行遅滞**、**履行不能**、**不完全履行**の3つに分けることができます。

1 履行遅滞

1 履行遅滞となる時期等

　履行遅滞とは、「約束に遅れた」というタイプの債務不履行のことです。いつから遅滞となるかについては、約束の日時をどのように定めていたかで異なります。

要点のまとめ

約束の仕方	遅滞となる時期
確定期限ある債務	期限の**到来時**
不確定期限ある債務	期限が到来し、債務者が「履行の**請求を受けた時**」又は「期限の到来を**知った時**」のいずれか**早い時**
期限の定めのない債務	債権者が履行の**請求**をしたとき

確定期限とは、「令和7年10月19日」というように、いつ到来するかがはっきりしている場合に使い、不確定期限とは、必ず到来するが、それがいつなのかは前もって確定できない場合に使います。本試験で「父が死んだら建物を引き渡す」という例が使われたことがありました。

2 同時履行の抗弁権

　同時履行の抗弁権があるときには、**履行遅滞となりません**。では、同時履行の抗弁権とは、どういうものなのでしょうか。たとえば、大型の家具を買ったが、支払いはその家具を届けてもらったときに、家具と引

MASTER 23

き換えに行う約束にした。ところが、家具屋さんの手違いで、約束の日時に家具を持って来なかったにもかかわらず代金の支払いを求めてきたとき、買主は、代金の支払いを拒絶することができます。これを「同時履行の抗弁権」といいます。

3 履行遅滞による契約の解除

履行遅滞が発生した場合、債権者（約束を破られた側）は、原則として、債務者に相当の期間を定めて履行を催告し、その期間内に履行されなかったときは、契約を解除することができます。なお、債務不履行が、「その契約及び取引上の社会通念に照らして軽微であるときは、解除できない」という例外があります。

2 履行不能

履行不能とは、「約束が果たせなくなってしまった」というタイプの債務不履行のことです。たとえば、「Aが所有している家屋をBが買う契約をしたが、引渡し期日の前にAの不注意で、その家屋が全焼してしまった」というような場合が該当します。

この場合、債権者は直ちに（催告なしに）契約を解除することができます。

3 不完全履行

不完全履行とは、履行遅滞・履行不能のどちらにも属さない債務不履行で、履行はされたが、不完全な場合のことです（例：牛乳を買ったら腐っていた）。

4 損害賠償請求

債務者が債務の本旨に従った履行をしないとき、または、履行不能であるときは、債権者は損害賠償を請求することができます。なお、債務不履行が債務者の責めに帰することができない事由によるときは、損害賠償請求できなくなります。

5 解除の補足

債務不履行が、債権者の責めに帰すべき事由によるものであるときは、債権者は、契約の解除をすることができません。つまり、売主の債務不履行の原因が買主にあったときは、買主は契約解除できないのです。

> 👆 **要点のまとめ**
>
> 1．履行遅滞が発生した場合の契約解除
>   債権者は、債務者に**相当の期間**を定めて**履行を催告**し、その期間内に履行がないときは、原則として**契約を解除**することができる。
> 2．履行不能が発生した場合の契約解除
>   債権者は**直ちに**契約を解除することができる。
> 3．解除について
>   **債務者**に**帰責事由がなくても**、解除をすることが**できる**。ただし、債務不履行が**債権者**の責めに帰すべき事由によるもの（簡単にいえば「債権者に原因がある場合」）であるときは、債権者は**解除できない**。
> 4．損害賠償請求
>   以下のいずれかの場合、債権者は損害賠償を請求することができる。
>   ① 債務者が債務の本旨に従った履行をしない
>   ② 履行不能
>   ※ 債務不履行が、**債務者の責めに帰することができない**事由によるときは、損害賠償**請求できない**。

契約の解除

契約が解除されると、その契約は初めからなかったものとして処理されます。

1 解除の効果

1 原状回復義務等

契約の解除は、解除権を有している者から相手方への**一方的な意思表示**でよく、相手方の**承諾は不要**です。そして、解除がなされると当事者

MASTER 25

は原状回復義務を負うので、契約前の状態に戻さなければなりません。この義務は、同時履行の関係にたちます。なお、金銭を返還する場合には、受領のときからの利息をつける必要があります。

また、契約の解除をしても損害が生じているときは、損害賠償請求もできます。この損害賠償の請求額は、原則として、実損額ですが、前もって損害賠償額の予定をしておくこともできます。損害賠償額の予定とは、損害賠償請求権が発生した場合に実損額の算出をすることなく、その予定額を請求できるというものです。

2 転売されていた場合

契約解除による原状回復によって第三者の権利を害してはいけません。つまり、目的物が転売されていた場合には、転得者（転売先）からの返還は受けられないということです。ただし、目的物が不動産の場合、転得者が返還しなくてもよいためには、転得者が登記を備えている必要があります。なお、転得者は登記さえあれば、善意か悪意かは問いません。

👆 要点のまとめ

1．契約の解除は、解除権を有している者から相手方への一方的な意思表示でよい。

2．解除がなされると当事者は原状回復義務を負う。この義務は、同時履行の関係にたつ。

3．解除によって、金銭を返還する場合には、受領のときからの利息をつけなければならない。

4．不動産の売買において、転売後に契約が解除された場合、第三者（転得者）が保護されるには、登記が必要。登記さえあれば、第三者の善意・悪意は問わない。

5．解除権を行使したからといって、損害賠償請求権が失われるわけではない（行使できる）。

手付

1 手付の種類（目的）

手付は、契約の締結の際に支払う金銭等です。この手付には解約手付、証約手付、違約手付といった複数の種類（目的）があり、手付の交付に際して種類を定めなかった場合には解約手付として扱われることになります。

2 解約手付

この手付が交付されている場合、当事者は、相手方の債務不履行の有無にかかわらず、**自分の都合で契約を解除**することができます。

事例）Aの所有している土地について、Bが1,000万円で購入する契約をAB間で締結し、Bは100万円を手付としてAに交付した。

解除の仕方

① B（買主）からは**手付金100万円**を**放棄**すれば、契約解除できる。
② A（売主）からは200万円（**手付金の倍額**）をBに現実に提供することにより、契約解除できる。
③ 上記の①②が使えるのは、**相手方が履行に着手するまで**である。
　※ 履行の着手とは、「残代金の支払いがなされた」「物件の引渡しがされた」等のことをいう。

🖐 要点のまとめ

1. 手付には複数の種類（目的）があるが、当事者間で決めなかった場合には、解約手付として扱う（推定する）。
2. 解約手付による契約の解除は、

   買主からは、手付の放棄　　　　　
   売主からは、手付の倍返し　　　　　} をすることによりできる。

   ※　「手付損倍返し」という。
   ※　売主から解除する場合には、手付の倍額を「現実に提供」する必要がある。
3. 上記2の解除ができるのは、相手方が履行に着手するまでである（自分が履行に着手していても解除できる）。

危険負担等

　たとえば、Aが所有している家屋についてBが購入する契約を締結したところ、引渡しの前に、地震や落雷、類焼等によってその家屋が滅失した場合、どちらが損失を負担するのでしょうか？

🖐 要点のまとめ

1. 目的物が無くなってしまった以上、買主（債権者）は、売主（債務者）に対して債務の履行を請求することができない。
2. 当事者双方の責めに帰することができない事由（お互いに自分の責任ではない）によるときは、買主（債権者）は、代金の支払いを拒むことができる。
3. 債権者の責めに帰すべき事由（買主の責任）によるときは、買主（債権者）は、代金の支払いを拒むことができない。

28 **MASTER**

頻出! 一問一答

以下の問題文を読んで○か×かを判定しなさい。

問1 不確定期限のある債務について、履行遅滞となる時期は、期限が
□□□ 到来したときである。

問2 履行遅滞による契約の解除は、原則として、債権者から債務者に
□□□ 相当の期間を定めて催告し、その期間内に履行がなされなかった場
合にすることができる。

問3 履行不能による契約の解除は、原則として、債権者から債務者に
□□□ 相当の期間を定めて催告し、その期間内に履行がなされなかった場
合にすることができる。

問4 解除による原状回復義務は、同時履行の関係にたつ。
□□□

問5 契約の解除によって金銭を返還する場合、契約解除のときからの
□□□ 利息をつける必要がある。

問6 Aの所有地がAからB、BからCへと売り渡され、C名義の所有
□□□ 権移転登記がなされた。その後、AがBの債務不履行を理由にAB
間の契約を解除した場合、Aは、Cにその土地の返還を請求するこ
とができる。

問7 解約手付による契約の解除は、自らが履行に着手するまでなら可
□□□ 能である。

第1章 民法等

3

債務不履行等

MASTER 29

解 答

問1 ✕ 期限が到来し、債務者が「履行の請求を受けた時」又は「期限の到来を知った時」のいずれか早い時である。

問2 ◯ 記述の通りである。

問3 ✕ 直ちに（催告なしに）、契約の解除ができる。

問4 ◯ 記述の通りである。

問5 ✕ 「受領のときから」の利息をつける必要がある。

問6 ✕ 登記を備えているCに、返還を請求することはできない。

問7 ✕ "相手方"が履行に着手するまでである。

4 契約不適合（担保責任）

重要度 ★★★

契約不適合とは

　売主が、売った目的物の種類、品質、数量、権利に関して契約に適合しないものを引き渡した（移転した）とき、買主は売主に対してどのような請求権をもつのかというのが、ここの話です。契約に適合しないということですから、「3　債務不履行等」で勉強した債務不履行のグループに属しますが、以下に該当した場合は、各項目に規定された内容が適用されます。

1 種類・品質・数量・権利の契約不適合

　種類・品質・数量・権利の契約不適合とは、例えば、「○○というブランドの牛肉を買う契約をしたのに、引き渡された牛肉は全く異なるものであった」（種類）とか、「新品の家電品を買ったのに故障していた」（品質）「お米を10kg買ったのに、引き渡されたものは5kgだった」（数量）「100㎡の土地の売買契約を締結したが、売主が所有していたのはそのうちの70㎡で、残りの30㎡は全く関係のない第三者の所有であったことから、結局、買主は70㎡の所有権しか取得できなかった」（権利）等が該当します。

2 買主の請求権

1 追完請求権

　追完請求権とは、買主が売主に対して、修補（修理など）、代替物の引渡し、不足分の引渡しを請求することができるというものです。なお、売主は買主に不相当な負担を課すものでなければ、買主が請求した方法と異なった方法の追完でも可能です。例えば、買主が修補を請求してきた場合において、売主は修補の代わりに代替物として新品を渡すということでもかまいません。

　ただし、不適合が買主の責めに帰すべき事由（買主の責任）であるときは、買主は、追完請求できません。

2 代金減額請求権

　買主が相当の期間を定めて履行の追完の催告をし、その期間内に履行の追完がないときは、買主は、その不適合の程度に応じて代金の減額を請求できます。なお、履行の追完が不能であるときや、売主が履行の追完を拒絶する意思を明確に表示したとき等の場合には、買主は催告することなく、直ちに代金の減額を請求できます。

　ただし、不適合が買主の責めに帰すべき事由（買主の責任）であるときは、買主は、代金減額請求できません。

3 損害賠償請求及び解除権

　買主は、売主が債務の本旨に従った履行をしないとき等、一定の場合、損害賠償請求及び契約の解除をすることができます。

3 担保責任の期間
1 売主が、種類、品質に関して契約に適合しないものを引き渡したとき

① 　買主は、その不適合を知った時から1年以内にその旨を売主に通知しないと、追完請求、代金減額請求、損害賠償請求及び契約解除をすることができなくなります。

② 　売主が悪意又は善意重過失（重大な過失によって知らなかった）であったときは、「1年以内の通知」ではなく、消滅時効の規定で処理されることになります。なお、時効制度は第1章6で勉強します。

2 売主が、数量、権利に関して契約に適合しないものを引き渡したとき

　数量又は権利について契約不適合がある場合は、上記1①と異なり、「1年以内に通知」ではなく、消滅時効の規定で処理されます。

4 補足
1 悪意の買主について

　追完請求権、代金減額請求権、損害賠償請求権及び解除権は、買主が悪意だからといって行使できないというわけではありません。当然、善意の買主は行使可能です。

2 担保責任を負わない旨の特約

担保責任を負わない旨の特約は有効です。しかし、売主が知っていながら告げなかった事実等については、売主は責任を免れることができません。

講義のまとめ

買主の請求権	内容・補足
① 追完請求権	修補、代替物の引渡し、不足分の引渡しを請求する。 ※ 売主は買主に不相当な負担を課すものでなければ、買主が請求した方法と異なった方法の追完でもよい。 ※ 契約不適合が買主の責めに帰すべき事由によるものであるときは、買主は追完請求できない。 ※ 悪意の買主＝行使不可というわけではない。
② 代金減額請求権	買主が相当の期間を定めて履行の追完の催告 ↓その期間内に履行の追完がない 買主は、その不適合の程度に応じて代金の減額を請求できる。 ※ 追完が不能であるとき、売主が履行の追完を拒絶する意思を明確に表示したとき等の場合には、買主は催告することなく、直ちに代金の減額を請求することができる。 ※ 契約不適合が買主の責めに帰すべき事由によるものであるときは、買主は代金減額請求できない。 ※ 悪意の買主＝行使不可というわけではない。
③ 損害賠償請求及び解除権	売主が債務の本旨に従った履行をしないとき等一定の場合、損害賠償請求及び契約の解除をすることができる。 ※ 売主の責めに帰することができない一定の事由によるときは、損害賠償請求できない。 ※ 売主に帰責事由がなくても、解除をすることができる。ただし、買主の責めに帰すべき事由によるものであるときは、買主は解除できない。 ※ 悪意の買主＝行使不可というわけではない。

第1章 民法 等

4 契約不適合（担保責任）

契約不適合の内容	担保責任の期間
種類、品質に関する不適合	① 買主は、その不適合を**知った時**から**1年以内**にその旨を売主に**通知**しないと「追完請求、代金減額請求、損害賠償請求及び契約解除」ができなくなる。 ② **売主**が**悪意又は善意重過失**であったときは、**消滅時効**の規定で処理する（1年以内の通知ではない）。
数量、権利に関する不適合	**消滅時効**の規定で処理する（1年以内の通知ではない）。

頻出！一問一答

以下の問題文を読んで〇か×かを判定しなさい。

問1
☐☐☐
　　　AがBから店舗を建築する目的で500㎡の土地を買い受ける契約をしたが、Bの所有部分は400㎡であり、残りの100㎡はCの所有であった。Aはそのことを知った上で契約していた。結局、BがC所有の100㎡を取得できず、400㎡しかAに渡せない場合、AはBとの契約を解除することができる。

問2
☐☐☐
　　　Aが、自己所有の甲土地100㎡を1㎡10万円と単価を決めた上でBに売却する契約を締結したが、その後、その土地を実測したところ70㎡しかなかった場合、Bは、善意悪意に関係なく、一定の手続き後、代金の減額を請求することができる。

問3
☐☐☐
　　　AがBから建物所有の目的で土地を買い受ける契約をしたが、その土地はCが登記済みの賃借権を有しており、Aが建物を建築できない場合、Aは善意のときに限り、契約を解除することができる。

問4
☐☐☐
　　　AがBから建物を買い受けたが、その建物にはBにお金を貸したCのために抵当権が設定されていた。後日、抵当権が実行されてAが所有権を失った場合、Aが抵当権の存在を知っていて契約したとしても、AはBとの売買契約を解除することができる。

問5
☐☐☐
　　　AがBから建物を買い受けたが、その建物は雨漏りのするものであった。Bが、そのことについて重過失のない善意であったとき、Aは、その契約不適合を知ってから3年以内であれば、Bに対して損害賠償請求をすることができる。

第1章 民法 等

4

契約不適合（担保責任）

MASTER 35

解 答

問1 ○ 悪意の買主であっても、契約解除は可能である。

問2 ○ 買主の善悪問わず、一定の手続き後、代金の減額を請求することができる。

問3 × 悪意の買主であっても、契約解除は可能である。

問4 ○ 抵当権が実行されて買主が所有権を失った場合は、一般的な債務不履行の規定に基づいて処理する。したがって、所有権を失った買主は、善意悪意を問わず契約を解除することができる。なお、抵当権については後でしっかりと勉強するので、今は細かいことがわからなくても気にする必要はない。

問5 × 種類、品質に関する契約不適合については、買主は、その不適合を知った時から1年以内にその旨を売主に通知しないと「追完請求、代金減額請求、損害賠償請求及び契約解除」ができなくなる。

5 代理

重要度 ★★★

代理

　Aが自己所有不動産を売却するについて、Bに代理を依頼しBが引き受けた。Bは、取引相手を探し、Aの代理人としてCと売買契約を締結した場合、実際に契約をしたのはBCですが、その効果はACに帰属します。つまり、代理人Bの行った行為は、Aが行ったものとして、AとCに、契約による権利義務が発生します。

　なお、依頼をしたAのことを「本人」と呼びます。

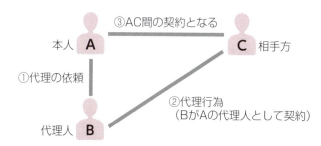

1 代理の種類

　代理には、**任意代理**と**法定代理**があります。不動産の売却を頼まれて引き受けるといった代理が任意代理であり、未成年者の保護者のように、法律の規定によって発生する代理が法定代理です。

2 代理人の資格と代理権の消滅

　任意代理においては、本人の依頼により誰でも代理人になることができます。つまり、未成年者であっても、本人が望むのであれば代理人になれるのです。したがって、代理人である未成年者が行った契約（内容）について、本人が気に入らなかったとしても、**未成年者が代理人であったことを理由**として、相手方との契約を**取り消すことはできません**。

　また、代理権は以下の事由が生じると消滅します。

① **法定代理**…本人の死亡
　　　　　　代理人の死亡、破産手続き開始の決定、後見開始の審判
② **任意代理**…本人の死亡、破産手続き開始の決定
　　　　　　代理人の死亡、破産手続き開始の決定、後見開始の審判

3 自己契約と双方代理

　不動産の売却について代理人となった者が、自ら買主となる場合を自己契約といい、売主と買主の双方から代理を依頼されて契約を締結する行為を双方代理といいます。

　どちらも依頼者である本人に不利益を与えるおそれがあることから、これらがなされた場合には、無権代理として扱われます（無権代理は後述します）。

　ただし、本人の許諾を得ている場合や、すでに売買契約は終わっており、売主と買主の双方から登記名義の移転を依頼されるような場合は、問題ありません。

4 代理行為

　Aの代理人として、BがCとの間で、A所有不動産の売買契約を締結したとします。

　この場合において、**代理人BがCから強迫されて契約をしていたとき**には、**本人Aが取消権をもちます**。

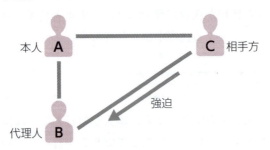

無権代理

今までは、代理権を有している代理人の話でした。ここからは、「代理権を有していない者が代理人と偽って契約等をした場合にはどうなるのか」というニセ代理人（無権代理人）についての話です。

事例）Aの代理人として、BがCとの間で、A所有不動産の売買契約を締結したが、BはAの代理人ではなかった。

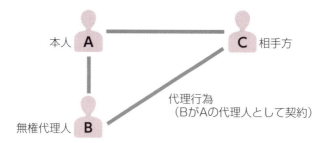

1 無権代理の効果
1 本人と相手方

原則として、Bが行った契約の効果はAに及びません。つまり、Aは、Cに不動産を引き渡す必要はありません。しかし、Cが高額で購入するといっていたというような、Aにとって有利な内容であるときには、Aは、この契約を自分に対して有効なものとし、代金を受領したいと思うこともあるでしょう。

そこで、無権代理行為が行われた場合、本人と相手方は以下のような権利をもちます。

要点のまとめ

本人	追認権	相手方、無権代理人のどちらにしてもよい。 追認すると、**契約時にさかのぼって有効**となる。
	追認拒絶権	相手方から追認を求められた場合、イヤだといえる。
相手方	催告権	**善意・悪意**（Bがニセ代理人と知っていた）**を問わず**、Aに追認を求めることができる。
	取消権	**善意**の場合のみ

※ 相手方の催告権の行使は、本人Aに**相当の期間**を定めて「追認するか否か」の確答をするよう催告する。そして、返事がない場合には、**追認拒絶**とみなす。

2 無権代理人への責任追及権

無権代理人Bは、その代理権を証明することができず、かつ、本人Aの追認も得られなかったときは、相手方Cの選択にしたがい、契約の履行または損害賠償の責任を負います。ただし、以下の場合、無権代理人Bは責任を免れます。

① 相手方が**悪意**（CがBの無権代理を知っていた）
② 相手方が**善意有過失**
③ 無権代理人が制限行為能力者であったとき

②の場合で、相手方が善意有過失であっても、無権代理人が「自分に代理権が無いことを知っていた」のであれば、相手方は責任追及できます。

3 無権代理と相続

① 無権代理人BがCとの間で、A所有の家屋の売買契約を締結した。その後、本人AをBが単独で相続した場合、Bは本人としての地位に基づいて**追認拒絶**をすることが**できない**。

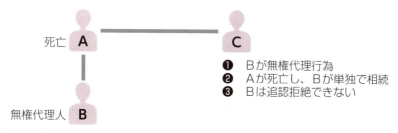

② 無権代理人BがCとの間で、A所有の家屋の売買契約を締結した。その後、本人AがBを単独で相続した場合、Aは**追認拒絶できる**。

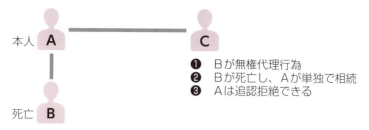

2 表見代理

　AがBに代理権を与えていないにもかかわらず、Cに対して「Bを代理人にした」と表示したような場合には、本人Aよりも**相手方Cの保護を優先**させるべきです。そこで、以下の場合には「表見代理」といって、CはAに契約の履行（不動産の引渡し）を求めることができます。

要点のまとめ

相手方が善意無過失であること。その上で、次のいずれかに該当する場合に表見代理が成立する。

① **代理権授与の表示による表見代理**

本人が、代理権を与えていないにもかかわらず、相手方に対して代理権を与えた旨の表示をした。

② **権限外の行為の表見代理**

代理人が与えられた代理権の範囲を超えて契約等の代理行為をした。

③ **代理権消滅後の表見代理**

代理権がなくなったにもかかわらず、元代理人が代理行為をした。

頻出! 一問一答

以下の問題文を読んで〇か×かを判定しなさい。

（問4〜問6は、「Aの所有する土地について、BがAの代理人としてCと売買契約を締結したが、Bは代理権を有していなかった。」を前提とする）

問1 任意代理人には、未成年者でもなることができる。
□□□

問2 代理人が後見開始の審判を受けた場合、代理権は消滅する。
□□□

問3 代理人が破産手続き開始の決定を受けた場合、代理権は消滅する。
□□□

問4 Aが、所有する甲土地の売却に関する代理権をBに授与し、BがCとの間で、Aを売主、Cを買主とする甲土地の売買契約を締結した。その後、BがCの代理人にもなって甲土地の売買契約を成立させた場合、A及びCの許諾の有無にかかわらず、AC間の売買契約は無効となる。
□□□

問5 代理人が相手方から強迫されたことにより、本人が所有する土地について売買契約を締結した場合、原則として、代理人はこの契約を取り消すことができる。
□□□

問6 Aの所有する土地について、BがAの代理人としてCと売買契約を締結したが、Bは代理権を有していなかった。CはAに対して、相当の期間を定めて追認するか否かの確答をするよう催告することができ、その期間内にAからの確答がない場合には、Aは追認したものとみなされる。
□□□

問7 A所有の甲土地につき、Aから売却に関する代理権を与えられていないBが、Aの代理人として、Cとの間で売買契約を締結した。Aの死亡により、BがAの唯一の相続人として相続した場合、Bは、Aの追認拒絶権を相続するので、自らの無権代理行為の追認を拒絶することができる。
□□□

第1章 民法等

5

代理

MASTER 43

問8 □□□	Ａ所有の甲土地につき、Ａから売却に関する代理権を与えられていないＢが、Ａの代理人として、Ｃとの間で売買契約を締結した。Ｂの死亡により、ＡがＢの唯一の相続人として相続した場合、ＡはＢの無権代理行為について追認を拒絶することができない。
問9 □□□	Ａの所有する土地について、ＢがＡの代理人としてＣと売買契約を締結したが、Ｂは代理権を有していなかった。Ａが追認をしない間は、Ｃは、Ｂの無権代理について善意・悪意を問わず、この契約を取り消すことができる。
問10 □□□	Ａの所有する土地について、ＢがＡの代理人としてＣと売買契約を締結したが、Ｂは代理権を有していなかった。Ｃが善意無過失であったとしても、Ａの追認がなければ、Ｃがこの土地を取得できる余地はない。

解 答

問1 ○ 記述の通りである。

問2 ○ 後見開始の審判は、代理権の消滅事由である。

問3 ○ 破産手続き開始の決定は、代理権の消滅事由である。

問4 × 双方代理であっても、Ａ及びＣの許諾があれば有効となる。

問5 × 取消権は、本人がもつ。

問6 × 追認拒絶とみなされる。

問7 × 無権代理人Ｂが本人Ａを単独で相続した場合、Ｂは追認拒絶できない。

問8 × 本人が無権代理人を相続した場合、本人としての地位と無権代理人の地位が併存することになる。この場合、相続人である本人は、無権代理行為について追認を拒絶することができる。

問9 × 相手方Ｃは、善意でなければ取り消すことができない。

問10 × 表見代理が成立すれば、Ｃはこの土地を取得できる。

6 時 効

重要度 ★★☆

時 効

時効には、**取得時効**と**消滅時効**の2種類があります。

1 取得時効

1 取得時効とは

他人の土地であるにもかかわらず、その土地を自分の土地と信じて一定期間使用していると、本当に自分の土地になります。こういった制度が取得時効です。

要点のまとめ

取得時効の完成に必要な期間

占有開始の状態	必要な期間
善意無過失	10年
善意有過失、悪意	20年

※ 善意無過失で占有を始めた者が、途中で悪意に変わっても（つまり、途中で自分の物でないことに気が付いた）、あくまでも占有開始の状態で判断するので、10年で取得時効が完成する。

占有とは、所有権等の有無はひとまず横へ置いておいて、事実上、目的物を支配していることをいいます。土地であれば、その土地の上に建物を建てて住んでいるというのが典型例です。

2 占有の承継

取得時効は、自分の**前の人の占有期間等を引き継ぐ**ことができます。たとえば、Aが悪意で占有を始めて13年経過した土地をBが善意無過失で占有を引き継ぎ8年経過していたとすると、Bは自己の占有期間だけでは時効取得できませんが、Aの占有期間を足して、21年として主張す

ることができます。

（悪意で13年占有）　　　（善意無過失で8年占有）

※　Aが悪意のときで、BがAの占有期間を合算する場合は、悪意も引き継ぐ。つまり、悪意の21年となり、時効取得できる。なお、引き継ぐ（合算する）かどうかはBの自由である。

2 消滅時効
1 消滅時効とは

代金や貸金の請求権（債権）が消滅してしまうのが消滅時効です。

債権は、債権者が権利を行使することができることを知った時から5年、または、権利を行使することができる時から10年（人の生命または身体の侵害による損害賠償請求権は20年）のいずれか早くきた方で、時効が完成します。なお、地上権（他人の土地を借りる場合の一つ）等の権利については20年です。

なお、所有権は消滅時効にかかりません。

要点のまとめ

消滅時効はいつから起算するのか

約束の仕方	消滅時効の起算点
確定期限ある債権	期限の到来時
不確定期限ある債権	期限の到来時
期限の定めのない債権	債権の成立したとき

2 判決で確定した権利の消滅時効

10年より短い時効期間のものであっても、確定判決等によって確定したものについては、その時効期間は10年となります。

3 時効の更新と完成猶予

1 時効の更新

時効の更新とは、今まで経過してきた時間が、法律上、振出しに戻ることをいいます。つまり、時効がゼロから再度、進行を始めます。確定判決や承認（債務者が自ら債務を認める）等が該当します。

2 時効の完成猶予

完成猶予とは、「その事由が終了した時から、6か月等一定の間は時効が完成しない」というものであり、以下が代表的なものです。

① 裁判上の請求、支払督促

※ その事由が終了するまでの間は、時効は、完成しない（つまり、裁判をやっている間は、時効は完成しない）。なお、確定判決等によって権利が確定することなくその事由が終了した場合は、その終了から6か月を経過するまで、時効は完成しない。

② 催告（内容証明郵便を送る等の裁判外での請求）

※ その時から6か月を経過するまでの間は、時効は完成しない。

③ 仮差押え、仮処分

④ 協議を行う旨の書面または電磁的記録による合意

※ 合意から1年などの上限がある。再度の合意も可能。

3 完成猶予から更新への移行

完成猶予事由の発生により、時効は「その事由が終了した時から、6か月等一定の間は完成しない」となりますが、一定の場合、時効の更新に移行し、時効が振出しに戻ります（再度ゼロからのスタート）。

① 完成猶予から更新へ移行する場合
裁判上の請求がなされた（時効の完成猶予となる）
↳ 確定判決等によって権利が確定した（時効は更新する）

② 完成猶予のままで更新へ移行しない場合
裁判上の請求がなされた（時効の完成猶予となる）
↳ 権利が確定することなく裁判が終わった（時効の完成猶予のまま）

MASTER 47

👆 要点のまとめ

1. **時効の更新**は、時効が**ゼロから再スタート**
   ・確定判決、承認等が該当
2. **時効の完成猶予**は、その事由が**終了した時から、6か月等一定の間は時効が完成しない**
   ・裁判上の請求、催告、協議を行う旨の書面による合意等が該当
3. 完成猶予から更新への移行等
   ・裁判上の請求がなされた（時効の完成猶予）
   その後
   ① 確定判決等により**権利が確定**　→　**時効は更新**する
   ② 権利が**確定することなく**裁判終了 → **完成猶予**のまま

4 時効の完成

　たとえば、代金支払い義務を負っていたけれども時効が完成した場合、自動的に債務者でなくなるのかというと、そうではありません。「時効が完成したので払わないよ」と**主張する必要があります**（これを「**援用**」という）。

　また、時効を援用すると、**その効果は起算日にさかのぼります**。つまり、土地の取得時効であれば、その土地の占有を始めたときから、その者の所有地だったということになります。

　時効が完成しても援用する義務はありません。したがって、**時効が完成した後**に、「払うべきものは払う」といって、**時効を放棄することはできます**。

　なお、債務者が、時効が完成していたのにそのことに気づかないまま債務の承認をした場合、債務者はその完成した時効を援用することができなくなります。

48 **MASTER**

要点のまとめ

1. 時効による利益を受けるためには、援用が必要である。
2. 時効を援用すると、その効果は起算日にさかのぼる。
3. 時効（の利益）は、時効完成後に放棄することはできるが、時効完成前に放棄することはできない。

第1章 民法等

6

時 効

頻出！ 一問一答

以下の問題文を読んで〇か×かを判定しなさい。

問1 取得時効は、占有開始の状態が善意のときには10年で完成する。
□□□

問2 A所有の甲土地をBの父Cが11年間所有の意思をもって平穏かつ公然に占有した後、Bが相続によりその占有を承継し、引き続き9年間所有の意思をもって平穏かつ公然に占有していても、Bは、時効によって甲土地の所有権を取得することはできない。
□□□

問3 債権は、常に10年で消滅時効にかかる。
□□□

問4 所有権は20年で消滅時効にかかる。
□□□

問5 確定判決によって確定した債権は、もう時効で消滅することはない。
□□□

問6 承認がなされると、時効は完成猶予される。
□□□

問7 時効を援用すると、その効果は起算日にさかのぼる。
□□□

問8 時効の利益は、時効完成の前後を問わず、放棄することができる。
□□□

問9 債務者が時効の完成の事実を知らずに債務の承認をした場合、その後、債務者はその完成した消滅時効を援用することはできない。
□□□

解 答

問1 × 善意無過失なら10年であるが、善意でも有過失のときは20年となる。したがって、10年とは言い切れない。

問2 × Bは、自己の占有のみを主張するか、又は、自己の占有に前主の占有を併せて主張するか、どちらかを選択することができる（占有の承継）。したがって、Cの占有を併せて主張すれば占有期間は20年となり、Cの善意・悪意を問わず、Bは時効によって甲土地の所有権を取得することができる。

問3 × 権利の行使ができることを知った時から5年、または、権利行使できる時から10年（生命・身体の損害賠償請求権は20年）である。

問4 × 所有権は、時効によって消滅しない。

問5 × 時効は更新するので、時効で消滅することはあり得る。

問6 × 承認がなされると、時効は更新する。

問7 ○ 記述の通りである。

問8 × 時効完成前に放棄することはできない。

問9 ○ 消滅時効完成後に、債務者が債務の承認をした場合、債務者は、時効完成の事実を知らなかったときでも、その債務について消滅時効を援用することはできない。

7 債権譲渡・債権の消滅

重要度 ★★★

債権譲渡

債権は、原則として、他の者に譲渡することができます。

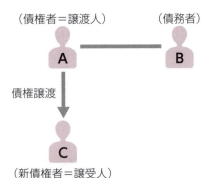

債権譲渡は、まだ発生していない将来の取引に関する債権であってもすることができます。

1 債権譲渡の成立

上の図に当てはめると、債権譲渡は、**譲渡人**Ａと**譲受人**Ｃの**合意**によって成立します。なお、ＡＢ間に譲渡を禁止する特約があるにもかかわらず、ＡがＣに債権譲渡したときは、原則として、次のようになります。
① Ｃが善意であり重過失なし
　譲渡は有効であり、ＢはＣへの弁済を拒むことができません。
② Ｃが悪意または善意だが重過失あり
　譲渡は有効。しかし、ＢはＣからの請求を拒むことができます（Ａに弁済できる）。

2 債権譲渡の対抗要件

ＡがＣに債権譲渡をした場合において、ＣがＢに自分が新債権者である

ことを主張する（対抗する）ためには、AからBへの通知（**譲渡人から債務者への通知**）、又はB**（債務者）からの承諾**（AとCのどちらにしてもよい）のどちらかが必要です。

3 二重譲渡がなされた場合

Aが、Cだけではなく、DにもBに対する債権を譲渡した場合、CとDは、どちらが優先権をもつのかという問題が発生します。

この場合の対抗要件は、**確定日付ある証書**による**通知**あるいは**承諾**です。

確定日付ある証書の具体例は、内容証明郵便や公正証書になります。

事例） Aが、Bに100万円の貸金債権を有していたが、CとDに債権を譲渡した。

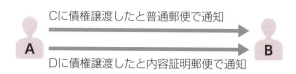

※ この図の場合、DがBから弁済（支払い）を受けることができる。
※ なお、この通知がCの方も内容証明郵便であったときは、**先にBに到達した方が優先権**をもつ。

講義のまとめ

1. 債権譲渡は、**譲渡人**と**譲受人**の**合意**によって成立する。
2. ＡＢ間に**譲渡禁止特約**があるにもかかわらず、ＡがＣに**債権譲渡した**場合
   ① 譲受人が善意であり重過失なし
      譲渡は有効。債務者は譲受人への弁済を**拒絶できない**。
   ② 譲受人が悪意または善意だが重過失あり
      譲渡は有効。しかし、債務者は譲受人への弁済を**拒絶できる**。
3. 新債権者（譲受人）が債務者に対抗するためには、**譲渡人から債務者への通知**又は**債務者からの承諾**のどちらかが必要。
4. **二重譲渡**がなされた場合、譲受人間の対抗要件は、**確定日付ある証書**による**通知**あるいは**承諾**である。
5. 通知を受けた債務者は、それまでに弁済済みであれば、**譲受人に対してもそれを主張できる**。

債権の消滅

1 弁済

弁済とは、債務の履行と同じ意味です。

1 第三者弁済

　弁済は、債務者だけでなく、債務者以外の**第三者**が行ってもかまいません。ただし、**債務者の意思に反した場合でもできるのは、物上保証人**等の弁済をするについて**正当な利益を有する者**であり、弁済をするについて正当な利益を"有しない者"は、**債務者の意思に反して弁済することができません**。なお、債務者の意思に反する弁済がなされた場合であっても、そのことを債権者が知らなかったのであれば、その弁済は有効となります。

　また、弁済をするについて正当な利益を"有しない者"は、原則とし

54 MASTER

て、債権者の意思に反して弁済することができません。
　※　「弁済をするについて正当な利益を有する者」の中に、親子、兄弟等は入らない。

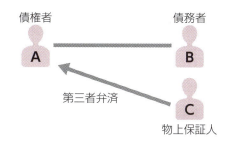

　※　物上保証人Cが第三者弁済をした場合、AがBに対して有していた権利がCに移転する。これを**法定代位**という。

物上保証人とは、たとえば、BがAから借金をするについて、Cが自宅を担保に提供したとしましょう。この場合のCを物上保証人といいます。

要点のまとめ

1. 物上保証人等の弁済をするについて正当な利益を有する者は、債務者の意思に反しても、第三者弁済をすることができる。
2. 物上保証人等が第三者弁済をした場合、債権者の権利を弁済者が引き継ぐ。これを法定代位という。

2 相殺

1 相殺とは

　たとえば、AとBがお互いに100万円の金銭債権を有しているとしましょう。この場合において、お互いに現実の支払いをすることなく、債権を消滅させるのが相殺です。

※　AがBに相殺の意思表示をすると、A（相殺した側）の有する債権を**自働債権**、B（相殺された側）の有する債権を**受働債権**という。

2 不法行為と相殺

　AがBに対して代金債権を有している。それとは別に、AがBに対して行った不法行為（例えば、AがBの車を壊した）によって、AがBに債務を負っている場合（Bからみると不法行為に基づく債権）、Aから相殺できるのでしょうか？

　AがBに損害を加える意図があった場合には、Aからの相殺はできません。しかし、Aにそういう意図が無かったときは、原則として、Aからの相殺は可能となります。なお、類似のものとして、Aの債務が「人の生命又は身体の侵害による損害賠償の債務」のときも、Aからの相殺はできません（原則）。

3 相殺の方法と効力

　相殺は、相手方に対する**一方的な意思表示**でできます。その際、3日後に相殺します等の**期限**や**条件**を付けることはできず、相殺がなされると、その**効力は相殺適状となった（相殺できる要件を満たした）ときに**さかのぼります。なお、**履行地が異なる場合でも相殺は可能**です。

要点のまとめ

相殺ができる場合（相殺の要件）
1. 原則として、双方の債権が弁済期にあること。
2. お互いに同種の対立した有効な債権を有していること。なお、片方の債権の消滅時効が完成した後でも、完成前に相殺適状となっていたのであれば、相殺できる。

相殺できない場合
1. 相手方が同時履行の抗弁権を有している場合。
2. 相殺禁止特約を結んでいた場合。
3. 受働債権が一定の不法行為に基づいて発生した債権である場合。なお、不法行為によって発生した債権を自働債権としてなら相殺できる。
4. 自働債権が受働債権の差押え後に取得された債権である場合（差押えの実効性を確保するため）。

頻出! 一問一答

以下の問題文を読んで〇か×かを判定しなさい。

問1
□□□
　　債権譲渡は、譲渡人と譲受人の合意によって成立する。

問2
□□□
　　債権譲渡において、新債権者が債務者に対抗するためには、譲渡人からの通知とそれに対する債務者の承諾が必要である。

問3
□□□
　　AがBに対して有する金銭債権には譲渡禁止特約がついていたが、Aは当該債権をCに譲渡した。この債権譲渡は無効である。

問4
□□□
　　AのBに対する債権に譲渡禁止の特約がなく、Cに譲渡された時点ではまだ発生していない将来の取引に関する債権であった場合、AからCへの債権譲渡は有効である。

問5
□□□
　　第三者弁済は、債務者の意思にかかわらず、誰でもすることができる。

問6
□□□
　　時効が完成した債権での相殺はできない。

問7
□□□
　　相殺の意思表示をすると、その意思表示は、相殺適状になったときにさかのぼって効力を生ずる。

58 **MASTER**

第1章 民法等

7

債権譲渡・債権の消滅

解 答

問1 ○ 記述の通りである。

問2 × 譲渡人からの通知"又は"債務者の承諾が必要。

問3 × 譲渡禁止特約があっても、有効である。ただし、Cが悪意又は善意
　　　 だが重過失があったときは、BはCからの請求を拒むことができる。

問4 ○ 債権譲渡は、まだ発生していない将来の取引に関する債権であって
　　　 もすることができる。この場合、その債権が発生すると、譲受人は、
　　　 発生した債権を当然に取得する。

問5 × 利害関係のある者を除いて、債務者の意思に反して第三者弁済できな
　　　 い。

問6 × 時効完成前に相殺適状となっていたのであれば、できる。

問7 ○ 記述の通りである。

MASTER　59

8 保証・連帯保証、連帯債務

重要度 ★★★

保証債務

　保証人になった場合の法律関係（どういう義務を負うのか等）をここでは見ていきます。保証には「普通の保証」と「連帯保証」の2種類があります。

1 保証
　まず、普通の保証を中心に説明します。
事例）Bが、Aから100万円の借金をするについて、Cが保証人となった。

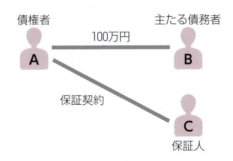

※　一般的には、BがCに保証人を依頼し、Cが引き受ける。この場合、Cは、Aとの間で保証契約を締結することになる。

1 保証人の資格と保証債務の範囲
　主たる債務者が保証人を立てる**義務を負っている**場合の保証人は、**弁済の資力**があり、かつ、**行為能力者**でなければなりません（つまり、制限行為能力者でないことという意味）。
　なお、保証契約は**書面**（又は、その内容を記録した電磁的記録）でしなければ、効力を生じないとされています。
　そして、保証人を引き受けた者が負う**保証債務の範囲**は、**元本**のほかに**利息**や**違約金等**も含まれます。

また、**保証債務が主たる債務よりも重くなることはありません**。

2 保証債務の付従性と随伴性

前の事例で、BがAに弁済して**主たる債務が消滅**すれば、Cの**保証債務も消滅**します（付従性）。また、Cが保証人になった後、BがAから勝手に100万円を追加で借金しても、Cの**保証債務は変わりません**。

なお、AがBに対する債権をDに譲渡した場合、**保証債務もそれに伴って移転**します（随伴性）。したがって、今後、CはDに対して義務を負うことになります。

3 保証人が主張できること

保証人は催告の抗弁権と検索の抗弁権を有します。催告の抗弁権とは、AがBに請求することなくCに請求してきた場合、CはAに対して、まずBに請求するよう主張できるというもので、検索の抗弁権は、AがBに請求した後でCに請求してきた場合、Cは、「Bには弁済の資力があり、執行が容易なものである」ということを証明すれば、Aに、まずBの財産を強制執行するよう主張できるというものです。

また、AがBに対して有する債権の消滅時効が完成している場合には、Cはそれを援用でき、BがAに反対債権を有しているときには、CはAからの請求に対して、その履行を拒絶することができます。

要点のまとめ

1. 債務者が保証人を立てる義務がある場合
   保証人は、債権者が指名した場合を除いて、弁済の資力があり、かつ、行為能力者でなければならない。
2. 保証契約は書面（又は、その内容を記録した電磁的記録）でしなければ、効力を生じない。
3. 保証債務の範囲は、元本のほかに利息や違約金等も含まれる。
4. 保証債務が、主たる債務よりも重くなることはない。
5. 弁済等により主たる債務が消滅すれば、保証債務も消滅する。
6. 債権譲渡により主たる債務が移転すれば、保証債務もそれに伴って移転する。

第1章 民法等

8 保証・連帯保証、連帯債務

MASTER 61

7．保証人は催告の抗弁権と検索の抗弁権を有している。
8．保証人は、主たる債務の消滅時効の援用や主たる債務者が反対債権を有している場合、履行の拒絶もできる。

2 連帯保証

1 連帯保証とは

「普通の保証人」と「連帯保証人」は、どちらも保証人であり、かなり共通していますが、連帯保証人の方がキビシイ立場となります。

要点のまとめ

普通の保証人と連帯保証人の比較
1．催告の抗弁権と検索の抗弁権
　　普通保証…あり
　　連帯保証…なし
2．主たる債務者が請求を受けた場合
　　普通保証…保証人の時効も完成猶予となる。
　　連帯保証…同上
3．保証人が請求を受けた場合
　　普通保証…主たる債務者の時効は完成猶予とならない。
　　連帯保証…同上

連帯債務

1 連帯債務とは

たとえば、Dが所有している別荘をABCの3人組が1,500万円で購入する契約を締結したとします。このときに「連帯債務」という特約をすると、ABCはそれぞれ500万円ずつ出す（負担部分）という話を3人でしていたとしても、Dは、ABCのそれぞれに対して全額の1,500万円の支払いを求めることができます。

したがって、3人のうちの誰か一人が全額の1,500万円をDに弁済する

と、残りの人も債務を免れます。その後、全額支払った者が、残りの者に対して、それぞれの負担部分（500万円ずつ）を支払うように請求（求償）することになります。

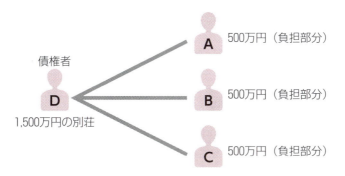

2 相対効と絶対効

　民法の原則は相対効（相対的効力）です。これは、連帯債務者の中の誰か一人に生じた事由が他の連帯債務者に影響を与えないというもので、請求、免除、時効、承認、取消し、無効、期限の猶予等があります。

　これに対して、絶対効（絶対的効力）とは、連帯債務者の中の誰か一人に生じた事由が他の連帯債務者に影響を与えるというものです。

　なお、相対効であっても、債権者と連帯債務者の合意により、絶対効とすることができます。

1 絶対効

① **弁済等**
　　AがDに弁済すると、BCも債務を免れます。

② **相殺**
　　Aが、Dに1,500万円の反対債権を有していて相殺すると、BCも債務を免れます。また、Aが相殺しない場合、BCはAの反対債権を用いての相殺はできませんが、DがBまたはCに1,500万円を請求してきた場合、請求されたBまたはCは、Aの負担部分（500万円）について、その履行を拒むことができます。

MASTER 63

③ 更改

　ＡがＤとの間で、代金の支払いの代わりに別の土地を渡す等、既存の債務を消滅させて新しい債務を成立させた（更改）場合、ＢＣは債務を免れます。

④ 混同

　Ｄが死亡してＡが相続した場合、Ａが弁済したものとみなして、ＢＣは債務を免れます。

要点のまとめ

1．債権者は、連帯債務者の中の一人に対して、又は全員に対して、同時又は順番に全部の履行を求めることができる。
2．原則は相対効で、連帯債務者の中の誰か一人に生じた事由は、他の連帯債務者に影響を与えない。請求、免除、時効、承認、取消し、無効、期限の猶予等がある。
3．絶対効は、連帯債務者の中の誰か一人に生じた事由が他の連帯債務者に影響を与えるというもので、弁済等、相殺、更改、混同がある。

頻出！ 一問一答

以下の問題文を読んで○か×かを判定しなさい。

（問2〜問5は、「AがBに対して1,000万円の貸金債権を有しており、CがBの保証人になっている。」を前提とする）

問1 保証契約は、書面か電磁的記録でしなければ、その効力を生じない。
□□□

問2 AがBに対する債権をDに譲渡した場合、Cは、Dに対して保証債務の履行を拒むことができる。
□□□

問3 Cが連帯保証人であるとき、履行期が到来し、AがBに催告することなくCへ請求してきた場合、Cは、まずBに請求するようAに主張することができる。
□□□

問4 Bの債務について消滅時効が完成した場合、Cは消滅時効を援用することができる。
□□□

問5 BがAから請求を受けた場合、Cの保証債務の消滅時効も完成猶予となる。
□□□

問6 AとBとが共同で、Cから、C所有の土地を2,000万円で購入し、代金を連帯して負担する（連帯債務）と定め（その他別段の意思表示はないものとする）、CはA・Bに登記、引渡しをしたのに、A・Bが支払をしない場合、Cは、Aに対して2,000万円の請求をすると、それと同時には、Bに対しては、全く請求をすることができない。
□□□

問7 承認は、絶対効である。
□□□

問8 請求は、絶対効である。
□□□

問9 AとBとが共同で、Cから、C所有の土地を2,000万円で購入し、代金を連帯して負担する（連帯債務）と定め（その他別段の意思表示はないものとする）、CはA・Bに登記、引渡しをしたのに、A・Bが支払をしていない。Cから請求を受けたBは、Aが、Cに対して有する1,000万円の債権をもって相殺しない以上、Aの負担部分についても、Cに対して債務の履行を拒むことはできない。
□□□

第1章 民法等

8

保証・連帯保証、連帯債務

解 答

問1 ○ 記述の通りである。

問2 × 拒むことはできない（随伴性）。

問3 × 連帯保証人には、催告の抗弁権は認められない。

問4 ○ 保証人は、時効を援用することができる。

問5 ○ 記述の通りである。

問6 × Cは、Aに対して2,000万円を請求しても、同時に、Bに対しても 2,000万円を請求することができる。

問7 × 承認は、相対効である。

問8 × 請求は、相対効である。

問9 × Bは、AがCに対して反対債権を有している場合、Aの負担部分の 限度において、Cに対して債務の履行を拒むことができる。

9 請負

重要度

請負

1 請負とは

請負契約は、請負人がある仕事を完成することを約束し、注文者がその仕事の結果に対して報酬を支払うことを約束する契約です。

具体的には、建築会社に注文住宅を建ててもらうケースが該当します。

1 請負人と注文者の義務

請負人は、「仕事を完成させる義務」と「担保責任を負う義務」を負い、注文者は、「報酬支払義務」を負います。なお、報酬は、請負人の仕事が完成した後に支払えばよく、注文住宅のように引渡しが必要なときは、請負人の目的物引渡義務と注文者の報酬支払義務とは、**同時履行の関係**に立ちます。

2 注文者の契約解除権

注文者は、請負人が仕事を**完成させる前**であれば、いつでも損害を賠償して**請負契約を解除**することができます。

3 契約不適合

① 取得する権利

すでに、「4　契約不適合（担保責任）」を学習しましたが、請負契約も同様に、請負人が、**種類・品質**に関して契約の内容に適合しない仕事の目的物を注文者に引き渡した等の場合、注文者は、請負人に対して、以下のような権利を行使することができます。

　ア）履行の追完請求権
　イ）報酬減額請求権
　ウ）損害賠償請求権及び解除権

　　※　仕事の目的物が建物であっても、一定の場合、注文者は、**請負契約を解除**することができます。

② 担保責任の期間

注文者がその**不適合を知った時から1年以内**にその旨を**請負人に通知**しないときは、注文者は、その不適合を理由として、履行の追完請求、報酬の減額請求、損害賠償請求及び契約の解除をすることができません。

頻出! 一問一答

以下の問題文を読んで〇か×かを判定しなさい。

問1　　AがBに対して建物の建築工事を代金3,000万円で注文し、Bが
□□□　これを完成させた。しかし、請負契約の目的物たる建物に雨漏り等
の欠陥があったとき、その修補が可能であっても、AはBに対して
当該建物の修補を請求することはできない。

問2　　注文者は、請負人が仕事を完成させる前であれば、いつでも損害
□□□　を賠償して請負契約を解除することができる。

問3　　AがBに対して建物の建築工事を代金5,000万円で注文し、Bが
□□□　これを完成させた。しかし、請負契約の目的物たる建物について契
約内容に適合しない重大な欠陥があり、Aが契約の目的を達成する
ことができないときでも、AはBとの請負契約を解除することがで
きない。

解答

問1　×　修補請求できる。

問2　〇　記述の通りである。

問3　×　債務不履行の規定が適用されるので、一定の要件を満たすことによ
り、解除は可能である。

第1章 民法等

9

請負

MASTER 69

10 ▶ 不法行為

重要度
★★★

不法行為

1 使用者責任

1 使用者責任とは

　宅建業者A社の従業員Bが不法行為を行い、取引相手Cが損害を被ったときには、Bは、Cに対して当然に責任を負わなければなりませんが、雇い主であるAも損害賠償義務を負います。これを使用者責任といいます。

　ただし、Aはその選任及び業務の監督について相当の注意をしたとき、又は相当の注意を払っても損害の防ぎようがなかったことを証明したときには、責任を免れます。

2 外形標準説

　当たり前のことですが、Bの不法行為が成立しなければAの使用者責任も成立しません。また、Bの行為が職務の範囲外の場合にも、Aは責任を負いません。ただし、Bの行為が職務の範囲外であったとしても、外形から判断して職務の範囲内とみえるような場合には、被害者保護のため、Aは賠償義務を負わされます。

　なお、Cは、Bの職務権限について悪意又は重過失があるときには、使用者責任を問うことができません。

3 求償権

　AがCに賠償金を支払った場合、AはBに求償権の行使ができます。つまり、お金を返してくれと請求できるのですが、これは全額とは限りません。この全額とは限らないことを「信義則上相当と認められる限度で求償できる」と表現します。

2 共同不法行為

　AとBが共同でCに不法行為を行った場合、AとBは連帯してCへの賠償義務を負います。

3 工作物責任

　建物等の土地の工作物の設置又は保存に瑕疵があったことによって他人に損害が発生した場合、最初に責任を負うべき者は占有者（現実に住んでいる人等）です。したがって、占有者が被害者に対して賠償義務を負います。しかし、占有者が損害の発生を防止するために必要な注意をしていたときには、占有者は責任を免れ、所有者がその損害を賠償しなければなりません。

4 損害賠償請求権の時効等

　不法行為に基づく損害賠償請求権は、被害者又は法定代理人が損害及び加害者を知ってから3年間（人の生命又は身体を害する不法行為によるものは5年間）行使しないと、時効で消滅します。また、それが分からなかったとしても、不法行為のときから20年間行使しないと、時効で消滅します。

　また、不法行為に基づく損害賠償債務は、発生と同時に履行遅滞となります。

講義のまとめ

1．使用者責任
　（1）他人を使用している者（使用者）は、従業員等が不法行為により損害を与えたときは、その損害について賠償する義務を負う。
　（2）ただし、その選任及び業務の監督について相当の注意をしたとき、又は相当の注意を払っても損害の防ぎようがなかったことを証明したときには、責任を免れる。
　（3）損害を賠償した使用者は、その従業員等に求償することができる。ただし、全額とは限らない。
2．数人の者が共同して不法行為を行い損害を与えた場合、それらの者は連帯して賠償する義務を負う。

第1章　民法等

10

不法行為

MASTER　71

3．土地の工作物の設置又は保存に瑕疵があったことによって他人に損害が発生したとき、**占有者**が賠償義務を負う。ただし、**占有者が損害の発生を防止するために必要な注意をしていたときには、所有者**が負う。

4．不法行為に基づく損害賠償請求権は、被害者又は法定代理人が**損害及び加害者を知ってから3年**（人の生命又は身体を害する不法行為によるものは**5年**）、又は、**不法行為のときから20年間**行使しないと、時効で消滅する。

5．不法行為に基づく損害賠償債務は、**発生と同時に履行遅滞**となる。

頻出! 一問一答

以下の問題文を読んで〇か×かを判定しなさい。

問1 従業員が、業務の遂行中に他人に損害を与えた場合、使用者（雇い主）は、必ず被害者に対して賠償する義務を負う。

問2 Aに雇用されているBが、勤務中にA所有の乗用車を運転し、営業活動のため得意先に向かっている途中で交通事故を起こし、歩いていたCに危害を加えた。Aの使用者責任が認められてCに対して損害を賠償した場合には、AはBに対して求償することができるので、Bに資力があれば、最終的にはAはCに対して賠償した損害額の全額を常にBから回収することができる。

問3 建物の壁が剥がれ落ちて通行人が怪我をした場合、所有者以外の者が賠償義務を負うことはない。

問4 不法行為に基づく損害賠償請求権は、被害者又は法定代理人が損害及び加害者を知ってから10年間行使しないと、時効で消滅する。

問5 不法行為に基づく損害賠償債務は、発生と同時に履行遅滞となる。

第1章 民法等

10

不法行為

解 答

問1 × 「必ず」というわけではない。

問2 × 使用者Aが、被害者Cに損害賠償したとき、AはBに対して「信義則上相当な限度」で、求償することができる。賠償した損害額の全額を常にBから回収することができるわけではない。

問3 × まず、占有者が賠償義務を負う。占有者が一定の注意を尽くしていた場合には、所有者が賠償義務を負う。

問4 × 損害及び加害者を知ってから3年（人の生命又は身体を害する不法行為によるものは5年）又は、不法行為のときから20年である。

問5 〇 記述の通りで、これは判例である。

MASTER 73

11 物権

重要度 ★★☆

所有権

1 所有権の性質

所有権とは、物を法令の制限内において、自由に**使用**、**収益**、**処分**することができる権利です。つまり、自分の所有物は自分で使ってもいいし、人に貸したり売ったりしてお金を得てもかまいません。これが所有権です。

2 相隣関係

お隣さんとの関係に関する規定を見ていきましょう。

1 公道に至るための他の土地の通行権

他の土地に囲まれて公道に通じない土地の所有者は、公道に至るため、その土地を囲んでいる他の土地を通行することができます。ただし、**通行の場所および方法**は、必要かつ他の土地の**損害が最も少なく**なるようにしなければならず、その土地の損害に対して**償金**を支払わなければなりません。

> 道路に接していない土地の所有者は、他の土地を通らせてもらって、道路までの行き来ができるということです。

2 ライフラインの設置等

他の土地に設備を設置しなければ電気、ガス又は水道水の供給等を受けることができない土地の所有者は、必要な範囲内で、他の土地に設備を設置することができます。ただし、設備の設置又は使用の場所及び方法は、他の土地等のために**損害が最も少ない**ものを選ばなければならず、その土地の損害に対して**償金**を支払わなければなりません。

例えば、自分の所有している土地から水道の本管までの間に他人の土地があり、その他人の土地に水道管を設置させてもらわないと、自分の土地が本管から水の供給を受けられない場合の話です。

3 竹木の枝と根
① 枝について

隣地の竹木の枝が境界線を越えるときは、その竹木の所有者に、その枝を切除させることができます。つまり、切るように請求するのですが、次の場合には、こちらで切って構いません。

ア）竹木の所有者に枝を切除するよう催告したにもかかわらず、竹木の所有者が相当の期間内に切除しないとき

イ）竹木の所有者が誰か分からない、又は、行方不明　等

② 根について

隣地の竹木の根が境界線を越えるとき、こちらでその根を切り取ることができます。

枝と根では、ルールが異なるので分けて覚えておきましょう。

3 共有
1 共有とは

3,000万円する一軒の別荘を、ＡＢＣの３人が一人1,000万円ずつ出し合って購入した。この場合、３人とも所有者ですが、別荘は一軒しかありません。こういう場合の所有権を**共有**といいます。そして、３人の所有権の割合は、３分の１であり（３分の１ずつお金を出した）、この割合を**持分**といいます。**持分が不明の場合には均等**と推定されます。

この別荘は、各人が**持分の割合に応じて全部を使用**することができます。

また、持分はあくまでも所有権ですから、ＡＢＣは、自己の**持分を自由に処分**できます。

2 共有物の管理等

別荘を売る、貸す、修理する等の場合、共有者のうち何人の者が賛成すればできるのかといった話です。

① **保存行為**

別荘の修理や、不法占拠者に対する明渡し請求等が該当し、各共有者が**単独**でできます。なお、不法占拠者に対する損害賠償請求は、共有者の一人が全額の請求をすることはできず、各共有者が持分の割合に応じて請求することになります。

② **管理行為・軽微な変更行為**

共有する建物を定期建物賃貸借として貸す（期間3年以下）とか、建物の屋上に防水工事をする等の行為が該当し、**持分価格の過半数**で決します。

③ **重大な変更行為**

共有する建物を売却するとか、増築する行為が該当し、**全員の同意**が必要となります。

> 持分価格の過半数とは、共有者の人数の過半数ではないので勘違いしないように。また、過半数とは2分の1ちょうどは入りません。2分の1を超える必要があります。

3 所在が不明の共有者がいる場合

上記①②にあるように、「管理行為・軽微な行為」は持分価格の過半数、「重大な変更行為」は全員の同意が必要ですが、では、共有者の中に所在が不明な者がいた場合にはどうなるのでしょうか？この場合、裁判所の決定を得れば、残りの共有者の持分価格の過半数、又は、残りの全員の同意によって、それらの行為をすることができるようになっています。

4 賛否を明らかにしない共有者がいる場合

持分価格の過半数で決する「管理行為・軽微な変更行為」をしようとするときに、共有物の管理に関心を持たず、催告してもそれらの行為の賛否を明らかにしない共有者がいる場合、裁判所の決定を得れば、残り

の共有者の持分価格の過半数で決することができます。

賛否を明らかにしない共有者がいる場合の制度は、「重大な変更行為」には認められていません。

5 共有物に関する費用

各共有者は、その**持分に応じて**管理費用を支払わなければなりません。なお、共有者の中で、**1年以内**にこの義務を果たさない者がいるときは、他の共有者は、**相当の償金**を支払ってその者の持分を取得することができます。

6 持分の帰属

共有者の1人がその持分を放棄したとき、又は死亡して相続人がいないときは、その持分は、**他の共有者に帰属**します。

7 共有物の分割

各共有者は、いつでも共有物の分割を請求することができます。なお、5年以内の期間を定めて分割しない旨の契約をすることもできます（更新も可能。やはり、期間は5年以内）。

分割とは共有関係をやめて清算することで、次の3つの方法があります。

① 現物分割…共有物が金塊であれば溶かして重さで分ける。
② 代金分割…建物の場合には現実に分けることができないので、売却して代金を分ける。
③ 価格賠償…共有者の一人が他の共有者にお金を払って全ての持分を取得し単独所有となる。

なお、話し合いがまとまらないときには、分割を裁判所に請求することができます。

8 所在等が不明の共有者の持分の取得

不動産が数人の共有の場合において、例えば、そのうちの一人の所在が不明となっている、又は、残りの共有者が誰なのか分からない状況に

なっているとき、裁判所は、共有者の請求により、その共有者に、所在等が不明となっている共有者の持分を取得させる決定ができます。

4 所有者が不明の土地・建物の管理

　所有者が不明であるとか、所有者の所在が分からない土地・建物について、必要がある場合、利害関係人は裁判所に請求して、その物件の管理を行う管理人をつけてもらうことができます。具体的には弁護士等が選任され、この管理人は、裁判所の許可を得ることによって、その物件を売却することができるようになります。

地上権・地役権

1 地上権

　地上権とは、**他人の土地において建築物等の工作物や竹木を所有するためにその土地を使用する権利**のことです。つまり、他人の土地を借りるということですが、他人の土地を借りる場合、一般的には賃貸借契約を締結します（賃借権＝後で勉強します）。賃借権の場合、借主は勝手に転貸（又貸し）等はできません。しかし、地上権設定契約（地上権）で借りると、借主は勝手に土地の転貸等ができます。つまり、借主の立場は、地上権の方が、賃借権よりもかなり強いのです。

2 地役権

　地役権とは、**自分の土地の便宜をはかるために、他人の土地を利用する（又は我慢してもらう）権利**をいいます。

　たとえば、駅へ行くための近道として、裏の家の敷地を通らせてもらう契約をした（通行地役権）とか、海がきれいに見えることを売りにしているホテルが、海岸沿いの土地所有者に、高い建物を建てないようにお願いして承諾をもらった（眺望地役権）等が該当します。

講義のまとめ

1. **所有権**とは、物を法令の制限内において、自由に**使用、収益、処分**することができる権利である。

2. 共有物の**持分が不明の場合には均等**と推定される。

3. 共有物は、各人が**持分の割合に応じて全部を使用**することができる。

4. 共有者の一人が、共有物を共有者間の協議に基づかず占有使用している（勝手に使っている）場合であっても、他の共有者は、当然には、共有物の明渡しを請求することはできない。

5. 各共有者は、自己の**持分を自由に処分**できる。

6. 共有物の**保存行為**は、各共有者が**単独**でできる。なお、損害賠償請求は**持分の割合**に限られる。

7. 共有物の**管理行為・軽微な変更行為**は、共有者の**持分価格の過半数**で決する。

8. 共有物の**重大な変更行為**は、共有者**全員の同意**が必要。

9. **所在が不明の共有者**がいる場合、裁判所の決定を得れば、残りの共有者の持分価格の過半数、又は、残りの全員の同意によって、「管理行為・軽微な変更行為」や「重大な変更行為」をすることができる。

10. 「管理行為・軽微な変更行為」をしようとするとき、催告してもそれらの行為の**賛否を明らかにしない共有者**がいる場合、裁判所の決定を得れば、残りの共有者の持分価格の過半数で決することができる。

11. 各共有者は、**いつでも共有物の分割を請求**することができる。

12. 共有者は、**5年以内**の期間を定めて分割をしない旨の契約をすることができる。

13. 不動産が数人の共有で、所在等が不明の共有者がいるとき、裁判所は、共有者の請求により、その共有者に、**所在等が不明の共有者の持分を取得させる**決定ができる。

14. **所有者が不明等の土地建物**について、利害関係人の請求により裁判所は**管理人**をつけることができる。

第1章 民法等

11

物権

MASTER 79

頻出! 一問一答

以下の問題文を読んで〇か×かを判定しなさい。

問1
□□□ 他の土地に囲まれて公道に通じない土地の所有者は、公道に出るためにその土地を囲んでいる他の土地を自由に選んで通行することができる。

問2
□□□ 他の土地に設備を設置しなければ電気、ガス又は水道水の供給等を受けることができない土地の所有者は、必要な範囲内で、他の土地に設備を設置することができる。

問3
□□□ 土地の所有者は、隣地の竹木の枝が境界線を越える場合、その竹木の所有者にその枝を切除させることができるが、その枝を切除するよう催告したにもかかわらず相当の期間内に切除しなかったときであっても、自らその枝を切り取ることはできない。

問4
□□□ 別荘をABCの3人が持分3分の1ずつで所有している。この別荘の雨漏りに気付いたAは、単独で修繕することができる。

問5
□□□ 建物をAが持分5分の3、BとCがそれぞれ持分5分の1ずつで所有している。Aが反対しても、BとCが賛成すれば、この建物の屋上に防水工事をすることができる。

問6
□□□ 別荘をABCの3人が持分3分の1ずつで所有している。この別荘を売却する場合、全員の同意が必要である。

問7
□□□ 別荘をABCの3人が持分3分の1ずつで所有している。ABCは全員で、10年以内の期間を定めて、分割しない旨の契約をすることができる。

問8
□□□ 共有者の1人が死亡して相続人がないときは、その持分は国庫に帰属する。

第1章 民法等

11 物権

解　答

問1　×　自由に選んでというわけにはいかない。通行の場所及び方法は、その通行権を有する者のために必要であり、かつ、他の土地のために損害が最も少ないものを選ばなければならない。

問2　○　記述の通りである。

問3　×　竹木の所有者に枝を切除するよう催告したにもかかわらず、竹木の所有者が相当の期間内に切除しないとき、土地の所有者は、自らその枝を切り取ることができる。

問4　○　保存行為に該当し、単独でできる。

問5　×　Aが反対するとできない（軽微な変更行為に該当し、持分価格の過半数で決する）。

問6　○　売却は、全員の同意が必要。

問7　×　不分割契約は「5年以内」である。

問8　×　持分は他の共有者に帰属する。

MASTER 81

12 物権変動の対抗要件

重要度 ★★★

物権変動の対抗要件

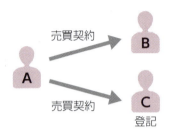

　Aが自己所有の土地をBに売却する契約を締結した。しかし、Bへの所有権移転登記をしていなかったことから、この土地をCにも売却し（二重譲渡）、Cへの所有権移転登記をして行方をくらましてしまった。この場合、BとCは、どちらがこの土地の所有権を主張できるのでしょうか？

1 対抗要件

　不動産における第三者対抗力は登記です。このケースに当てはめると、登記を先に済ませた（備えた）Cが所有権を主張できることになります。

2 登記がなくても対抗できる第三者

以下の者には、登記がなくても所有権を主張することができます。

1 全くの無権利者（その譲受人等）

　所有権移転登記に必要な書類等を偽造したBが、Aの所有する土地について、自分名義の所有権移転登記をした。このようなBを無権利者といい、Aは登記がなくてもBに所有権を主張できます。また、Bから事情を知らずに譲り受けたCがいた場合、Cも無権利者となり、Aは同じく所有権を主張できます。

2 不法占拠者、不法行為者

　BがAから建物を購入したが登記をしていない場合において、まったく関係のない（権原のない）Cがこの建物を占有しているとき、Cは不法占拠者であり、Bは登記がなくてもCに所有権を主張できます（明渡

しを請求できる)。

3 背信的悪意者

　BがAから土地を購入したが登記をしていない。そこで、CがBに高値で売りつけようと考え、Aから二重譲渡を受けて登記をした。このようなCを背信的悪意者といい、Bは登記がなくても所有権を主張できます。

　なお、Bが買ったことは知っていたが、Cも欲しくて二重譲渡を受けたという場合は、単なる悪意者であり、Bは登記がなければCに所有権を主張できません。

4 詐欺・強迫によって登記申請を妨げた者

　BがAから土地を購入した後、CがBを強迫して登記申請を妨げ、CがAから購入して登記をC名義にしてしまったとしても、Bは登記なしに、Cに所有権を主張することができます。

5 他人のために登記申請義務のある者

　BがAから土地を購入し、登記手続をCに委任したところ、Cが登記をC名義にしてしまったとき、Bは登記がなくてもCに所有権を主張することができます。

3 登記が必要な場合

1 解除後の第三者と登記

　Aが、自己所有地をBに売却した。まだ代金は全額受領していなかったが、Bへの所有権移転登記をした。その後、Bの代金不払いを理由にAがBとの売買契約を解除したが、Aが登記を取り戻す前に、BがCへ譲渡して登記をCに移転してしまった。この場合、Bが、AとCへ二重譲渡をした場合と同様に考え、登記を備えたCがAに所有権を主張できます。

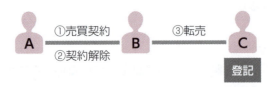

2 取消し後の第三者と登記

　Aが、Bからの強迫により、自己所有地をBに売却した。Bへの所有権移転登記も行ったが、その後、Bの強迫を理由に売買契約を取り消した。ところが、Aが登記を取り戻す前に、BがCへ譲渡して登記をCに移転してしまった場合、Bが、AとCへ二重譲渡をした場合と同様に考え、登記を備えたCがAに所有権を主張できます。

講義のまとめ

1．不動産における第三者対抗力は登記である。
2．次の者に対しては、登記がなくても所有権を主張することができる。
　（1）全くの無権利者（その譲受人等）
　（2）不法占拠者、不法行為者
　（3）背信的悪意者
　（4）詐欺・強迫によって登記申請を妨げた者
　（5）他人のために登記申請義務のある者
3．解除をした後に取得した第三者とは、二重譲渡と同様の関係になり、登記を先に備えた方が所有権を主張できる。
4．取消しをした後に取得した第三者とは、二重譲渡と同様の関係になり、登記を先に備えた方が所有権を主張できる。

頻出! 一問一答

以下の問題文を読んで〇か×かを判定しなさい。

（Aの所有地について、ＡＢ間で売買契約が締結されたが、まだＢは所有権移転登記を済ませていない）

問1 Ｂは、不法占拠者Ｃに立ち退きを請求することができない。

問2 ＡがＢとの契約後、Ｄにも二重にこの土地を売却し、Ｄが所有権移転登記を済ませた場合であっても、先に契約していたＢは、Ｄに所有権を主張することができる。

問3 ＡＢ間の売買契約締結後、ＥがＢを強迫して登記申請を妨げ、その間にＥがＡと売買契約を締結して登記をＥ名義にした場合、ＢはＥに所有権を主張することができない。

問4 ＡＢ間の売買契約締結後、登記手続きをＦに委任したところ、Ｆが登記をＦ名義に移転してしまった場合、ＢはＦに所有権を主張することができない。

問5 ＡＢ間の売買契約締結後、Ｂが所有権移転登記を済ませていないことを知ったＧが、Ｂに高値で売りつけ不当な利益を得る目的でＡをそそのかし、Ａと売買契約を締結して登記をＧ名義にした場合、ＢはＧに所有権を主張することができない。

解答

問1 × 登記がなくても、不法占拠者には対抗できる。

問2 × 登記を備えたＤに、所有権を主張することはできない。

問3 × 強迫によって登記申請を妨げたＥに、Ｂは所有権を主張できる。

問4 × 他人のために登記申請義務のあるＦに、Ｂは所有権を主張できる。

問5 × Ｇは背信的悪意者であり、Ｂは所有権を主張できる。

13 抵当権

重要度 ★★★

抵当権

　Bが、Aから1,000万円の借金をした。その担保としてBが自己所有の建物に抵当権を設定した場合、Bはそのまま建物を使い続けることができます。しかし、借金を返済できなくなってしまうと、Aは抵当権を実行し（つまり、競売する）、お金を回収することができます。

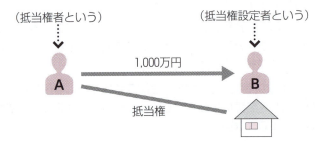

（抵当権者という）　　　　　　　（抵当権設定者という）
A　1,000万円　→　B
　　抵当権

1 抵当権の設定等

1 抵当権の設定

　抵当権は、上のケースのように**債務者（B）が設定**する場合が一般的ですが、**債務者以外の第三者（たとえばBの親）が設定することも可能**です。また、高額な物件であれば、ひとつの不動産を担保に複数の者が融資をし、抵当権の設定をすることもできます。この場合、融資をした**債権者の優先順位**は、**登記の順**です。
　なお、民法上、**不動産（所有権）**、**地上権**、**永小作権**が抵当権の設定対象となっています。

2 抵当権の性質

　上のケースにおいて、BがAに**債務の全額を弁済**すると、**抵当権は消滅**します（**付従性**）。しかし、弁済額が**全額に満たない場合**には、その**全部に抵当権の効力**が及び続けます（**不可分性**）。

なお、AがBに対する**債権を第三者に譲渡**すると、**抵当権も一緒に移転**します（随伴性）。
　また、この建物が火災により焼失してしまった場合、AはBが受け取る火災保険金から優先的に弁済を受けることができます（物上代位性）。ただし、火災保険金がBに支払われる前に差し押さえなければなりません。

2 抵当権の効力

　建物に**抵当権を設定した後に増築**をした場合、増築部分にも抵当権の効力は**及びます**（付加一体物）。また、抵当権は、その担保する債権について**不履行があったとき**は、その後に生じた抵当不動産の**果実にも効力が及びます**。

> 果実には、天然果実と法定果実の２種類があり、天然果実の典型例は農作物。法定果実の典型例は家賃とか貸金の利息になります。

3 被担保債権の範囲

　抵当権で担保される債権を被担保債権といいますが、これは元本（借りたお金そのもの）は当然として、利息等は原則として最後の２年分とされています。なお、この規定は後順位の抵当権者等の保護のためなので、他に債権者がいなければ、最後の２年分に制限されません。

4 法定地上権

　AからBが借金をするについて、Bは自己所有の「土地付き一戸建て住宅」の「建物」だけに抵当権を設定した。結局、Bは借金の返済ができず、建物が競売されてCがその建物を取得した場合、土地の利用関係はどうなるでしょうか？
　Cが取得したのは建物だけで、土地を利用する権利がないというのでは不都合です。そこで、このような場合にはCに土地の利用権を認めるというのが法定地上権です。

> **要点のまとめ**
>
> 法定地上権が成立するための要件（以下のすべてを満たすことが必要）
> 1．抵当権設定当時、土地と建物の両方が存在し、同一人が所有している。
> 2．土地と建物のどちらか一方、又は、両方に抵当権が設定された。
> 3．抵当権の実行により、土地と建物の所有者が異なることになった。

5 一括競売

　AからBが借金をするについて、Bが所有している更地にAのための抵当権を設定した。その後、その土地上にBが建物を建築したが、Aに借金を返済することができず、抵当権が実行された場合、建物所有者Bは法定地上権を取得できるでしょうか？

　答えは、できません。法定地上権が成立するためには、抵当権設定当時、土地と建物の両方が存在していなければなりませんが、今回のケースは、抵当権設定当時に建物がなかったので、法定地上権は成立しません。

　では、どのように建物を処理するのでしょうか？

　こういった場合には、土地と建物を一括で競売にかけます。ただし、Aが優先的に弁済を受けることができるのは、土地の代価からだけです。

6 第三取得者の保護

　BがAから借金をするについて、B所有の土地に抵当権を設定した。Bは、抵当権者Aの承諾なしにこの土地をCに譲渡できますが、抵当権が実行されるとCは所有権を失うことになります。そこで、C（第三取得者）を保護する規定があります。

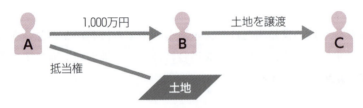

1 代価弁済

C（第三取得者）は、A（抵当権者）の請求により、その代価を弁済すると、Cのために抵当権は消滅します。

2 抵当権消滅請求

CからAに対して、代価又は一定額を支払うので抵当権を消滅させてほしい旨の連絡を行い、Aが承諾した場合には、その額を支払うことによって抵当権を消滅させることができます。

なお、この抵当権消滅請求ができるのは、抵当権の実行としての競売による差押えの効力発生前までです。

3 代金支払の特例

CはBに対して売買代金を支払う義務を負っているが、ＢＣ間の契約内容に適合しないAの抵当権の登記がある場合、Cは抵当権消滅請求の手続きが終わるまで、Bに対して代金の支払いを拒むことができます。

7 賃借人の保護

抵当権が設定された建物を借りている場合において、その抵当権が実行された（競売された）とき、建物の賃借人は出ていかなければならないのでしょうか？

1 抵当権設定登記の前に借りた

抵当権設定登記の前に借りていた場合、引渡し等の対抗要件（借地借家法で学習します）を賃借人が備えていれば、賃借人は、抵当権者や競売による買受人に賃借権を対抗することができます（出ていく必要はない）。

2 抵当権設定登記の後に借りた

抵当権設定登記の後に借りた場合、原則として、賃借人は、抵当権者や競売による買受人に賃借権を対抗することができません。したがって、抵当権が実行されると、この建物から退去しなければなりませんが、競売手続きの開始前から建物を使用していた賃借人は、競売における買受け人の

買受けの時から**6か月**を経過するまで、買受人に引き渡さなくても差し支えありません。

講義のまとめ

1. 民法上、抵当権が設定できるのは、**不動産（所有権）**、**地上権**、**永小作権**である。

2. **同一不動産に複数の抵当権が設定**された場合、**債権者の優先順位**は、**登記の順**である。

3. 抵当権の性質
   （1）**付従性**………**債務（被担保債権）が消滅すると抵当権も消滅**する。
   （2）**不可分性**……弁済額が**債務の全額に満たない場合**には、抵当不動産の全部に抵当権の効力が及び続ける。
   （3）**随伴性**………**債権譲渡がなされると、抵当権も共に移転**する。
   （4）**物上代位性**…抵当不動産が他の財産権に変わる場合、その財産権にも効力が及ぶ。ただし、**払渡し前**の**差押えが必要**。

4. 建物への**抵当権設定後に増築**をした場合、増築部分にも抵当権の効力は**及ぶ**（付加一体物）。

5. 抵当権は、その担保する債権について**不履行があったとき**は、その後に生じた抵当不動産の**果実にも効力が及ぶ**。

6. 抵当権で担保される**利息等**は、原則として**最後の2年分**である。なお、他に債権者がいなければ、**最後の2年分に制限されない**。

7. 一括競売をした場合、優先弁済を受けることができるのは、**土地の代価からのみ**である。

8. 抵当権設定者は、抵当権者の**承諾なし**に抵当不動産を譲渡することができる。

9. **第三取得者**が、抵当権者の請求によりその**代価を弁済**すると、第三取得者のために**抵当権は消滅**する。

10. 抵当権消滅請求において、抵当権者が第三取得者から示された金額では**応じない場合**、**2か月以内**に競売の申立てをする。なお、競落人が現れなくても、**抵当権者には買受けの義務はない**。

11. 抵当権消滅請求ができるのは、抵当権の実行としての**競売による差押**

えの**効力発生前**までである。

12. 抵当権者が抵当権を実行する場合、第三取得者に通知する義務はない。

13. 抵当不動産を買った者は、**抵当権消滅請求の手続きが終わる**まで、売買代金の**支払いを拒む**ことができる。

14. 抵当権設定登記の**前**に借りた賃借人は、引渡し等の対抗要件を備えていれば、賃借権を抵当権者や競売による買受人に**対抗することができる**（出ていく必要はない）。

15. 抵当権設定登記の**後**に借りた賃借人は、原則として、抵当権者や競売による買受人に賃借権を**対抗することができない**。この場合、競売手続きの開始前から建物を使用していた賃借人は、競売における買受け人の買受けの時から6か月を経過するまで、買受人に**引き渡さなくてもよ**い。

第1章 民法 等

13

抵当権

MASTER 91

以下の問題文を読んで〇か×かを判定しなさい。
（BはAから借金をし、その担保として自己所有の土地及びその上の建物に抵当権を設定して、その旨の登記もした）

問1　Bが債務の一部を弁済しても、全額が弁済されるまで目的物の全部の上に抵当権の効力が及ぶ。

問2　Aの抵当権設定登記があるB所有の建物が火災によって焼失してしまった場合、Aは、当該建物に掛けられた火災保険契約に基づく損害保険金請求権に物上代位することができる。

問3　Bがこの土地建物をCに譲渡する場合、Aの承諾が必要である。

問4　Dは、抵当権があることを知らずに、この土地建物をBから買い受けた。その後、抵当権の存在を知ったDは、抵当権が設定されていたことを理由として、BD間の売買契約を解除することができる。

問5　抵当権の設定後、この土地建物がEに譲渡されている。Aが抵当権を実行しようとする場合には、あらかじめ、Eに通知しなければならない。

問6　抵当権が実行され、Fが建物、Gが土地を競落した場合、Gは、Fに対して土地の明渡しを請求することができる。

問7　土地に抵当権が設定された後に抵当地に建物が築造されたときは、一定の場合を除き、抵当権者は土地とともに建物を競売することができるが、その優先権は土地の代価についてのみ行使することができる。

問8　この土地建物をBから買い受けたHは、抵当権消滅請求によって抵当権を消滅させることができる。

問9　この土地建物をBからIが賃借した。Iは賃借権を登記しさえすれば、Aや競落人に対抗することができる。

問10
□□□

Aは、Bからの借入金の担保として、A所有の甲建物に第一順位の抵当権を設定し、その登記を行った。その後、ＡＣ間にＣを賃借人とする甲建物の一時使用目的ではない賃貸借契約が成立し、Ｃが居住したが、Ｃの居住中に抵当権に基づく競売手続による買受けがなされた場合、買受けから賃貸借契約の期間満了までの期間が１年であったときは、Ｃは甲建物の競売における買受人に対し、期間満了までは甲建物を引き渡す必要はない。

解 答

問1 ○ 記述の通りである（不可分性）。

問2 ○ 記述の通りである（物上代位性）。

問3 × Aの承諾は不要。

問4 × 当然には、解除できない。

問5 × E（第三取得者）への通知は不要。

問6 × 土地の明渡しを請求できない（法定地上権が成立）。

問7 ○ 記述の通りである（一括競売）。

問8 ○ 記述の通りである。

問9 × 原則として、対抗できない（賃借権の登記だけではダメ）。

問10 × １年ではなく、６か月である。

14 相続

相続

1 法定相続人と法定相続分

　人が死亡した場合、相続が発生します。遺言があればそれに従いますが、なければ法律で定めた人が一定の割合で相続することになります。

　相続の順番は、まず、配偶者と子が相続人となります。しかし、子がいないときには、配偶者と直系尊属（親とか祖父母のこと）。そして、直系尊属もいないときは配偶者と兄弟姉妹が相続人となります。

　なお、被相続人の死亡前に子が死亡していた場合には、その子の子供である孫が相続します。これを代襲相続といいます。代襲相続は、**先に死亡**した場合のほか、**欠格**、**廃除**（後述）の場合にも生じます。

被相続人とは相続される側の人のことをいいます。

要点のまとめ

（1）配偶者と子（第一順位）…………配偶者2分の1、子2分の1
（2）配偶者と直系尊属（第二順位）…配偶者3分の2、直系尊属3分の1
（3）配偶者と兄弟姉妹（第三順位）…配偶者4分の3、兄弟姉妹4分の1

事例）Xが4,000万円残して死亡した。Xには配偶者Aと子B、Cが相続人としている場合、法定相続分はどうなるか？

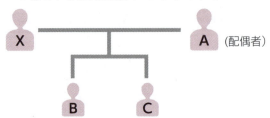

94 MASTER

配偶者Ａが4,000万円の２分の１で2,000万円、子であるＢＣで２分の１の2,000万円。これをＢとＣが頭割りにして、Ｂ1,000万円、Ｃ1,000万円となる。

〈補足〉

法律上の婚姻関係にある男女の間に生まれた子（嫡出である子）と法律上の婚姻関係にない男女の間に生まれた子（嫡出でない子）の相続分は同じである。つまり、ＢがＸとＡの子で、ＣがＸと配偶者ではない女性（Ａ以外の女性）との間の子だったとしても、ＢＣの相続分は同じということである。

2 欠格と廃除

相続人となる予定の者でも、故意に被相続人や先順位・同順位の相続人を**死亡させる**などして**刑に処せられた**場合や**遺言を偽造**したような場合には、相続人になることができなくなります。これを**欠格**といいます。

また、被相続人は「被相続人を**虐待**したり、**重大な侮辱**を加えた者」又は「**著しい非行のあった者**」について、家庭裁判所に相続人の廃除（相続させないようにする）を請求することができます。

3 相続の承認と放棄

相続人は、必ず相続をしなければならないわけではありません。借金も相続の対象であり、被相続人が山ほど借金を抱えていた場合、誰しもそれを相続して借金の返済をするのはイヤでしょう。

そこで、相続人は相続をするかしないかについて、次の３つのうちから選ぶことができることになっています。なお、選択できる期間は、**自己のために相続の開始があったことを**知ったときから３か月以内です。

（１）**単純承認**：資産も負債も全部まとめて相続します。

　　　　　　　各相続人が単独でできます。

（２）**限定承認**：プラスの財産の範囲までで、負債を返済する。したがって、プラスの財産を超えた分の負債については責任を負いません。

　　　　　　　これは、相続人が全員で共同して行います。

MASTER 95

（３）放　棄：相続しません。

各相続人が単独でできます。放棄をすると、はじめから相続人でなかったことになります。なお、相続の開始前に相続を放棄することはできません。また、相続を放棄した場合、代襲相続は生じません。

4 遺言

遺言は、遺言者の死亡のときからその効力を生じます。この遺言は、未成年者であっても15歳に達したものは単独ででき、また、成年被後見人であっても、判断力（事理を弁識する能力）を一時回復したときは、医師2人以上の立会いにより遺言できます。なお、被保佐人や被補助人は、特に問題なく単独で遺言できます。

そして、遺言はいつでも撤回できます。また、前にした遺言と後にした遺言が抵触するときは、その抵触する部分について、前にした遺言が撤回されたものとみなします。

遺言には「自筆証書遺言」「公正証書遺言」「秘密証書遺言」という種類があります。このうち、自筆証書遺言を作成する場合には、遺言者が遺言の全文、日付、氏名を自書し、押印しなければなりません。ただし、財産目録については、自書によらないもの（パソコンで作成したものや通帳のコピー等）を添付することができます。この場合には、その目録の各ページに署名押印をしなければなりません。

5 遺留分

1 遺留分

被相続人が、誰かに財産を全部贈与すると遺言していたとしても、配偶者等の一定の相続人は、一定割合を確保することができる（取り戻すことができる）権利を有しています。これを遺留分といいます。

遺留分が認められる相続人とその割合は、直系尊属のみが相続人のときには、被相続人の財産の3分の1であり、それ以外（「配偶者と子」や「配偶者のみ」等）のときは2分の1とされています。なお、兄弟姉

妹に遺留分はありません。

2 遺留分侵害額の請求

遺留分を侵害した遺言であっても、有効です。しかし、遺留分を侵害された相続人は、**遺留分侵害額に相当する金銭の支払を請求**することができます。

事例） Xが4,000万円の財産を残して死亡したが、生前に仲の良かったC嬢に財産の全部を譲る旨の遺言がなされていた。Xには、配偶者Aと子Bがいる。AとBがC嬢に請求できる額はいくらか？

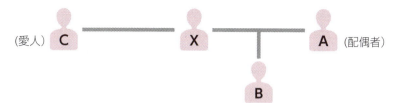

まず、Aについてみてみると、Aの法定相続分は2分の1である。そして遺留分が2分の1なので、4,000万円の4分の1である1,000万円が、AがCに請求できる額となる。Bも同様で、1,000万円を請求することができる。

なお、**遺留分の放棄**は、**相続開始前**であっても**家庭裁判所の許可**を受けることにより**可能**です。

6 相続財産

相続人が数人いるときの相続財産は、その者たちの**共有**となります。なお、**相続人が不存在**のときには、その財産は原則として、**国庫に帰属**します。ただし、被相続人と生計を同じくしていた者、被相続人の療養看護に努めた者、その他被相続人と特別の縁故があった者（**特別縁故者**という）の請求により、**家庭裁判所**はこれらの者に**相続財産の全部又は一部を与える**ことができます。

7 配偶者居住権

　配偶者居住権とは、夫婦の一方が死亡したときに、残された配偶者が、亡くなった者（被相続人）が所有する建物（夫婦で共有する建物でも可）に居住していた場合で一定の要件を満たすとき、被相続人が亡くなった後も、配偶者が賃料の負担なく、その建物に住み続けることができる権利になります。

1 成立要件

　配偶者居住権が成立するためには、以下の要件をすべて満たさなければなりません。

① 残された配偶者が、亡くなった人（被相続人）の法律上の配偶者であること（内縁の配偶者はダメです）。

② 相続開始の時に、配偶者が被相続人の所有していた建物に居住していたこと（配偶者との共有は認められますが、配偶者以外の者と被相続人が共有していた場合には、配偶者居住権は認められません）。

③ 遺産分割により配偶者居住権を取得、又は、配偶者居住権が遺贈の目的とされていた等の場合です。

2 存続期間と登記

　配偶者居住権の存続期間は、**配偶者が亡くなるまで（終身）**です。ただし、遺産分割協議若しくは遺言に別段の定めがあるとき等は、その定めるところによります。

　また、居住建物の所有者は、配偶者居住権を取得した配偶者に対し、配偶者居住権の設定の**登記**を備えさせる**義務**を**負います**。

3 配偶者による使用及び収益

　配偶者は、**善良な管理者の注意**をもって、居住建物の使用及び収益をしなければなりません。また、配偶者居住権は、**譲渡することができず**、配偶者は、居住建物の所有者の**承諾を得なければ**、居住建物の**改築や増築**、又は**第三者に居住建物の使用若しくは収益**をさせることはできません。

98 **MASTER**

4 居住建物の費用の負担

配偶者は、居住建物の通常の必要費を負担することとされています。

講義のまとめ

1. 被相続人の死亡前に子が死亡していた場合には、その子の子供が相続する（代襲相続）。

2. 代襲相続は、先に死亡（同時死亡を含む）、欠格、廃除の場合に生じる。なお、相続の放棄をしたときは、代襲相続は生じない。

3. 遺言を偽造した等の欠格事由に該当すると、相続人でなくなる。

4. 被相続人は、一定の要件に該当する者について、家庭裁判所に相続人の廃除を請求することができる。

5. 単純承認、限定承認、放棄を選択できる期間は、自己のために相続の開始があったことを知ったときから3か月以内である。なお、その期間内に一定の手続きをしないときは、単純承認したものとみなす。

6. 限定承認は、相続人が全員で共同して行う。

7. 遺言は、遺言者の死亡のときからその効力を生じる。

8. 被保佐人、被補助人は単独で遺言できるし、15歳に達した者も単独で遺言できる。

9. 遺言はいつでも撤回できる。また、前にした遺言と後にした遺言が抵触するときは、その抵触する部分について、前にした遺言が撤回されたものとみなす。

10. 自筆証書遺言を作成する場合には、遺言者が遺言の全文、日付、氏名を自書し、押印しなければならない。ただし、財産目録については、自書によらないものを添付することができる。この場合には、その目録の各ページに署名押印をしなければならない。

11. 遺留分
    （1）直系尊属のみが相続人…3分の1
    （2）それ以外のとき…………2分の1
    ※　兄弟姉妹に遺留分はない。

12. 遺留分を侵害する行為は有効であるが、相続人は遺留分侵害額の請求ができる。

13. 相続の放棄は、相続開始前にはできない。

14. 遺留分の放棄は、相続開始前であっても家庭裁判所の許可を受けることによりできる。

15. 相続人が数人いるときの相続財産は、その者たちの共有となる。

16. 相続人が不存在のときは、その財産は原則として、国庫に帰属する。ただし、特別縁故者の請求により、家庭裁判所はその者に相続財産の全部又は一部を与えることができる。

17. 配偶者居住権の存続期間は、配偶者が亡くなるまで（終身）である。なお、遺産分割協議により期間を定めた場合、その期間で終了し、延長や更新はできない。

18. 配偶者居住権は譲渡することができず、居住建物の所有者の承諾なしに、配偶者はその建物を賃貸することができない。

19. 居住建物の所有者は、配偶者居住権を取得した配偶者に対し、配偶者居住権の設定の登記を備えさせる義務を負う。

20. 配偶者は、居住建物の通常の必要費を負担する。

頻出! 一問一答

以下の問題文を読んで〇か×かを判定しなさい。

問1 □□□　Xが死亡し、相続人がXの妻Aと子Bであるときの法定相続分は、Aが2分の1、Bが2分の1である。

問2 □□□　Xが死亡し、相続人がXの妻AとXの兄弟Cであるときの法定相続分は、Aが3分の2、Cが3分の1である。

問3 □□□　Xが死亡し、相続人がXの妻Aと子Bであるとき、Aが単純承認をした後、Bは、限定承認をすることができる。

問4 □□□　被相続人は、推定相続人（相続が開始した場合に相続人となるべき者）を、自由に廃除することができる。

問5 □□□　Xが死亡し、相続人がXの妻Aと子Bであるとき、A及びBは、相続開始から3か月以内に単純承認・限定承認・放棄のいずれかをしなければならない。

問6 □□□　相続の放棄によって、代襲相続が発生する。

問7 □□□　15歳に達した者は、単独で遺言をすることができる。

問8 □□□　相続の放棄は、家庭裁判所の許可を受けることにより、相続開始前に行うことができる。

問9 □□□　遺留分の放棄は、家庭裁判所の許可を受けることにより、相続開始前に行うことができる。

問10 □□□　兄弟姉妹の遺留分は、2分の1である。

問11 □□□　遺留分を侵害した遺言は、無効である。

問12 □□□　相続人が数人いるときの相続財産は、その者たちの共有となる。

第1章 民法等

14

相続

MASTER 101

問13 □□□	自筆証書によって遺言をする場合、遺言者は、その全文、日付及び氏名を自書して押印しなければならないが、これに添付する相続財産の目録については、遺言者が毎葉に署名押印すれば、自書でないものも認められる。
問14 □□□	被相続人Aの配偶者Bが、A所有の建物に相続開始の時に居住していたため、遺産分割協議によって配偶者居住権を取得した。遺産分割協議でBの配偶者居住権の存続期間を20年と定めた場合、存続期間が満了した時点で配偶者居住権は消滅し、配偶者居住権の延長や更新はできない。
問15 □□□	被相続人Aの配偶者Bが、A所有の建物に相続開始の時に居住していたため、遺産分割協議によって配偶者居住権を取得した。配偶者居住権の存続期間中にBが死亡した場合、Bの相続人CはBの有していた配偶者居住権を相続する。
問16 □□□	甲建物を所有するAが死亡し、Aの配偶者Bが甲建物の配偶者居住権を、Aの子Cが甲建物の所有権をそれぞれ取得する旨の遺産分割協議が成立した。Cは、甲建物の通常の必要費を負担しなければならない。
問17 □□□	甲建物を所有するAが死亡し、Aの配偶者Bが甲建物の配偶者居住権を、Aの子Cが甲建物の所有権をそれぞれ取得する旨の遺産分割協議が成立した。Cには、Bに対し、配偶者居住権の設定の登記を備えさせる義務がある。

解　答

問1　○　記述の通りである。

問2　×　Aが4分の3、Cが4分の1である。

問3　×　限定承認は、相続人全員が共同して行う。したがって、Aが単純承認している本問は、限定承認できない。

問4　×　廃除は、虐待等一定の要件を満たした場合にできる。「自由に」というわけではない。

問5　×　相続開始からではなく、相続開始を"知ったとき"から3か月以内である。

問6　×　相続の放棄は、代襲原因とならない。

問7　○　記述の通りである。

問8　×　相続の放棄は、前もってすることはできない。遺留分の放棄と勘違いしないように。

問9　○　記述の通りである。相続の放棄と遺留分の放棄の違いを押さえておくこと。

問10　×　兄弟姉妹には、遺留分はない。

問11　×　有効である。遺留分を侵害された相続人は、遺留分侵害額に相当する金銭の支払いを請求することができる。

問12　○　記述の通りである。

問13　○　記述の通りである。なお、毎葉（まいよう）とは一枚ごとにという意味である。

問14　○　記述の通りである。

問15　×　配偶者居住権は、配偶者の死亡により消滅する。したがって、Cは配偶者居住権を相続しない。

問16　×　居住建物の通常の必要費は、配偶者が負担する。

問17　○　記述の通りである。

15 不動産登記法

重要度 ★★★

登記

すでに「12 物権変動の対抗要件」で学習しましたが、不動産の二重譲渡等がなされた場合、登記を備えた方の買主が権利を主張できました（**不動産における第三者対抗力は登記**）。これから、その「登記」についてみていきます。なお、登記については、不動産登記法という法律で手続き等が定められています。

1 登記と登記機関

登記は、登記官が登記簿に登記事項を記録することによって行います。この記録を登記記録といい、記録する内容によって**表題部、権利部（甲区、乙区）**に区分されます。

なお、登記記録は、一筆の土地又は一個の建物ごとに作成されます（**一不動産一登記記録の原則**）。

そして、登記事務は、不動産の所在地を管轄する法務局、地方法務局、支局、出張所がつかさどります。これらを「**登記所**」といいます。なお、ひとつの**不動産が2以上の登記所の管轄区域にまたがる**ときは、法務局長等が、その不動産の登記事務をつかさどる登記所を指定します。

2 登記記録の構成

登記記録の区分と記録内容は以下の通りです。

1 表題部（表示の登記）

表題部といわれるところには、不動産の**物理的現況等**が記録されます。土地であれば、所在、地番、地目、地積等が記録され、建物の場合には、所在、家屋番号、種類、構造、床面積等が記録されます。

表題部（主である建物の表示）		調製	余白		不動産番号	（省略）
所在図番号	余白					
所　　　在	○○市○○六丁目　１５６番地１８			余白		
家屋番号	１５６番１８			余白		
①種類	②構造		③床面積　　㎡		原因及びその日付（登記の日付）	
居宅	木造スレートぶき ２階建		1階　　５１　　３６ 2階　　４７　　１５		平成２８年５月８日新築 （平成２８年５月１０日）	
所有者	○○県○○市○町○番○号　　朝日一郎					

2 権利部（権利の登記）

　　甲区と乙区に分けられます。甲区は所有権に関する登記が記録されます。したがって、所有者の移り変わりを確認するときには、この部分を見ることになります。ここの名義人になっていれば、もしも二重譲渡がなされたとしても、もう一人の買主に対して所有権を主張することができるわけです（登記は第三者対抗力）。

　　また、乙区には所有権以外の権利を記録します。したがって、抵当権や地上権、賃借権等はここに記録します。

権　利　部　（甲区）	（所有権に関する事項）		
順位番号	登記の目的	受付年月日・受付番号	権利者その他の事項
1	所有権保存	平成２８年５月２５日 第６１０７号	所有者　○○県○○市○町○番○号 　　　　朝日一郎

権　利　部　（乙区）	（所有権以外の権利に関する事項）		
順位番号	登記の目的	受付年月日・受付番号	権利者その他の事項
1	抵当権設定	平成２８年５月２５日 第６１０８号	原因　平成２８年５月２１日保証委 　　　託契約による求償権同日設定 債権額　金３,１００万円 損害金　年14％（年365日日割計算） 債務者　○○県○○市○町○番○号 　　　　朝日一郎 抵当権者　△市△町七丁目３番９号 　　　　○○信用保証株式会社 共同担保　目録（あ）第○○○○号

3 順位番号と受付番号

1 順位番号

　　甲区と乙区に、それぞれ登記した順に付けられる番号で、同区間の登記の優劣は順位番号で決まります。たとえば、抵当権は乙区に記録しますが、複数の抵当権が登記されている物件について抵当権が実行された場合、乙区の順位番号の若い順からお金を回収するのです。

2 受付番号

甲区・乙区に関係なく登記所の受付順に付けられる番号です。したがって、**別区間の登記の優劣**は受付番号で判断します。

4 登記の公開

登記記録は、誰でも手数料（原則として**収入印紙**）を納付して、登記記録に記録されている事項を証明した**登記事項証明書**の交付を請求することができます。

5 登記の手続き

登記はオンライン（インターネット）での申請と書面による申請が認められています。

1 登記の申請義務等

① 表示の登記

申請義務があります（1か月以内）。したがって、家を新築した場合には、1か月以内に申請する必要があります。また、**登記官が職権**で登記することも**できます**。

② 権利の登記

申請義務がありません。したがって、家を買ったからといって所有権移転登記をしなくてもかまいません。ただし、登記をしないと、買主は第三者対抗力を有していないので、キケンな状態となります。また、原則として、**登記官の職権**による登記は**できません**。

〔改正〕

前述のように、権利の登記は、基本的に申請義務はありません。しかし、近年の改正（令和6年4月1日施行）で、相続によって不動産を取得した**相続人**は、その不動産を取得したことを**知った日から3年以内**に**相続による所有権移転登記**の申請を**しなければならない**ことになりました。

2 共同申請主義

　権利の登記を申請する場合、原則として、登記権利者と登記義務者が**共同して**行わなければなりません。登記権利者とは、売買であれば買主のことであり、登記義務者は売主のことです。つまり、売買による所有権移転登記を申請する場合には、「売主と買主が共同して申請しなさい」ということです。

　ただし、相続による登記や登記名義人の氏名が変わった場合等の登記は**単独**でできます。

3 各種情報の提供

　登記を申請する場合には、**申請情報**と**添付情報**というものを登記所に提供しなければなりません。

　申請情報とは、申請人の氏名・住所、物件の所在等のことであり、添付情報とは、**登記原因証明情報**（例：売買契約書の記載事項）であるとか、**登記識別情報**（売主が管理している登記所から発行されたパスワード）等を指します。

　なお、**登記官**は、**登記識別情報が提供されず**に所有権移転登記等の申請があったときは、すぐに登記は行わず、登記義務者（売主）に対して、その申請に間違いがなければ一定期間内に申し出るよう**通知**します。そして、その期間内に申出がなければ登記はされません。これを事前通知制度といいます。

第1章 民法等

15

不動産登記法

MASTER 107

6 さまざまな登記
1 土地の分筆の登記
　土地の分筆とは、一筆の土地を複数（数筆）の土地に分けることをいいます。

例）

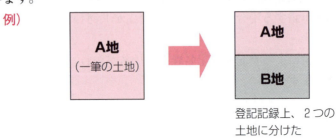

2 土地の合筆の登記
　土地の合筆とは、数筆の土地を一筆の土地に合わせることをいいます。

例）

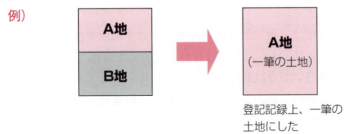

① 合筆の登記は、所有権の登記名義人が異なる土地、所有権の登記のある土地とない土地、地目の異なる土地、隣接（接続）していない土地等の場合にはできません。
② 合筆の登記申請をする場合には、合筆にかかる土地の**いずれか一筆**の**登記識別情報**の提供が必要です。

7 仮登記
1 仮登記とは
　登記申請に必要な情報がすぐに提供できないとき等に、**早い順位番号**

を確保するために行う登記です。**仮登記には対抗力がありません**が、後日、本登記をしたときに大きな意味をもちます。

事例）

① Aが家を建てた。甲区に順位番号1番で登記。
② AがBに家を売った。登記申請に必要な情報が足りず、Bが甲区に所有権移転の仮登記をした。順位番号2番。
③ AがCに二重譲渡した。登記申請に必要な情報がそろったのでCが甲区に所有権移転の本登記をした。順位番号3番。
④ Bが仮登記を本登記にすると、Bは順位番号2番の本登記となり、3番のCに勝つことができる。Cの登記は**登記官が職権で抹消**する。

所有権に関する仮登記を本登記にする場合、**利害関係を有する第三者**がいるときは、その者の**承諾**を得る必要があります。

仮登記をすると、本登記用の**余白**が設けられるので、後日行う本登記は、そこになされます。

2 仮登記の種類

仮登記は2種類あります。
① 1号仮登記
　例えば、売買契約の締結により**所有権は移転**したが、売主の登記識別情報が見つからないなど本登記をするのに必要な手続上の要件が備わっていない場合に行います。
② 2号仮登記
　例えば、売買予約です。まだ、**所有権は移転していません**が、将来、予約権を行使すれば所有権が移転しますので、その権利を保全するために行います。

講義のまとめ

1．登記記録は、一筆の土地又は一個の建物ごとに作成される（一不動産一登記記録の原則）。

2．登記記録の構成

（1）表題部（表示の登記）

不動産の物理的現況等が記録される。

（2）権利部（権利の登記）

甲区には所有権、乙区には所有権以外の権利を記録する。

3．同区間での登記の優劣は順位番号、別区間の登記の優劣は受付番号で判断する。

4．登記記録は、誰でも手数料（収入印紙）を納付して、登記記録に記録されている事項を証明した登記事項証明書の交付を請求することができる。

5．表示の登記には申請義務がある（1か月以内）。しかし、権利の登記には申請義務がない。ただし、相続によって不動産を取得した相続人は、その不動産を取得したことを知った日から3年以内に相続登記の申請をしなければならない。

6．権利の登記を申請する場合、原則として、登記権利者と登記義務者が共同して行わなければならない。

7．登記を申請する場合、登記原因証明情報であるとか、登記識別情報等の情報を申請情報に添付する。

8．登記官は、登記識別情報が提供されずに所有権移転登記等の申請がなされた場合、登記義務者に対して、その申請に間違いがなければ一定期間内に申し出るよう通知する。

9．合筆の登記申請をする場合には、合筆にかかる土地のいずれか一筆の登記識別情報の提供が必要。

10．仮登記には対抗力がない。

11．所有権に関する仮登記を本登記にする場合、利害関係を有する第三者がいるときは、その者の承諾が必要。

110 **MASTER**

頻出! 一問一答

以下の問題文を読んで〇か×かを判定しなさい。

問1 登記記録は、表題部及び権利部に区分され、さらに権利部は甲区
□□□ と乙区に区分される。

問2 甲区には、所有権以外の権利に関する事項が記録される。
□□□

問3 登記事項証明書の交付を請求できるのは、一定の利害関係人だけ
□□□ である。

問4 権利の登記は、原則として、登記権利者と登記義務者が共同して
□□□ 申請しなければならない。

問5 所有権の登記のある土地と所有権の登記のない土地は、合筆の登
□□□ 記ができない。

問6 相続により不動産を取得した相続人は、自己のために相続の開始
□□□ があったことを知り、かつ、所有権を取得したことを知った日から
3年以内に、所有権の移転の登記を申請しなければならない。

問7 仮登記であっても、第三者対抗力は有する。
□□□

第1章 民法等

15

不動産登記法

解答

問1 〇 記述の通りである。

問2 × 甲区には、所有権に関する事項が記録される。

問3 × 誰でも請求できる。

問4 〇 記述の通りである。

問5 〇 記述の通りである。

問6 〇 記述の通りである。

問7 × 仮登記は、第三者対抗力を有しない。

MASTER 111

16 ▶ 賃貸借（民法）

重要度 ★★★

■ 賃貸借

1 賃貸借契約における権利義務

　貸主（賃貸人）は、目的物を借主（賃借人）に使用・収益させ、借主は賃料を支払わなければなりません。

　また、目的物の修理が必要となった場合には、原則として、賃貸人が修理しなければなりません。なお、賃借人はこれを拒むことができません。

　なお、目的物に修繕が必要となったため、賃借人が賃貸人にその旨を通知し、賃貸人がそれを知ったにもかかわらず、相当の期間内に必要な修繕をしないときは、賃借人は修繕することができます。

　そして、必要費（修理代等）を賃借人が支出した場合、賃借人は直ちに賃貸人に償還請求をすることができます。

　これに対して、有益費（目的物の価値を増加させるためにかかった費用）は、賃貸借契約終了時に、価格の増加が残っている（現存している）場合に限って、支出額又は増価額のどちらかを賃貸人が選択して償還します。

　賃貸借が終了した場合、賃借人は、目的物の受取り後に生じた損傷がある場合には、通常の使用によって生じた損耗や経年変化によるものを除き、原則として、その損傷を原状に復する義務を負います。

2 対抗要件

　Aが所有している家屋をBが賃借している場合において、Aがこの建物をCに譲渡したとき、BはCに賃借権を対抗し、このまま住み続けることができるでしょうか？

112 **MASTER**

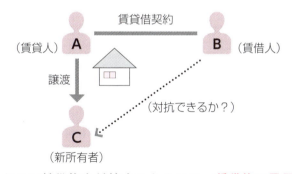

　民法上、BがCに賃借権を対抗するためには、**賃借権の登記が必要**です。また、CもAから**所有権移転登記**をしないと、Bに対して自分が新賃貸人であることを主張できません（賃料の請求ができない）。

3 賃貸借の期間

　民法上、賃貸借の**最長期間は50年**とされており、50年を超えて契約した場合には、**50年に短縮**されます。なお、期間を定めない契約も有効です。では、期間を定めない契約は、いつ終了するでしょうか？　これは、**いつでも当事者が解約の申入れ**をすることができ、**建物**のときには**3か月経過後に終了**します。

　また、**目的物が滅失**した場合にも**賃貸借契約は終了**します。

4 賃借権の譲渡、賃借物の転貸

　賃借権の譲渡や賃借物の転貸（又貸し）をするには、**賃貸人の承諾**が必要です。それにもかかわらず、賃借権の無断譲渡や賃借物の無断転貸をして第三者に使用・収益させたときは、賃貸人は契約の**解除**ができます。なお、信頼関係を破壊したとはいえない（**背信的行為とはいえない**）**特段の事情**があるときには、**契約の解除はできません**。

1 賃借権の譲渡

　賃貸人の承諾があり、賃借権の譲渡がなされた場合、賃借人は賃貸借関係から**離脱**します。

2 賃借物の転貸

A所有家屋をBが賃借し、それをAの承諾を得てCに転貸した場合でみてみましょう。

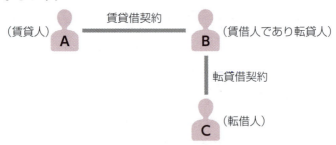

　CはAに対して直接に義務を負います。賃料については、AはCに直接請求をすることもできますが、その額は、AB間とBC間の**どちらか低い額**までとなります。

5 敷金

A所有家屋をBが賃借し、敷金をAに支払った。

　敷金は、賃貸借契約終了後に返還することを前提としたもので、Bが転居する場合に、Bが割ってしまった窓ガラスの修理代であるとか滞納分の家賃に充当する等、**賃貸人Aが賃借人Bに対して取得する債権を担保**します。なお、Bの方から、敷金を未払賃料に充当するよう主張することは**できません**。

　また、賃貸借が終了した場合の目的物返還と敷金の返還は、賃借人の**目的物返還が先履行**であり、敷金返還請求権と目的物の返還請求権は、**同時履行の関係に立ちません**。

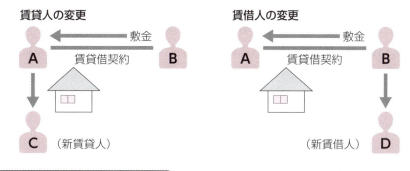

要点のまとめ

1. **賃貸人**がAからCに変更した場合、敷金の返還義務は**AからCへ移転する**（Aに対する未払賃料等を控除した残額についてAからCへ移転する）。
2. **賃借人**がBからDへ変更した場合には、原則として、敷金に関する権利義務は**BからDへ移転しない**。

講義のまとめ

1. 賃貸人は、目的物を賃借人に**使用・収益**させ、賃借人は**賃料を支払わなければならない**。
2. 目的物に修理が必要となった場合、原則として、**賃貸人が修理**しなければならない。なお、**賃借人はこれを拒むことができない**。
3. 目的物に修繕が必要となったため、賃借人が賃貸人にその旨を**通知**し、賃貸人がそれを知ったにもかかわらず、相当の期間内に必要な修繕をしないときは、**賃借人は修繕**することができる。
4. **必要費**を賃借人が支出した場合、賃借人は賃貸人に**直ちに**償還請求をすることができる。
5. **有益費**は、賃貸借契約**終了時**に、価格の増加が残っている（現存している）場合に限って、**支出額又は増価額**のどちらかを**賃貸人が選択**して賃借人に償還する。
6. 民法上、賃借人が第三者に賃借権を対抗するためには、**賃借権の登記が必要**である。

7．賃貸人が変更した場合、新賃貸人は所有権の登記をしないと、賃借人に対して自分が新賃貸人であることを対抗できない。

8．民法上、賃貸借契約の最長期間は50年とされており、50年を超えて契約した場合には、50年に短縮される。

9．期間を決めない賃貸借契約をした場合、いつでも当事者は解約の申入れをすることができ、建物のときには3か月経過後に終了する。

10．目的物が滅失した場合には、賃貸借契約は終了する。

11．賃借権の譲渡や賃借物の転貸をするには、賃貸人の承諾が必要である。承諾なしにそれを行い第三者に使用・収益させたときは、原則として、賃貸人は契約の解除ができる。

12．適法に転貸借がなされた場合、賃貸人は、転借人に対して賃借料と転借料のどちらか低い額までを直接請求することができる。

13．敷金は、賃貸人が賃借人に対して取得する債権を担保する。

14．賃貸人が変更した場合、敷金の返還義務は新賃貸人に移転する。

15．賃借権の譲渡により賃借人が変更した場合、原則として、敷金に関する権利義務は新賃借人に移転しない。

頻出! 一問一答

以下の問題文を読んで〇か×かを判定しなさい。

問1 　賃借人が必要費を支出した場合、賃借人は、賃貸借契約終了時で
□□□ なければ、賃貸人に対して償還請求をすることができない。

問2 　賃貸借目的物の使用に必要な修繕は、原則として、賃借人が行
□□□ う。

問3 　民法上、賃貸借契約において期間を定める場合の最長期間は10年
□□□ である。

問4 　建物の賃貸人が賃貸物の保存に必要な修繕をする場合、賃借人は
□□□ 修繕工事のため使用収益に支障が生じても、これを拒むことはできない。

問5 　賃貸借契約は、目的物の滅失があると終了する。
□□□

問6 　Aが所有する建物をBが賃借していたが、Bが、Aの承諾を得て
□□□ 賃借権をCに譲渡した場合、Bは賃貸借関係から離脱する。

問7 　Aが所有する建物を、Bが敷金を差し入れた上で賃借していた
□□□ が、その後、Aがその建物をCに譲渡したことにより、賃貸人がC
に変更となった。数か月後、契約期間満了によりBが転居する場
合、Bは、Aに対して敷金の返還を請求しなければならない。

問8 　建物の賃貸借契約が期間満了により終了した。賃借人から敷金の
□□□ 返還請求を受けた賃貸人は、賃貸物の返還を受けるまでは、これを
拒むことができる。

問9 　A所有の家屋をBが賃借する契約を締結した。BがAに無断でC
□□□ に当該建物を転貸した場合、Aは常にAB間の賃貸借契約を解除す
ることができる。

第1章 民法 等

16

賃貸借（民法）

MASTER 117

解 答

問1　×　直ちにできる。

問2　×　賃貸人の義務である。

問3　×　50年である。

問4　○　記述の通りである。

問5　○　記述の通りである。

問6　○　記述の通りである。

問7　×　Cに返還請求できる。

問8　○　記述の通りである。

問9　×　「常に」が誤り。この無断転貸が、Aに対する背信行為と認めるに
　　　　　足りない特段の事情があるときは、Aは賃貸借契約を解除することが
　　　　　できない。

17 借地権（借地借家法）

重要度 ★★★

借地権

借地権とは、**建物の所有を目的とする地上権と土地賃借権**のことです。借地権を有している者（借地権者）は、借地借家法によっていろいろな保護が受けられます（簡単にその土地から追い出されないように）。

なお、**使用貸借**（タダで借りる）は借地権となりません。

また、借地借家法と民法では、**借地借家法が優先**します。

1 借地権の存続期間

借地権の存続期間は**30年以上で定める**こととされており、25年等、**30年未満**で定めたときには、**30年**として扱われます。また、**期間を定めなかった**場合にも、**30年**となります。

2 更新

更新は、地主（借地権設定者）と借主（借地権者）の合意によって更新するタイプ（**合意更新**）と、地主の承諾がなくても更新される**法定更新**の２タイプがあります。

1 合意更新

最初の更新のときは**20年以上**で定める必要があり、**２回目以降**の更新は**10年以上**で定めなければなりません。なお、更新の際、借地上に**建物が存在していなくても**かまいません。

2 法定更新（請求によるもの、使用継続によるもの）

借地権者からの**請求**によって、地主の承諾がなくても更新されます（**請求による更新**）。地主が**更新を拒絶**するためには**正当事由が必要**です。

また、期間が満了したにもかかわらず借地権者が**使用を継続**し、地主

が正当事由をもって遅滞なく異議を述べない場合にも更新されます（**使用継続による更新**）。

　更新となった場合の借地権の存続期間は、**最初の更新**のときであったなら**20年**、**2回目以降**の更新なら**10年**となります（**期間以外の条件は前と同じ**）。なお、更新のときに借地上に**建物が存在している必要があります**。

　ちなみに**正当事由**の有無は、地主と借地権者双方がその土地を必要としている事情であるとか、借地に関する従前の経過、土地の利用状況、地主が立退き料の提供を申し出ているか等を**総合的**に**判断**します。

3 借地上の建物の滅失・再築

1 最初の契約期間中における滅失・再築

　地主に再築の承諾を求めた結果、

① **地主が承諾した場合**

　再築できます。借地権の存続期間は、**承諾があった日**と、**建物を再築した日**のどちらか**早い日から20年延長**。

② **地主が承諾しなかった場合**

　再築できます。ただし、**当初の期間で終了**。しかし、法定更新となるケースが多々考えられます。

③ **地主に承諾を求めたが確答がない場合**

　再築できます。地主が、借地権者からの通知を受けて、**2か月経過**しても確答しないときは、**承諾があったものとみなします**。

2 一度でも更新した後の契約期間中における滅失・再築

　地主に再築の承諾を求めた結果、

① **地主が承諾した場合**

　再築できます。借地権の存続期間は、**承諾があった日**と、**建物を再築した日**のどちらか**早い日から20年延長**。

② **地主が承諾しなかった場合**

　借地権者が、地主の承諾なしに残存期間を超えて存続する建物を再築すると、**地主は、地上権の消滅請求・賃借権の解約の申入れ**をする

ことができます。

　なお、借地権者を保護するため、やむを得ない事情があるときには、地主の承諾に代わる裁判所の許可制度というものもあります。

③　地主に承諾を求めたが確答がない場合

　地主の承諾か裁判所の許可がないと再築はダメ。「最初の契約期間中」のような、「確答がないときには承諾があったものとみなす」という規定はありません。

4 借地権の譲渡と借地の転貸

　借地権が土地賃借権であった場合において、借地権者が、借地上の自己所有家屋を第三者に譲渡しようとするとき、特に地主に不利となるわけでもないのに、地主が借地権の譲渡又は借地の転貸を承諾しない場合、裁判所は、借地権者の申立てにより、地主の承諾に代わる許可を与えることができます。

5 建物買取請求権

1 更新拒絶の場合

　借地契約の期間が満了した場合において、地主が正当事由をもって更新拒絶をした場合等、契約の更新がないときは、借地権者は、地主に建物を時価で買い取るよう請求できます。

2 第三者の建物買取請求

　第三者が借地上の建物を取得した場合において、地主が、借地権の譲渡又は借地の転貸を承諾しないときは、その第三者は、地主に対して建物を時価で買い取るよう請求できます。

6 借地権の対抗要件

　借地権が設定されている土地の所有者が変わった場合において、新所有者に借地権者が借地権を対抗するためには、借地上の建物を登記しておけば大丈夫です。なお、この登記は、保存登記（権利の登記）でなくても表示に関する登記で足りますが、建物の登記名義人と借地権者が同一人でな

ければならず、妻名義や長男名義ではいけません。

　また、**建物の登記**によって第三者対抗力を備えている場合において、その**建物が滅失**したときは、**借地権者**が、その滅失があった日、建物を新たに築造する旨等一定の事項を土地の見やすい場所に**掲示**すれば、**2年間**対抗力が認められます。

7 定期借地権

　更新のない借地権が定期借地権です。以下の3種類があります。

1 一般定期借地権

　存続期間を**50年以上**で定めなければならず、更新がない旨等の特約は、公正証書による等**書面又は電磁的記録**によってしなければなりません。

> 電磁的記録で特約ができるということは、電子契約システム等を用いてオンラインによる契約ができるということです。したがって、遠隔地からでも契約がしやすくなります。

2 建物譲渡特約付借地権

　30年以上経過した日に、借地上の建物を地主に相当の対価で譲渡することにより、借地権を消滅させるものです。

3 事業用定期借地権

　存続期間を**10年以上50年未満**の間で定めます。そして、この借地権は、コンビニ、ファミリーレストラン等の**事業用建物**（アパート等の**居住用は除く**）を建てる場合にだけ設定できます。この契約は、**公正証書**によってしなければなりません。

講義のまとめ

1. 借地権とは、**建物の所有を目的とする地上権と土地賃借権**のことである。**使用貸借**は借地権と**ならない**。

2. 借地権の存続期間は**30年以上で定める**。これより短い場合や期間を定めなかった場合には、30年となる。

3. 更新

 （1）合意更新

 最初の更新…………**20年以上**で定める。

 2回目以降の更新…**10年以上**で定める。

 ※ 建物が存在していなくてもかまわない。

 （2）法定更新

 地主が更新拒絶をするには、**正当事由**が必要。

 最初の更新…………**20年**となる（この年数より長い約定は可）。

 2回目以降の更新…**10年**となる（同上）。

 ※ 建物が存在していなくてはならない。

4. 滅失・再築（当初と更新後の比較）

 （1）地主の承諾あり

 当初の期間中……**再築できる**。承諾した日か再築した日のどちらか早い日から**20年延長**。

 更新後の期間中…同上。

 （2）地主の承諾なし

 当初の期間中……**再築できる**。ただし、**当初の期間で終了**。

 更新後の期間中…借地権者が勝手に再築すると、地主は**解約の申入れ**等ができる。なお、**裁判所の許可**制度あり。

 （3）地主からの確答がない場合

 当初の期間中……**再築できる**。地主が、借地権者からの通知後**2か月経過**しても確答しないときは、**承諾があったものとみなす**。

 更新後の期間中…再築には、地主の承諾か裁判所の許可が必要。

5. 地主が借地権の譲渡・転貸を承諾しない場合、**裁判所**は、**借地権者の**

第1章 民法等

17 借地権（借地借家法）

申立てにより、地主の承諾に代わる許可を与えることができる。

6．期間が満了して契約の更新がないときは、借地権者は、地主に建物を時価で買い取るよう請求できる。

7．第三者が借地上の建物を取得した場合に、地主が、借地権の譲渡・転貸を承諾しないとき、その第三者は、地主に対して建物を時価で買い取るよう請求できる。

8．借地権を第三者に対抗するためには、借地上の建物を登記しておけばよい。この場合、表示に関する登記でもよいが、建物の登記名義人と借地権者が同一人でなければならない。

9．建物の登記をしていたが、その建物が滅失した場合、借地権者が一定の事項を土地の見やすい場所に掲示すれば、2年間対抗力が認められる。

10．定期借地権

定期借地権の種類とポイント

	一般定期借地権	事業用定期借地権	建物譲渡特約付借地権
存続期間	50年以上	10年以上50年未満	30年以上
目的	自由	コンビニ、ファミリーレストラン等の事業用建物（アパート等の居住用は除く）を建てる場合にだけ設定できる	自由
要件	更新がない旨等の特約は、公正証書による等書面又は電磁的記録によってしなければならない。	契約は、公正証書によってしなければならない	30年以上経過した日に、借地上の建物を地主に相当の対価で譲渡する旨の特約をする（条文には、書面によってしなければならない旨の記載はない）

124 **MASTER**

頻出！ 一問一答

以下の問題文を読んで〇か×かを判定しなさい。

（問2～問6は、「Bが、Aの所有地を賃借して木造家屋を所有し、これに居住している。」を前提とする）

問1 青空駐車場として土地を賃借した場合には、借地権として、借地借家法の適用がある。

問2 当初の存続期間満了時にBの建物が残っており、BがAに更新を請求した。Aは異議を述べたが、正当事由が認められず更新された場合の存続期間は、30年となる。

問3 Aは、Bに対して立退料の支払いを確約すれば、更新を拒絶することができる。

問4 Bが、当初の存続期間満了前に居住していた木造家屋を取り壊し、残りの期間を超えて存続する木造家屋をAに無断で築造した場合、Aは無断築造を理由として、Bとの契約を解除することができる。

問5 Bが、自己所有の木造家屋をCに譲渡しようとする場合において、Aに不利とはならないにもかかわらず、Aが借地権の譲渡を承諾しない場合、Bは、裁判所にAの承諾に代わる許可を求めることができる。

問6 AがBに賃貸中の土地をDに譲渡した。Bは借地権の登記をしていなくても、借地上の木造家屋について、B又はBの親族名義で登記をしておけば、Dに対して借地権を対抗することができる。

問7 事業用定期借地権の設定契約は、公正証書等の書面によってしなければならない。

問8 一般定期借地権の設定は、公正証書によってしなければならない。

問9 事業用定期借地権は、賃貸アパート事業用の建物を所有する目的である場合、設定することができる。

第1章 民法等

17

借地権（借地借家法）

MASTER 125

解　答

問1　×　建物の所有を目的としていないので、借地権とならない。

問2　×　20年である。

問3　×　更新拒絶（正当事由）は、立退料だけで判断するのではない。

問4　×　Aは、解除できない。

問5　○　記述の通りである。

問6　×　親族名義の登記では対抗できない。

問7　×　公正証書でしなければならない。

問8　×　一般定期借地権の設定は、公正証書等書面又は電磁的記録によってしなければならない。

問9　×　事業用定期借地権は、居住用建物の所有目的では設定することができない。

18 借家権（借地借家法）

重要度 ★★★

借家権

借家権とは、建物の賃借権のことです。ただし、明らかな一時使用や使用貸借には借地借家法の適用はありません。

1 借家権の存続期間

最長期間についての制約は特にありません。したがって、30年と定めれば、30年となります。しかし、最短期間については定めがあり、1年未満の期間を定めた場合には、期間の定めのない建物の賃貸借とみなされます。

2 更新

期間を定めた建物の賃貸借において、当事者が期間の満了の1年前から6か月前までの間に、相手方に対して更新をしない旨の通知等をしなかったときは、期間を除いて従前の契約と同一の内容で更新したものとみなします（期間は定めのないものとされる）。なお、賃貸人（大家）から更新拒絶をする場合には、正当事由が必要です。

また、上記の通知をした場合であっても、建物の賃貸借期間が満了した後賃借人が使用を継続しており、賃貸人が遅滞なく異議を述べないと、やはり更新したものとみなされます。

3 期間を定めない場合の解約の申入れ

当事者は、いつでも解約の申入れをすることができます。ただし、賃貸人から申し入れた場合には6か月後に終了し、賃借人から申し入れた場合には3か月後に終了します。なお、賃貸人から解約の申入れをするについては、正当事由が必要です。

4 借家権の譲渡

借家権の譲渡には、賃貸人の承諾が必要です。そして、**賃貸人が承諾をしない場合、裁判所の許可制度はありません**（借地権と異なる）。

5 借家の転貸
1 転貸借

A所有家屋をBが賃借したが、その後、BはAの承諾を得てCに転貸した。この場合、AB間の賃貸借契約が終了すると、Cも建物を明け渡す必要が出てきます。しかし、Aは転貸について承諾していたのです。そこで、Cの保護も考えなければなりません。

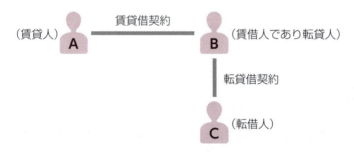

2 転借人の保護

賃貸借契約（AB間）の終了原因によって、Cの"その後"が変わります。

要点のまとめ

賃貸借契約の終了原因	転借人のその後
期間の満了又は解約の申入れ	Aは、Cへその旨の**通知**をしなければ、ＡＢ間の**終了を転借人Ｃに対抗できない**。通知がなされると、転貸借は**6か月後に終了**する。
合意による解除	特段の事情がない限り、ＡはＣにＡＢ間の解除の効果を**対抗できない**。
Bの債務不履行による解除	AがCに家屋の**返還請求**をしたときに、ＢＣ間が**終了**。

6 造作買取請求権

　期間の満了又は解約の申入れによって賃貸借契約が終了するときは、賃借人（転借人）は、賃貸人に対して自費で取り付けたエアコン等の**造作を時価で買い取るよう請求**することができます。なお、買取りを請求できる造作は、次の２つのいずれかに該当したものだけです。また、**造作買取請求権を排除する特約は有効**です。
（１）賃貸人の**同意を得て**付加した造作
（２）賃貸人から買い受けて付加した造作

7 借家権の対抗要件

　民法上は建物賃借権の登記です。しかし、これには賃貸人（大家）に手続きをしてもらわなければならず、現実には無理なので、借地借家法において、**引渡し**を対抗要件としています。したがって、賃借人は「**賃借権の登記**」か「**引渡し**」のどちらかがあれば、賃貸人が建物を第三者に譲渡しても、その第三者（新所有者）に借家権を対抗することができます（出て行く必要はない）。

8 借家権の承継

居住用建物の賃借人が相続人なしに死亡した場合、事実上の夫婦又は養親子と同様の関係にあった同居者がいるときは、その同居者は、借家権を承継します。

ただし、その同居人が、賃借人が相続人なしに死亡したことを知ってから1か月以内に賃貸人に反対の意思表示をしたときには、承継されません。

9 更新のない建物賃貸借

定期借地権のように、建物賃貸借にも更新のないものがあります。「定期建物賃貸借」と「取壊し予定の建物の賃貸借」です。

1 定期建物賃貸借

① 成立の要件

定期建物賃貸借が成立するためには、以下の要件を満たすことが必要です。

　ア　期間の定めがあること（普通の借家契約と異なり、1年未満でもかまわない）

　イ　公正証書等書面又は電磁的記録によって契約すること

　ウ　更新がないことの事前説明をすること

賃貸人は、あらかじめ、賃借人に対して、この建物賃貸借は契約の更新がなく、期間満了により終了することについて、その旨を記載した書面を交付して説明しなければなりません。

なお、賃貸人はこの書面の代わりに賃借人の承諾を得て、書面に記載すべき事項を電磁的方法により提供することができ、この提供により、賃貸人は、書面を交付したものとみなされます。
ＰＤＦファイルを電子メールで送信するのが、電磁的方法の例となります。

※　「あらかじめ」（つまり、契約より前）なので、この書面は契約後に作成する契約書とは別のものになる。

※　この事前説明をしなかった場合には、定期建物賃貸借とは認められず、普通の借家契約として扱われることになる。

② 終了（賃貸人からの通知）

　　期間が**1年以上**である場合には、賃貸人は、**期間満了の1年前から6か月前**までの間（通知期間という）に、賃借人に対し期間の満了により建物賃貸借が終了する旨の**通知**をする必要があります。これをしなかった場合、賃貸人は、契約終了を主張できません。なお、通知期間経過後に通知したときは、通知の日から6か月後に終了となります。

③ 賃借人からの中途解約

　　床面積が**200㎡未満の居住用建物**の定期建物賃貸借において、転勤、療養、親族の介護その他のやむを得ない事情により、建物の賃借人が建物を自己の生活の本拠として使用することが困難となったときは、建物の賃借人は、建物の賃貸借の解約の申入れをすることができます。この場合、建物の賃貸借は、解約の申入れの日から1か月を経過することによって終了します。

④ 特約について

　　上記②、③に反する特約で建物の賃借人に不利なものは、無効となります。

2 取壊し予定の建物の賃貸借

　法令又は契約により一定の期間を経過した後に建物を取り壊すべきことが明らかな場合には、建物を取り壊すこととなる時に賃貸借が終了する旨を定めることができます。この特約は、建物を取り壊すべき事由を記載した**書面又は電磁的記録**によってしなければなりません。

🔟 賃料の増減額（借地と借家の共通）

　借賃が、土地・建物に対する租税その他の負担の増減や経済事情の変動等により不相当となったときは、当事者は、**将来に向かって**借賃の額の増減を請求することができます。

　なお、一定の期間、借賃を**増額しない旨の特約は有効**ですが、**減額しない旨の特約は無効**となります。ただし、「定期建物賃貸借」の場合は、どちらの特約であっても有効となり、借地や普通の借家とは扱いが異なります。

MASTER 131

また、借賃の増額について当事者間に協議が調わない（話がまとまらない）ときは、その請求を受けた者は、増額を正当とする裁判が確定するまでは、相当と認める額の借賃を支払えばよいこととされていますが、裁判が確定したことにより、既に支払った額に不足があるときは、その不足額に年1割の割合による支払期後の利息を付けて支払わなければなりません。

講義のまとめ

1．建物賃貸借契約において、1年未満の期間を定めた場合には、期間の定めのない建物の賃貸借とみなされる。

2．期間を定めた建物賃貸借の法定更新

　（1）更新をしない旨の通知等は、当事者が期間の満了の1年前から6か月前までの間に行う。これをしない場合、更新となる。なお、賃貸人から更新拒絶をする場合には、正当事由が必要。

　（2）上記の通知をした場合でも、期間満了後賃借人が使用を継続しており、賃貸人が遅滞なく異議を述べないと、やはり更新したものとみなされる。

3．期間を定めない建物賃貸借の場合、当事者は、いつでも解約の申入れをすることができる。

　　　賃貸人から申し入れた場合…6か月後に終了（正当事由が必要）
　　　賃借人から申し入れた場合…3か月後に終了

4．借家権の譲渡に、裁判所の許可制度はない（借地権と異なる）。

5．期間の満了又は解約の申入れによって賃貸借契約が終了するときは、賃借人（転借人）は、賃貸人に造作を時価で買い取るよう請求することができる。なお、造作買取請求権を排除する特約は有効である。

6．借家権は、引渡しがあれば第三者に対抗することができる。

7．居住用建物の賃借人が相続人なしに死亡した場合、事実上の夫婦等の同居者がいるときは、その者が借家権を承継する。ただし、その同居人が、賃借人が相続人なしに死亡したことを知ってから1か月以内に賃貸人に反対の意思表示をしたときには、承継されない。

8．定期建物賃貸借が成立するためには、以下の要件を満たすことが必要。

① 期間の定めがあること（普通の借家契約と異なり、1年未満でもよい）

② 公正証書等書面又は電磁的記録によって契約すること

③ 更新がなく、期間満了により終了することについて、契約前に、書面を交付（電磁的方法でもよい）して説明すること

9．床面積が200㎡未満の居住用建物の定期建物賃貸借の賃借人は、一定のやむを得ない事情により、建物を自己の生活の本拠として使用することが困難となったときは、賃貸借の解約の申入れをすることができる。

10．賃料の増減請求は、将来に向かってすることができる。

・借賃を増額しない旨の特約→有効

・借賃を減額しない旨の特約→無効

※ 定期建物賃貸借の場合は、どちらの特約も有効

頻出！ 一問一答

以下の問題文を読んで○か×かを判定しなさい。

（Bが、Aの所有する木造家屋を賃借し、これに居住している）

問1
□□□　ＡＢ間で存続期間を30年と定めた場合、存続期間は20年に短縮される。

問2
□□□　ＡＢ間で存続期間を定めている場合において、Ａが更新を拒絶するには、期間満了の3か月前までに更新拒絶の通知をする必要がある。

問3
□□□　Bが借家権をCに譲渡しようとする場合において、Aが借家権の譲渡を承諾しない場合には、裁判所からAの承諾に代わる許可を受けることにより譲渡できる。

問4
□□□　「Bが大型のエアコンを設置することは認めるが、Aは契約終了のときにその買取りをしない。」と特約しても、その特約は無効である。

問5
□□□　AがBに賃貸中の木造家屋をDに譲渡した場合、Bは賃借権の登記をしていなければ、Dに借家権を対抗することができない。

問6
□□□　Bが相続人なしに死亡したが、その当時Bと事実上の夫婦であったEが同居していた場合、Eは、原則として、Bの権利義務を引き継ぐ。

問7
□□□　この木造家屋が、その敷地の売却に伴い2年後に取り壊すことが明らかな場合に、「建物を取り壊すときに賃貸借が終了する。」旨の約定をＡＢ間で公正証書ではない書面で行った場合、この契約は無効である。

第1章 民法等

18 借家権（借地借家法）

解　答

問1　×　存続期間は30年のままである。

問2　×　期間満了の1年前から6か月前までの間に通知する。

問3　×　裁判所から、Aの承諾に代わる許可を受けることはできない（借地権との違いに注意）。

問4　×　造作買取請求権を排除する特約は有効である。

問5　×　引渡しを受けていればDに対抗できる。

問6　○　記述の通りである。

問7　×　書面であれば、公正証書でなくても有効である。なお、電磁的記録によってすることもできる。

MASTER 135

19 区分所有法（マンション法）

重要度 ★★☆

区分所有法（マンション法）

区分所有法とは、分譲マンション等の権利関係をうまく処理するための法律です。分譲マンションは、一棟の建物の中を区分してたくさんの人が所有します。この各部屋（101号室、201号室等）の所有権のことを区分所有権といい、それを所有している者を区分所有者といいます。

① 専有部分と共用部分

一棟の建物は、専有部分と共用部分に分けられます。専有部分とは、101号室、201号室等の区分所有権の目的となる建物の部分のことであり、共用部分は、エレベーター、階段等の皆で利用する部分のことです。

② 管理組合等

1 管理組合

区分所有者は、管理組合の構成員となります。これは、各区分所有者の判断によって自由に入会・退会できる性質のものではありません。そして、管理組合を法人化した場合には、理事及び監事を置かなければなりません。

2 管理者

管理組合の理事長が典型例であり、マンションを維持・管理していくための各種の行為を行います。なお、"管理人さん"とはまったく違うものです。

管理者は、規約に別段の定めがなければ、集会の決議によって選任・解任されます。また、管理者は、規約又は集会の決議により、その職務に関して区分所有者のために原告又は被告となることができます。

3 集会

区分所有者は、集会でマンションの管理に関する重要な事項を決めます。

1 集会の招集

管理者は、少なくとも毎年1回集会を招集しなければなりません。また、区分所有者の5分の1以上で議決権の5分の1以上を有するものは、会議の目的たる事項を示して、集会の招集を請求することができます。なお、この定数は、規約で減じることができます。

> 議決権とは決議に加わる権利で、原則として、専有部分の床面積の割合によります。

集会の招集通知は、規約で別段の定めがある場合を除いて、原則として、会日より少なくとも1週間前に会議の目的たる事項を示して各区分所有者に発しなければなりません。ただし、この期間は、規約で伸縮（延長または短縮）することができます。

2 占有者

占有者（マンションの所有者と賃貸借契約を締結して実際に住んでいる人）は、会議の目的たる事項について利害関係を有するときは、集会に出席して意見を述べることができます（議決権はない）。

3 議事録

集会の議事については、議長は、書面又は電磁的記録により、議事録を作成しなければなりません。そして、議事録が書面で作成されているときは、議長及び集会に出席した区分所有者の2人がこれに署名しなければなりません。

また、原則として、議事録は管理者が保管し、利害関係人の請求があったときは、正当な理由がある場合を除いて、議事録の閲覧を拒んではなりません。なお、議事録の保管場所は、建物内の見やすい場所に掲示することとされています。

4 規約

規約とは、マンションごとに作る利用上のルールです。例えば、「ペット（犬猫）の飼育不可」であるとか「駐車場・駐輪場の利用方法」等、その具体的な内容は多岐にわたります。

1 規約の効力

規約及び集会の決議は、区分所有者の**特定承継人**（区分所有者からそのマンションを買った人）等に対しても、その効力を生じます。

また、占有者は、建物又はその敷地若しくは附属施設の**使用方法**につき、区分所有者が規約又は集会の決議に基づいて負う義務と**同一の義務**を負います。

2 規約の保管・閲覧

原則として、規約は、管理者が保管し、利害関係人の請求があったときは、正当な理由がある場合を除いて、規約の閲覧を拒んではなりません。なお、規約の**保管場所**は、建物内の見やすい場所に**掲示**することとされています。

3 集会の決議事項

要点のまとめ

主な決議事項とそれに必要な数字

数字	決議事項
4/5	建物の建替え
3/4	**規約の設定・変更・廃止**
	管理組合法人の設立・解散（法人となるためには法人登記が必要）
	義務違反者に対する訴訟の提起 ・義務違反者が区分所有者の場合…使用禁止、競売請求 ・義務違反者が占有者の場合………契約解除、引渡し請求
	大規模滅失（建物価格の2分の1を超える滅失）の復旧
	共用部分の変更（その形状又は効用の著しい変更を伴わないものを**除く**） 　なお、これについては、区分所有者数のみ規約で過半数まで減じることができる。
過半数	管理者の選任・解任
	義務違反者（区分所有者・占有者）に対する行為の停止等を請求する訴訟の提起
	小規模滅失（建物価格の2分の1以下の滅失）の復旧
	共用部分の変更（その形状又は効用の著しい変更を伴わないもの）
	共用部分の管理

※　この表の「数字」は、「区分所有者及び議決権」のことである。

第1章　民法等

19　区分所有法（マンション法）

MASTER 139

頻出! 一問一答

以下の問題文を読んで〇か×かを判定しなさい。

問1 区分所有者は、管理組合の構成員となるか否かを任意で選択する
□□□ ことができる。

問2 区分所有者から専有部分を賃借している者は、集会の会議の目的
□□□ である事項について利害関係を有する場合には、議決権を行使する
ことができる。

問3 区分所有者の10分の1以上で議決権の10分の1以上を有する者
□□□ は、管理者に対し、会議の目的たる事項を示して、集会の招集を請
求することができる。

問4 規約の設定・変更・廃止を決議するためには、区分所有者及び議
□□□ 決権の各4分の3以上の多数が必要である。

問5 建物価格の2分の1を超える滅失の場合の復旧を決議するために
□□□ は、区分所有者及び議決権の各4分の3以上の多数が必要である。

問6 その形状又は効用の著しい変更を伴わない共用部分の変更を決議
□□□ するためには、区分所有者及び議決権の各4分の3以上の多数が必
要である。

解 答

問1　×　自動的に管理組合の構成員となる。

問2　×　占有者（賃借人）に議決権はない。

問3　×　5分の1以上である。

問4　〇　記述の通りである。

問5　〇　記述の通りである。

問6　×　各過半数である。

第2章

宅建業法

　この分野からは、20問が出題されています。本試験は全部で50問ですので、4割がこの分野からの出題ということになり、合格するためにはここをしっかり攻略しておく必要があります。ただ、宅建業法はそれほど難しい法律ではありません。本書で重要論点を押さえたら、あとは過去問題集を繰り返し解くことで、かなりの点数を稼ぐことができるはずです。

　この分野を落とすとアウトですので、しっかり勉強を進めていってください。

1 用語の定義

重要度 ★★★

宅地建物取引業法とは

　この法律は、購入者等の利益の保護と宅地及び建物の流通の円滑化を図ることを目的としています。不動産は、生活の基盤であるとともに、とても高額な商品です。そこで、不動産の取引においてトラブルが発生しないよう、宅地建物取引業（宅建業）を営む者については免許を取得しなければならないこととし、その事業に対して必要な規制を行うことにしたのです。

1 宅地建物取引業の定義

　宅建業を行う場合には、宅地建物取引業者（宅建業者）の免許を受けなければなりません。では、宅建業とはどういうものをいうのでしょうか？まずは、ここから見ていきましょう。
　宅地建物取引業とは、「①宅地建物」の「②取引」を「③業として行う」ことをいいます。何のことはない、つなげれば「宅地建物取引業」です。そして、①～③のどれかひとつでも欠ければ宅地建物取引業とはならず、免許は要らないことになります。

1 宅地建物について

　建物の方は、一般常識的な感覚でかまいません。なお、アパートの一室、マンションの一室も建物です。
　さて、問題なのは宅地の方です。ある土地が「宅地」に該当するか否かは、その土地が用途地域外にあるのか、用途地域内にあるのかによって基準が変わります。

> 用途地域については、第3章「法令上の制限」で勉強します。

　①　**用途地域外**では、**建物の敷地に供せられる土地**をいいます。つま

り、建物が建っている土地はもちろんのことながら、現在は畑等で建物は建っていなくても、建物を建てる目的で取引するのであれば、その畑等の土地は、宅地建物取引業法における宅地となります。
② これに対して、**用途地域内**は、**全部の土地が宅地**として扱われるのが原則です。ただし、現に「道路」「公園」「河川」「水路」「広場」の用に供せられている土地は、宅地から外れます。

2 取引について

自ら当事者として売買・交換、他人の取引の**代理又は媒介**というかたちで、**売買・交換・貸借**をする行為をいいます。

> 媒介とは、仲介のことです。

※ **自らの貸借**（つまり、アパート経営等）は、**宅建業に該当しない**。これに対して、アパートの仲介は宅建業となる。

3 業として行うについて

不特定多数を相手に、**反復継続**して行うことをいいます。
※ 取引相手が多数でも、それが自社の社員のみを対象としている等、特定の範囲の者なら、不特定多数とはいわない。以下は本試験の出題例で、特定多数に見えそうだが、**不特定多数**である（つまり、免許必要）。
① 公益法人のみを対象
② 国その他宅建業法の適用がない者を対象
③ 多数の友人又は知人を対象
※ 営利性は問わないので、会社や個人商店だけでなく、学校法人や宗教法人であっても、宅建業に該当すれば免許が必要となる。

2 事務所の定義

事務所に該当すると、専任の宅建士の設置義務や保証金制度の完備等の義務が発生します（この義務については後で詳しく学習するので、今は気にしなくて構いません）。

本店（主たる事務所）

　宅建業を営んでいる場合、該当します。また、本店は宅建業を営んでいなくても、支店が宅建業を営んでいると、本店は事務所に該当します。

支店（従たる事務所）

　宅建業を営んでいる場合に該当し、宅建業を営んでいない支店は事務所ではありません（ここが本店と異なります）。

頻出! 一問一答

以下の問題文を読んで〇か×かを判定しなさい。

問1
□□□ Aがその所有地にマンションを建築して、一括してBに売却し、Bが新聞広告により各戸の入居者を募集して賃貸する場合、A及びBは、ともに宅地建物取引業の免許を必要とする。

問2
□□□ Cがその所有地をDに請け負わせて一団の宅地に造成して、宅地建物取引業者Eに販売代理を依頼して分譲する場合、Cは、宅地建物取引業の免許を必要とするが、Dは、宅地建物取引業の免許を必要としない。

問3
□□□ Fが一団の土地付住宅を分譲する場合、Fは、宅地建物取引業の免許を必要とするが、その分譲が公益法人のみを対象として行うものであるときは、相手方が多数の公益法人であっても、Fは、宅地建物取引業の免許を必要としない。

問4
□□□ 学校法人Gがその所有地を一団の宅地に造成して分譲する場合、Gは、宅地建物取引業の免許を必要とするが、宗教法人Hがその所有地を一団の宅地に造成して分譲する場合、Hは、宅地建物取引業の免許を必要としない。

問5
□□□ Iが、用途地域内の自己所有の農地について、道路を設けて区画割りをし、その売却を業として行おうとする場合、Iは免許を受ける必要はない。

問6
□□□ Jが、1棟のマンション（10戸）を競売により取得し、自ら借主を募集し、多数の学生に対して賃貸する場合、Jは、免許を必要とする。

問7
□□□ Kが、借金の返済に充てるため自己所有の宅地を10区画に区画割りして、多数のKの知人又は友人に対して売却する場合、Kは、免許を必要とする。

問8
□□□ 宅地建物取引業を営まず他の兼業業務のみを営んでいる支店は、事務所には該当しない。

第2章 宅建業法

1 用語の定義

MASTER 145

解 答

問1 ×　ＡＢともに免許は不要。「一括して売却」も「自ら賃貸」も宅建業に該当しない。

問2 ○　記述の通りである。

問3 ×　免許が必要。Ｆは、「不特定多数」を相手にしていることになる。

問4 ×　Ｇだけでなく、Ｈも免許が必要である。

問5 ×　Ｉは免許が必要。用途地域内の農地は宅建業法上の「宅地」である。

問6 ×　Ｊは免許を必要としない。

問7 ○　記述の通りである。

問8 ○　記述の通りである。

2 免許

重要度 ★★★

免許制度

宅建業を営む者としての適格性の審査（欠格要件）や免許に関する各種手続き等を見ていきます。

1 免許の種類

免許は**国土交通大臣免許**と**都道府県知事免許**の2種類があります。どちらの免許を取得するかについては、一定の決まりがあります。なお、国土交通大臣や都道府県知事のことを「免許権者」といいます。

1 国土交通大臣免許

国土交通大臣免許は、**複数の都道府県に事務所を設置**する場合です。ちなみに、事務所とは本店や支店等を指します。したがって、東京都に本店を構え、千葉県に支店を設置する場合には、国土交通大臣免許を取得することになります。

2 都道府県知事免許

1つの都道府県内に事務所を設置する場合です。したがって、事務所が1つの場合は当然として、事務所が5つあったとしても、それがすべて神奈川県内にあるのであれば、神奈川県知事免許を取得することになります。

> 免許は、法人（会社）で取得する場合と個人（個人商店）で取得する場合があります。

2 免許の欠格要件

次のいずれか1つでも該当する場合には、免許を取得することができません。つまり、免許を取得できるかどうかの基準です。

（１）**破産手続開始の決定**を受けて**復権を得ない者**
（２）**心身の故障**により宅建業を適正に営むことができない者として国土交通省令で定めるもの

> ※　成年被後見人や被保佐人だからといって免許が受けられないというわけでなく、個別に審査がなされる。なお、宅建業者（個人に限り、未成年者を除く）が宅建業の業務に関し行った行為は、行為能力の制限によっては取り消すことができない。たとえば、成年被後見人が免許を受けており、契約を行った場合において、成年被後見人であることを理由にその契約を取り消すことはできないということである（これによって取引の安全を図っている）。

（３）以前免許を取得していたが、次の①～③のどれかに該当したことによって免許を取り消され、その取消しの日から**５年を経過していない者**
　①　**不正の手段で免許を受けたことがバレた**
　②　**業務停止処分に該当する悪事を行い情状が特に重い**
　③　**業務停止処分に違反した**
（４）上記(３)の①～③のどれかに該当するとして、**免許取消処分のための聴聞の期日及び場所が公示された日から処分がなされるまでの間に相当の理由なく廃業等の届出**をした者で、その届出の日から**５年を経過していない者**

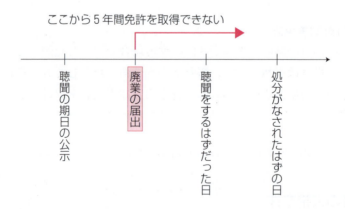

（５）上記の(３)と(４)のケースで、これが法人であった場合、聴聞の期日及び場所の公示の日前**60日以内**にその法人の役員であった者

具体例）

　宅建業者Ａ社は業務停止処分に違反したとして、令和7年9月10日、免許取消処分の聴聞の期日及び場所が公示され、同年9月20日、免許取消処分を受けた。Ａ社の取締役Ｂは、同年8月20日にＡ社を退職していた。
　この場合、Ｂは令和7年9月20日から5年間は、宅建業の免許を受けることができない。

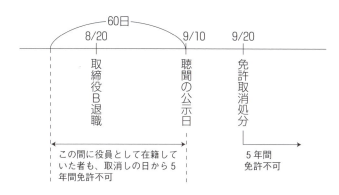

（6）次に該当する者で、刑の執行を終わり、又は執行を受けることがなくなった日から **5年を経過しない者**
　① 犯罪名は関係なく、**禁錮以上の刑**に処せられた者
　② 禁錮よりひとつ軽い**罰金刑**であったのだが、それが「**宅地建物取引業法違反**によるもの」「**暴力団員による不当な行為の防止等に関する法律違反**によるもの」「**傷害罪等（傷害罪、現場助勢罪、暴行罪、凶器準備集合及び結集罪、脅迫罪、背任罪、暴力行為等処罰に関する法律の罪）によるもの**」
　　※ 執行猶予がついている場合（「懲役3年・執行猶予4年」等の判決）には、執行猶予期間中は免許を受けられないが、**執行猶予期間が満了**すると、**すぐに免許を受けることが可能**となる。

（7）**暴力団員又は暴力団員でなくなった日から5年を経過しない者**（以下「暴力団員等」という）
（8）免許の申請前5年以内に宅建業に関し不正又は著しく不当な行為をした者
（9）宅建業に関し不正又は不誠実な行為をするおそれが明らかな者

（10）営業に関し**成年者と同一の行為能力を有しない未成年者**でその法定代理人（法定代理人が法人である場合には、その役員を含む）が上記（1）～（9）のいずれかに該当する者

> ※　成年者と同一の行為能力を有しない未成年者とは、普通の未成年者のことである。普通の未成年者は、未成年ということだけで欠格とはならないが、この者が免許申請をしてきた場合には、法定代理人も審査する。
> 　ちなみに、「成年者と同一の行為能力を有する未成年者」という表現もあり、こちらは、法定代理人より営業許可を受けた未成年者が該当する。この場合だと、本人のみの審査となる。

（11）法人の場合には、その役員又は政令で定める使用人のうちに上記（1）～（9）のいずれかに該当する者がいるとき

政令で定める使用人とは、支店長とか営業所長と思っておいてください。

（12）暴力団員等がその事業活動を支配する者　他

3 免許申請書

　免許を受けようとする者は、一定の事項を記載した免許申請書を国土交通大臣又は都道府県知事に提出しなければなりません。

1 記載事項
（1）商号又は名称
（2）法人である場合、役員の氏名及び政令で定める使用人があるときは、その者の氏名
（3）個人である場合、その者の氏名及び政令で定める使用人があるときは、その者の氏名
（4）事務所の名称及び所在地
（5）事務所ごとに置かれる専任の宅建士の氏名
（6）兼業しているのであれば、その種類

2 変更の届出
　宅建業者は、上記の（1）から（5）について変更があった場合、**30日**

以内に、当該変更に係る事項を記載した届出書をその免許を受けた国土交通大臣又は都道府県知事に提出しなければなりません。

4 免許証

国土交通大臣又は都道府県知事は、免許をしたときは、免許証を交付しなければなりません。

宅地建物取引業者免許証

商号又は名称
代表者氏名
主たる事務所
免許証番号

国土交通大臣
（　　）第　　号
知事

有効期間　　年　　月　　日から　　年　　月　　日まで
宅地建物取引業法第３条第１項の規定により、宅地建物取引業者の免許を与えたことを証する。
　　年　　月　　日

地方整備局長
北海道開発局長　　　印
知事

※　事務所に免許証を掲げる義務はない。

1 有効期間

免許証の**有効期間は５年**です。更新する場合には、有効期間満了の日の**90日前から30日前**までの間に申請書を提出しなければなりません。なお、この間に手続きをしたにもかかわらず、有効期間満了の日までに更新できるか否かの処分がなされなかったときは、処分が出るまで、従前の免許でそのまま業務を行うことができます。そして、更新できたときの免許の有効期間は、**従前の免許の有効期間満了の日の翌日から起算**します。

つまり、７月10日が有効期間満了の日だったとして、更新可の処分が

7月20日になされたとすると、更新免許は7月11日から5年となるのです。

2 届出等

免許証の**商号又は名称、代表者の氏名、主たる事務所の所在地**に変更が生じたときは、前述の変更の届出とあわせて、**免許証の書換交付申請**をしなければなりません。

5 宅建業者名簿

免許がなされると国土交通省や都道府県に、宅地建物取引業者名簿が備えられます。

1 宅建業者名簿の登載事項

（1）免許証番号及び免許の年月日
（2）免許申請書に記載した事項のうち、以下のもの
　・商号又は名称
　・法人である場合、役員の氏名及び政令で定める使用人があるときは、その者の氏名
　・個人である場合、その者の氏名及び政令で定める使用人があるときは、その者の氏名
　・事務所の名称及び所在地
　・他に事業を行っているときは、その事業の種類
（3）取引一任代理等の認可を受けているときは、その旨及び認可の年月日
（4）一定の違反行為をしたことにより、指示又は業務停止処分を受けたことがあるときは、その年月日と内容

免許申請書には「事務所ごとに置かれる専任の宅建士の氏名」を記載しますが、免許がなされた後に作成される宅建業者名簿には登載されません。
これは、宅建業者名簿は一般の閲覧が認められていることから宅建士個人の氏名を登載事項から除外したのです。

6 廃業等の届出

宅建業者に以下の事由が生じた場合、一定の者は免許権者に届出をしなければなりません。

	事　由	個人業者	法人業者	期　限	免許失効の時点
①	死　　亡	相　続　人	――――	その事実を知った日から30日以内	死　亡　時
②	破産手続開始の　決　定	破産管財人	破産管財人	その日から30日以内	届出の時
③	廃　　業	本　人	代表役員		
④	法人の解散	――――	清　算　人		
⑤	法人の合併消滅		消滅会社の代表役員		合併消滅の時

7 免許換え

宅建業者が免許を受けて業務を行っていたが、事務所の増設や廃止等によって免許権者が異なることとなった場合、免許の受け直しが必要となります。これを免許換えといいます。

1 免許換えは次の3パターンしかない。

① 国土交通大臣免許から都道府県知事免許へ

A県とB県に事務所を設置し、国土交通大臣免許を受けていたが、A県の事務所をすべて廃止した場合、B県知事免許を受ける必要があります。この場合、B県知事に直接免許換えの申請を行います。

② 都道府県知事免許から国土交通大臣免許へ

A県にのみ事務所を設置していたが、B県にも事務所を増設した場合、国土交通大臣免許を受ける必要があります。この場合、国土交通大臣に直接免許換えの申請を行います。

③ 都道府県知事免許から他の都道府県知事免許へ

A県にのみ事務所を設置していたが、そのすべての事務所を廃止して、B県に事務所を設置した場合、B県知事免許を受ける必要があります。この場合、B県知事に直接免許換えの申請を行います。

2 免許換えの通知

国土交通大臣又は都道府県知事は、**新たに免許をしたときは、遅滞な**く、その旨を、**従前の免許**をした都道府県知事又は国土交通大臣に**通知**しなければなりません。

宅建業をやめるわけではないので、廃業の届出は要りません。

3 有効期間等

免許換えにより新たに取得した免許の有効期間は、改めて**5年**です。従前の免許の残存期間ではないので注意してください。また、免許換えをしなければならない事由に該当していながら、それをしていないことが判明した場合、免許権者は、その免許を取り消さなければなりません。

8 みなし業者と無免許営業の禁止

1 みなし業者

免許は、譲渡したり、相続によって引き継がれるものではありません。したがって、たとえば、個人業者Aが死亡した場合、その相続人Bがその免許を引き継いで業者として活動することはできません。しかし、Aと取引をしていたお客さんは困ってしまう場合もあります。そこで、相続人は、Aが締結した契約に基づく取引を結了する目的の範囲内においては、宅建業者とみなされ、業務を行うことができます。

同様に、免許を取り消された宅建業者であっても、取消し前に締結した契約に基づく取引を結了する目的の範囲内においては、宅建業者とみなされ、業務が可能となります。ただし、当然のことながら、新たな契約等はできません。

2 特例等

① 　国や地方公共団体等には、宅建業法の適用はありません。
② 　信託業法の免許を受けた信託会社は、一定の免許に関する規定は適用されません。したがって、免許を受けなくても宅建業を営むことが

できます。この場合、国土交通大臣への届出が必要です。

3 無免許営業等の禁止

　免許を受けていない者は、**宅建業を営んではなりません**。当たり前のことですが、広告を出すだけでもダメです。また、免許を受けている者が、その名義を貸して、他人に宅建業を営ませてもいけません。

9 その他

1 従業者の教育

　宅建業者は、その従業者に対し、その**業務を適正に実施**させるため、**必要な教育**を行うよう**努めなければなりません**。

講義のまとめ

1．免許の種類
　　国土交通大臣免許…複数の都道府県に事務所を設置する場合
　　都道府県知事免許… 1 つの都道府県内に事務所を設置する場合
　※　どちらの免許でも、全国で営業活動はできる。

2．欠格要件
　①　破産手続開始の決定を受けて復権を得ない者
　②　心身の故障により宅建業を適正に営むことができない者として国土交通省令で定めるもの
　③　次のア〜ウのどれかに該当したことによって免許を取り消され、その取消しの日から 5 年を経過していない者
　　ア　不正の手段で免許を受けたことがバレた
　　イ　業務停止処分に該当する悪事を行い情状が特に重い
　　ウ　業務停止処分に違反した
　④　上記③で、免許取消処分のための聴聞の期日及び場所が公示された日から処分がなされるまでの間に相当の理由なく廃業等の届出をした者で、その届出の日から 5 年を経過していない者
　⑤　上記の③と④で、これが法人であった場合、聴聞の期日及び場所の公示の日前60日以内にその法人の役員であった者

MASTER　155

⑥　次に該当する者で、刑の執行を終わり、又は執行を受けることがなくなった日から**5年を経過しない者**

・犯罪名は関係なく、**禁錮以上の刑**に処せられた者

・宅建業法違反や傷害罪等により**罰金刑**に処せられた者

⑦　**暴力団員又は暴力団員でなくなった日から5年を経過しない者**

⑧　免許の申請前5年以内に宅建業に関し不正又は著しく不当な行為をした者

⑨　宅建業に関し不正又は不誠実な行為をするおそれが明らかな者

⑩　営業に関し**成年者と同一の行為能力を有しない未成年者**でその法定代理人（法定代理人が法人である場合には、その役員を含む）が上記①～⑨のいずれかに該当する者

⑪　法人の場合には、その役員又は政令で定める使用人のうちに上記①～⑨のいずれかに該当する者がいるとき

⑫　**暴力団員等がその事業活動を支配する者　他**

3．免許証の**有効期間は5年**である。更新は、有効期間満了の日の**90日前から30日前**までの間に申請書を提出する。

4．免許申請書に記載した「役員の氏名」や「事務所ごとに置かれる専任の宅建士の氏名」等に変更があった場合、**30日以内**に、当該変更に係る事項を記載した届出書を免許権者に提出しなければならない（変更の届出）。

5．**免許換えの申請**

①　新たな免許権者に**直接**申請する。

②　国土交通大臣又は都道府県知事は、新たに免許をしたときは、遅滞なく、その旨を、**従前の免許**をした都道府県知事又は国土交通大臣に**通知**しなければならない。

③　免許換えによる免許の有効期間は、改めて**5年**。

④　宅建業者による廃業の届出は不要。

156 **MASTER**

6．届出義務者と免許の失効

	事　　　　由	個人業者	法人業者	期　　　限	免許失効の時点
①	死　　　　亡	相　　続　　人	———	その事実を知った日から30日以内	死　　亡　　時
②	破産手続開始の　　決　　定	破産管財人	破産管財人	その日から30日以内	届　出　の　時
③	廃　　　　業	本　　　　人	代　表　役　員		
④	法人の解散	———	清　　算　　人		
⑤	法人の合併消滅	———	消滅会社の代表役員		合併消滅の時

7．国や地方公共団体等には、宅建業法の適用はない。

8．免許を受けていない者は、宅建業を営んではならない。

9．宅建業者は、その従業者に対し、その業務を適正に実施させるため、必要な教育を行うよう努めなければならない。

10．補足

　　昨年までは、国土交通大臣への免許申請（免許申請書の提出P.150）、変更の届出（P.150）、廃業等の届出（P.153）等は、主たる事務所の所在地（本社所在地）を管轄する都道府県知事を経由して行うことになっていたが、今年の改正でその規定は廃止された。したがって、知事を経由せずに行うことになり、国土交通大臣が免許をした場合や変更の届出書を受理した場合等においては、国土交通大臣はその宅建業者の主たる事務所の所在地（本社所在地）を管轄する都道府県知事にその旨の情報を提供することになった。

第2章　宅建業法

2

免　許

MASTER 157

頻出! 一問一答

以下の問題文を読んで〇か×かを判定しなさい。

問1
☐☐☐　免許を受けようとする個人Aが破産手続開始の決定を受けた後に復権を得た場合、Aは復権を得てから5年を経過するまでは、免許を受けることができない。

問2
☐☐☐　法人の役員のうちに刑法第159条（私文書偽造等）の罪を犯したことにより、罰金の刑に処せられている者がいる場合、当該法人は免許を受けることができないが、刑の執行後5年を経過すれば、免許を受けることができる。

問3
☐☐☐　法人の役員のうちに刑法第211条（業務上過失致死傷等）の罪により3年間の懲役の刑に処せられている者がいる場合、当該法人は免許を受けることができないが、判決に執行猶予がついていれば、直ちに免許を受けることができる。

問4
☐☐☐　宅地建物取引業者A社の使用人であって、A社の宅地建物取引業を行う支店の代表者が、刑法第222条（脅迫）の罪により罰金の刑に処せられたとしても、A社の免許は取り消されることはない。

問5
☐☐☐　営業に関し成年者と同一の行為能力を有しない未成年者であるAの法定代理人であるBが、刑法第247条（背任）の罪により罰金の刑に処せられていた場合、その刑の執行が終わった日から5年を経過していなければ、Aは免許を受けることができない。

問6
☐☐☐　宅地建物取引業者の役員の住所に変更があったときは、30日以内に免許権者に変更を届け出なければならない。

問7
☐☐☐　個人である宅地建物取引業者A（甲県知事免許）が死亡した場合、Aの相続人は、Aの死亡の日から30日以内に、その旨を甲県知事に届け出なければならない。

問8
☐☐☐　宅地建物取引業者A社について破産手続開始の決定があった場合、A社を代表する役員は廃業を届け出なければならない。また、廃業が届け出られた日にかかわらず、破産手続開始の決定の日をもって免許の効力が失われる。

問9　国土交通大臣の免許を受けている法人である宅地建物取引業者が合併により消滅した場合には、その法人を代表する役員であった者は、国土交通大臣及び事務所の所在地を管轄するすべての都道府県知事に、その旨を届け出なければならない。

問10　Ａ県知事の免許を受けている法人である宅地建物取引業者の役員ａが退職し、後任にｂを充てた場合、その役員の職が非常勤のものであっても、当該宅地建物取引業者は、Ａ県知事に変更の届出をしなければならない。

問11　宅地建物取引業者は、その事務所ごとに、公衆の見やすい場所に、免許証を掲げなければならない。

問12　宅地建物取引業の免許の有効期間は５年であり、免許の更新の申請は、有効期間満了の日の90日前から30日前までに行わなければならない。

問13　宅地建物取引業者Ａが免許の更新の申請を行った場合において、免許の有効期間の満了の日までにその申請について処分がなされないときは、Ａの従前の免許は、有効期間の満了によりその効力を失う。

問14　Ａ県知事から免許を受けている宅地建物取引業者が、Ａ県内における事務所を廃止し、Ｂ県内に新たに事務所を設置して、引き続き宅地建物取引業を営もうとする場合には、Ａ県知事を経由して、Ｂ県知事に免許申請書を提出し、その免許を受けなければならない。

問15　宅地建物取引業者Ａ（甲県知事免許）が乙県内に新たに支店を設置して宅地建物取引業を営んでいる場合において、免許換えの申請を怠っていることが判明したときは、Ａは、甲県知事から業務停止の処分を受けることがある。

問16　宅地建物取引業者（甲県知事免許）が、乙県内に新たに事務所を設置して宅地建物取引業を営むため、国土交通大臣に免許換えの申請を行い、その免許を受けたときは、国土交通大臣から、免許換え前の免許（甲県知事）の有効期間が経過するまでの期間を有効期間とする免許証の交付を受けることとなる。

問17 □□□	宅地建物取引業者は、事務所ごとに置かれる専任の宅建士の氏名に変更があったときは、14日以内に変更の届出をしなければならない。
問18 □□□	甲県知事の免許を受けている宅地建物取引業者Aが死亡した場合、Aの一般承継人は、Aが締結した契約に基づく取引を結了する目的の範囲内において、なお宅地建物取引業者とみなされる。
問19 □□□	宅地建物取引業者は、その従業者に対し、その業務を適正に実施させるため、必要な教育を行うよう努めなければならない。

解 答

問1 × 復権を得た場合は、5年を待つことなく免許を受けることができる。

問2 × 5年を待たなくてもよい。私文書偽造等による罰金刑は、欠格とならない。

問3 × 執行猶予期間中は免許を受けられない。

問4 × 支店長（政令で定める使用人）が脅迫罪で罰金刑に処せられると、A社の免許は取り消される。

問5 ○ 記述の通りである。

問6 × 役員の氏名に変更があったときは変更の届出が必要である。しかし、住所に変更があっても変更の届出は要らない。

問7 × 死亡の日からではない。個人業者が死亡した場合、その相続人は、死亡したことを知った日から30日以内に、免許権者に届け出なければならない（廃業等の届出）。

問8 × 全部ウソである。宅建業者について、破産手続開始決定があった場合の届出義務者は破産管財人であり、また、届出の日をもって免許の効力が失われる（廃業等の届出）。

問9 × 免許権者に届出をする。本問の場合、知事への届出は不要。

問10 ○ 記述の通りである。

問11 × 免許証を掲げる義務はない。

問12 ○ 記述の通りである。

問13 × 有効期間の満了日までに処分がなされなかった場合、従前の免許は、処分がなされるまで有効である。

問14 × B県知事に、「直接」免許申請書を提出する。

問15 × 業務停止処分ではなく、必ず、免許取消処分を受ける。

問16 × 免許換えによって受ける免許の有効期間は5年である。前の免許の有効期間（残存期間）ではない。

問17 × 事務所ごとに置かれる専任の宅建士の氏名に変更があったときは、変更の届出が必要であるが、これは「30日以内」であり14日以内ではない。

問18 ○ 記述の通りである。

問19 ○ 記述の通りである。

3 宅建士

重要度 ★★★

宅建士制度とは

　宅建業者は、宅地建物の購入者等が不測の損害を被らないようにするため、その物件に関する法律上の規制等を説明することになっています。その業務を行うことができる専門知識をもった資格者が宅地建物取引士（以下「宅建士」という）です。

1 宅建士となるためのステップ

　宅建士になるためには、3つのステップをクリアしなければなりません。

1 試験に合格

　合格は**一生有効**です。ただし、不正受験をした者については合格の取消し、情状によって**3年以内**の期間を定めて、再受験の禁止となることがあります。

2 登録

　受験地の都道府県知事の登録を受けます。登録も**一生有効**です。ここでは、人物審査を行います（書類上）。

3 宅地建物取引士証の交付

　登録した都道府県知事から宅地建物取引士証（以下「宅建士証」という）の交付を受けます。宅建士証の**有効期間は5年**です。ここまでをクリアして、宅建士となります。

〔宅建士の法定業務〕
① **重要事項の説明**
② **重要事項説明書への記名**　　この3つの業務は、宅建士しか
③ **37条書面（契約書）への記名**　できません。

162　MASTER

どこの都道府県知事の登録であっても、日本中で法定業務はできます。

2 登録
1 登録を受けるための前提
試験に合格するとともに、次のどちらかを満たすことが、登録を受けるための前提となります。
① 実務経験2年以上
② 国土交通大臣が①の実務経験を有するものと同等以上の能力を有すると認めた場合

※ 合格者の大半は実務経験者ではないため、かなりの合格者が②を満たすことによって手続きを進めている。具体的には、合格者を対象とした通信教育等を受けるのである。詳細については、合格証書に案内が同封されてくる。

2 欠格要件
次のどれかひとつにでも該当すると、登録を受けることができません。なお、①〜⑦は、免許の欠格要件と同じです。
① 破産手続開始の決定を受けて復権を得ない者
② 心身の故障により宅建業を適正に営むことができない者として国土交通省令で定めるもの
③ 以前、業者免許を取得していたが、次のa〜cのどれかに該当したことによって免許を取り消され、その取消しの日から5年を経過していない者
　a）不正の手段で免許を受けたことがバレた
　b）業務停止処分に該当する悪事を行い情状が特に重い
　c）業務停止処分に違反した
④ 上記の③のa〜cのどれかに該当するとして免許取消処分のための聴聞の期日及び場所が公示された日から処分がなされるまでの間に相当の理由なく廃業等の届出をした者で、その届出の日から5年を経過していない者
⑤ 上記の③と④のケースで、これが法人であった場合、聴聞の期日及

び場所の公示の日前60日以内にその法人の役員であった者
⑥　次に該当する者で、刑の執行を終わり、又は執行を受けることがなくなった日から5年を経過しない者
　　a）犯罪名は関係なく、禁錮以上の刑に処せられた者
　　b）禁錮よりひとつ軽い罰金刑であったのだが、それが「宅建業法違反によるもの」「暴力団員による不当な行為の防止等に関する法律違反によるもの」「傷害罪等（傷害罪、現場助勢罪、暴行罪、凶器準備集合及び結集罪、脅迫罪、背任罪、暴力行為等処罰に関する法律の罪）によるもの」
⑦　暴力団員又は暴力団員でなくなった日から5年を経過しない者
⑧　宅建業に係る営業に関し、成年者と同一の行為能力を有しない未成年者
　　※「成年者と同一の行為能力を有しない未成年者（普通の未成年者）」は、業者免許のときにも登場した。免許のときには、欠格とならなかったが、宅建士登録の方は、欠格となる。
⑨　不正の手段により登録を受けたことがバレて登録の消除処分を受け、その処分の日から5年を経過していない者等
⑩　事務禁止処分を受け、その禁止期間中に本人からの申請により登録が消除され、事務禁止期間がまだ満了しない者

事務禁止処分とは、宅建士に対する監督処分のひとつで、宅建士としての法定業務が一定期間できなくなるというものです。

3 資格登録簿

　登録は、都道府県知事が、宅建士資格登録簿に一定の事項を登載してします。そして、次の①～⑩のうち、①③④⑤⑧に変更が生じたときは、遅滞なく、変更の登録を申請しなければなりません。

〔登載事項〕
①　氏名
②　生年月日
③　性別
④　住所

⑤ **本籍**

⑥ 試験合格年月日

⑦ 合格証書番号

⑧ **従事している宅建業者の名称又は商号と免許証番号**

⑨ 登録番号

⑩ 登録年月日

4 届出義務

登録を受けている者が欠格要件に該当することとなった場合には、登録を受けている都道府県知事にその旨を届け出なければなりません。

	届出を必要とする要件	届出義務者	届出期限
(1)	死亡した場合	相続人	事実を知った日から30日以内
(2)	心身の故障により宅建業を適正に営むことができない者として国土交通省令で定めるものになった場合	本人 法定代理人 同居の親族	その日から **30日以内**
(3)	破産手続開始の決定を受けた場合	**本　人**	
(4)	成年者と同一の行為能力を有しない未成年者になった場合		
(5)	一定事由により免許を取り消された場合		
(6)	一定の罪により罰金刑、又は、禁錮刑以上に処せられた場合		
(7)	暴力団員等になった場合		

5 登録の移転

登録の移転とは、現在登録している都道府県知事とは**別の都道府県知事に登録を移す**ことです。

この登録の移転は、**単に引っ越し**をしたという理由では**できません**。また、**事務の禁止処分**を受けた場合、その**禁止期間中**は、登録の移転の申請は**できません**。登録の移転ができるのは、現在登録をしている都道府県知事の管轄する都道府県以外の都道府県（つまり、他の都道府県）に所在する宅建業者の**事務所の業務に従事**したか、又は**従事しようとす**

MASTER 165

るときです。

　手続きは、現在登録をしている都道府県知事を経由して、事務所の所在地を管轄する都道府県知事に対して行います。なお、登録の移転は任意であり、「しなければならない」というものではありません。

　また、登録の移転がなされると、前の都道府県知事から交付された宅建士証は効力を失うことになります。したがって、登録の移転後も今までと同じように法定業務を行いたければ、有効な宅建士証を取得するべく、登録の移転と宅建士証の交付申請を併せて行う必要があります。そして、新しい宅建士証は、従前の宅建士証と引き換えに交付されることになっており、その有効期間は、従前の宅建士証の残存期間となっています。

> 事務の禁止期間中は、登録の移転の申請はできません。

3 宅建士証

　今までも何回か出てきたが、宅建士証の交付を受けて「宅建士」となります。

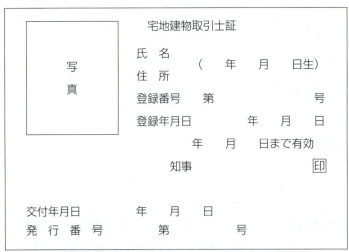

※　氏名・住所は記載されるが、本籍・勤務先名は記載されない。
※　旧姓の使用を希望する者は、宅建士証に旧姓を併記することができる。この場合の氏名欄は、『現姓［旧姓］名前』という形で表示される。

1 交付の申請と有効期間

　宅建士証の交付申請は、**登録**をしている**都道府県知事**に対して行います。そして、**宅建士証の有効期間は5年**です。なお、交付申請をするためには、原則として、登録をしている**都道府県知事が指定する講習**で、**交付申請前6か月以内**に行われるものを受講しなければなりません。つまり、簡単にいうと、「宅建士証を受け取る前に、法改正等についての講習を受けてください」ということです。したがって、実務についている宅建士は、宅建士証の更新の関係で、5年に1回、この講習を受けることになります。

　なお、この講習を受けなくてもよい例外が2つあります。以下の①②です。

① 　試験の**合格後**、**1年以内**に宅建士証の交付を受けようとする者

② 　**登録の移転**とともに宅建士証の交付申請を行い、前の**残存期間の宅建士証の交付**を受ける者

2 書換え交付申請

　宅建士の**住所・氏名**に変更が生じた場合には、**変更の登録申請と併せて宅建士証の書換え交付申請**をしなければなりません。

3 再交付申請

　宅建士証を失くしたり（亡失）、破損した等の場合、交付を受けた都道府県知事に対して再交付申請をすることができます。そして、失くしたことにより再交付を受けていた場合において、失くした宅建士証を発見したときは、速やかに、**発見した宅建士証**を交付を受けた都道府県知事に返納しなければなりません。

4 宅建士証の提出・返納

　宅建士が事務禁止処分を受けた場合には、速やかに、宅建士証をその**交付を受けた都道府県知事**（処分をした都道府県知事ではない）に**提出**しなければなりません。そして、事務禁止期間満了後、提出者が**返還請求をした場合に返還**されます。

MASTER 167

また、登録が消除されたり、宅建士証の更新をせず有効期間が満了した場合には、交付を受けた都道府県知事に宅建士証を返納しなければなりません。

> 返納は、提出と違って返還されません。

5 宅建士証の提示

宅建士は、重要事項の説明をするときと取引の関係者から請求があったときには、宅建士証を提示しなければなりません。なお、提示の際には、個人情報保護の観点から、住所欄にシールを貼って提示することができます（シールは容易に剥がすことが可能なものであること）。

4 専任の宅建士

1 法定数

宅建業者は、その事務所とその他一定の場所ごとに、一定数の成年者である専任の宅建士を置かなければなりません。
① 事務所……………………………業務に従事する者5人に1人以上の割合で
② 国土交通省令で定める場所…1人以上（業務に従事する者の数は関
　（例：契約を行う案内所）　　係なし）

※ 専任の宅建士とは、その事務所等に常時勤務し、専ら宅建業に従事している宅建士のことである。それ以外の宅建士（たとえば週に1〜2日しか来ないパートさん）のことを一般の宅建士という。こちらは、法定数に入れることはできない。

2 不足が生じた場合

宅建業者は、専任の宅建士に不足が生じたときは、2週間以内に補充等の必要な措置を執らなければなりません。

5 宅建士の業務処理の原則等

1 業務処理の原則

宅建士は、宅建業の業務に従事するときは、宅地又は建物の取引の専

門家として、**購入者等の利益の保護及び円滑な宅地又は建物の流通**に資するよう、**公正かつ誠実**にこの法律に定める事務を行うとともに、宅建業に関連する業務に従事する者との**連携に努めなければなりません。**

　例）宅建士が中心となって、リフォーム会社や金融機関等の宅建業に関連する業務に従事する者との連携を図り、宅地及び建物の円滑な取引の遂行を図る。

2 信用失墜行為の禁止

　宅建士は、宅建士の**信用又は品位を害するような行為をしてはなりません。**

3 知識及び能力の維持向上

　宅建士は、宅地又は建物の取引に係る事務に必要な**知識及び能力の維持向上**に**努めなければなりません。**

講義のまとめ

宅建業者と宅建士の比較

1. 欠格要件（普通の未成年者の扱い）

業者免許…………**欠格とはならない**。ただし、法定代理人も審査。

宅建士登録………**欠格となる**。

2. 業者名簿と宅建士資格登録簿

一定の事項に変更があった場合

業　者………**30日以内**に変更の届出

宅建士………**遅滞なく**、変更の登録を申請

3. 届出義務

破産の場合の届出義務者

業　者………**破産管財人**

宅建士………**本人**

4. 免許換えと登録の移転

① 義務か否か

業　者（免許換え）…………**しなければならない**。

宅建士（登録の移転）………**することができる**。

② 手続き

業　者（免許換え）…………**新免許権者に直接申請**

宅建士（登録の移転）………**現に登録をしている知事を経由して**

③ 有効期間

業者免許………**改めて5年**

宅建士証………**残存期間**

頻出! 一問一答

以下の問題文を読んで〇か×かを判定しなさい。

問1　宅地建物取引士資格試験に合格した者は、合格した日から10年以内に登録の申請をしなければ、その合格は無効となる。

問2　宅地建物取引士が、刑法第204条（傷害）の罪により罰金の刑に処せられ、登録が消除された場合、当該登録が消除された日から5年を経過するまでは、新たな登録を受けることができない。

問3　未成年者は、宅地建物取引業に係る営業に関し成年者と同一の行為能力を有していたとしても、成年に達するまでは登録を受けることができない。

問4　宅地建物取引士（甲県知事登録）が本籍を変更した場合、30日以内に、甲県知事に変更の登録を申請しなければならない。

問5　宅地建物取引士が死亡した場合、その相続人は、死亡した日から30日以内に、その旨を当該宅地建物取引士の登録をしている都道府県知事に届け出なければならない。

問6　宅地建物取引士が心身の故障により宅地建物取引士の事務を適正に行うことができない者として国土交通省令で定めるものに該当することになったときは、本人又はその法定代理人のいずれかのみが、30日以内に、その旨を登録をしている都道府県知事に届け出なければならない。

問7　甲県知事の登録を受けている宅建士Aが、破産手続開始の決定を受けたときは、その日から30日以内にAの破産管財人が甲県知事にその旨を届け出なければならない。

問8　宅地建物取引士A（甲県知事登録）が、甲県から乙県に住所を変更したときは、乙県知事に対し、登録の移転の申請をすることができる。

問9　丙県知事登録の宅地建物取引士が、事務の禁止の処分を受けた場合、丁県に所在する宅地建物取引業者の事務所の業務に従事しようとするときでも、その禁止の期間が満了するまで、宅地建物取引士の登録の移転を丁県知事に申請することができない。

第2章 宅建業法

3

宅建士

MASTER 171

問10　甲県知事の登録を受けている宅地建物取引士Aは、乙県に主たる
□□□　事務所を置く宅地建物取引業者Bの専任の宅地建物取引士となる場合、乙県知事に登録を移転しなければならない。

問11　甲県知事登録の宅地建物取引士が、乙県へ登録の移転の申請とともに宅地建物取引士証の交付を申請した場合、乙県知事が宅地建物
□□□　取引士証を交付するときは、甲県で交付された宅地建物取引士証の有効期間が経過するまでの期間を有効期間とする宅地建物取引士証を交付しなければならない。

問12　甲県知事の登録を受けているAは、甲県知事に対して宅地建物取
□□□　引士証の交付を申請することができるが、Aの登録及び宅地建物取引士証の有効期間は、5年である。

問13　宅建士Aが氏名を変更して、変更の登録の申請をする場合、A
□□□　は、その申請とあわせて宅地建物取引士証の書換え交付の申請をしなければならない。

問14　宅建士が、宅地建物取引士証の有効期間の更新を受けようとする
□□□　ときは、登録している都道府県知事が指定する、交付申請前6か月以内に行われる講習を受講しなければならない。

問15　宅地建物取引士証を亡失したことにより再交付を受けた後において、亡失した宅地建物取引士証を発見したときは、速やかに、再交
□□□　付された宅地建物取引士証をその交付を受けた都道府県知事に返納しなければならない。

問16　宅地建物取引士（甲県知事登録）が、乙県に所在する建物の売買
□□□　に関する取引において宅地建物取引士として行う事務に関し不正な行為をし、乙県知事により事務禁止処分を受けたときは、宅地建物取引士証を甲県知事に提出しなければならない。

問17　宅地建物取引業者A社は、10戸の一団の建物の分譲の代理を案内
□□□　所を設置して行う場合、当該案内所に従事する者が6名であるときは、当該案内所に少なくとも2名の専任の宅地建物取引士を設置しなければならない。

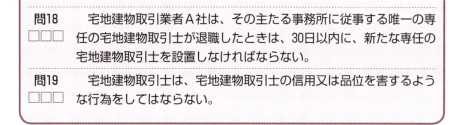

解　答

問1　×　合格は一生有効であり、本問のような規定はない。

問2　×　登録が消除された日から5年ではない。「刑の執行を終わり、又は執行を受けることがなくなった日から5年を経過」である。つまり、罰金刑であれば、罰金の支払いによって刑の執行が終わったわけであるから、そこから5年となる。

問3　×　営業に関し成年者と同一の行為能力を有している未成年者（つまり、法定代理人から宅建業に関し営業許可を受けている未成年者）は、成年に達していなくても登録を受けることができる。

問4　×　30日以内が誤り。本籍を変更したときは、遅滞なく、変更の登録を申請しなければならない。30日以内が出てくるのは、宅建業者名簿の方である。

問5　×　宅建士が死亡した場合、その相続人は、死亡した事実を「知った日から」30日以内に、その旨を宅建士の登録をしている都道府県知事に届け出なければならない。

問6　×　本問の届出義務者は、本人又はその法定代理人若しくは「同居の親族」である。

問7　×　届出をするのは、本人である。業者の場合と混同しないように。

問8　×　単なる住所の変更では、登録の移転は申請できない。

問9　○　記述の通りである。

問10　×　登録の移転の申請は、義務ではなく任意である。

問11　○　記述の通りである。

問12 ×　宅建士証の有効期間は5年であるが、登録は消除されるまで（一生）有効である。

問13 ○　記述の通りである。

問14 ○　記述の通りである。なお、本試験では「6か月」を「6月」と表記する。過去問題集で慣れておこう。

問15 ×　発見した方の宅建士証を返納する。

問16 ○　記述の通りである。

問17 ×　本問の案内所の場合、専任の宅建士は1名でよい。

問18 ×　2週間以内である。

問19 ○　記述の通りである。

4 保証金制度

重要度 ★★★

営業保証金

宅建業者は、免許を取得しただけでは、まだ営業活動はできません。後日、トラブルを発生させてしまい、お客さんに金銭的被害を与えてしまうことも考えられます。そこで、お客さんがそういった債権の弁済を受けられるように設けられた規定が保証金制度です。この保証金制度は、営業保証金と宅地建物取引業保証協会（以下「保証協会」という）の2種類があり、宅建業者はどちらかの制度を選んで手続きを済ませなければなりません。

まずは、営業保証金から見ていきましょう。

1 営業保証金の供託

供託すべき額は、**主たる事務所（本店）が1,000万円、従たる事務所（支店等）が1か所**につき**500万円**の合計額を**主たる事務所の最寄りの供託所**へ供託します。したがって、本店とそれ以外に支店が2つなら2,000万円を供託することになります。

そして、この供託は現金だけでなく、一定の有価証券を使うこともできます。ただし、有価証券の種類により評価が異なります。

（1）**国債** ──────────────── 100%（額面金額）
（2）**地方債、政府が保証した債権** ──── 90%
（3）**上記以外の国土交通省令で定める有価証券** ── 80%

> 供託とは、供託所（法務局や地方法務局等）に金銭や有価証券等を寄託する（預ける）ことです。

2 営業開始までの流れ
（1）免許を取得
　↓

（2）営業保証金を供託

　　↓

（3）供託書の写しを添付して免許権者へ届出

　　↓

（4）営業開始

※　免許権者は、免許をした日から**3か月以内**に宅建業者が供託した旨の届出をしないときは、その届出をすべき旨の**催告**をしなければならない。そして、催告が到達した日から**1か月以内**に宅建業者が届出をしないときは、その免許を**取り消すことができる**。

3 事務所の増設と営業保証金

　宅建業者は、事業の開始後、新たに事務所を設置（増設）したときは、その事務所の分の営業保証金を**主たる事務所の最寄りの供託所に供託**しなければなりません。そして新規のときと同様に、その旨の届出をしてからその事務所での営業を開始することができます。

4 営業保証金の保管替え等

　今まで見てきたように、営業保証金は主たる事務所の最寄りの供託所に供託することになっています。したがって、主たる事務所の移転により、最寄りの供託所が変更した場合、営業保証金を移す手続きが必要となります。

　この手続きは、営業保証金を「**金銭のみ**」で供託していたのか、**それ以外**の方法（つまり、「有価証券のみ」又は「有価証券と金銭」ということ）だったのかによって異なります。

1 金銭のみの場合

　遅滞なく、費用を予納して、営業保証金を供託している供託所に対して、移転後の主たる事務所の最寄りの供託所へ金銭を移し替えてもらいます。

　この手続きのことを**保管替え**といいます。

2 それ以外の場合(「有価証券のみ」又は「有価証券と金銭」)

現在の供託している営業保証金はそのままで、移転後の主たる事務所の最寄りの供託所に新たに供託をします。つまり、同時に2か所の供託所に供託している形になります。そこで、その後移転前の供託所から取り戻すことになります。

5 営業保証金の還付

1 還付とは

宅建業者と宅建業に関し取引をした者は、その取引により生じた債権に関し、宅建業者が供託した営業保証金について、その債権の弁済を受けることができます。これを還付といいます。

あくまでも、「宅建業に関し取引をした者」ですから、例えば、広告代理店が未払いの広告代金について還付を受けることはできません。

宅建業者は還付を受ける対象から外れます。つまり、還付を受けることができません。

2 還付及びその後の処理

① 債権者(簡単にいうと、宅建業者と取引をして被害を被ったお客さん)が、宅建業者の主たる事務所の最寄りの供託所に対して還付請求をし、還付を受けます。

② 供託所は、免許権者に通知をします。

③ 免許権者は、宅建業者へ不足額を供託するように通知をします。

④ 免許権者からの通知を受けた宅建業者は、その通知を受けた日から2週間以内に不足額を供託しなければなりません。

⑤ 不足額を供託した宅建業者は、**2週間以内**に、供託書の写しを添付して、その旨を**免許権者に届け出**なければなりません。

6 営業保証金の取戻し

供託していた営業保証金を宅建業者が返してもらうことを「取戻し」といいます。この取戻しは、全額を返してもらう場合と一部を返してもらう場合の2種類があります。

そして、廃業等の一定の事由により取り戻す場合には、**6か月以上の期間を定めて**還付請求権をもっている人は申し出るように**公告**をしなければなりません。

	取戻し事由	公告の要否
全部の取戻し	免許の更新をしなかった	要
	破産・廃業等の届出により免許が失効した	
	個人業者の死亡、法人業者の合併消滅	
	免許取消処分を受けた	
	保証協会の社員になった（後述）	不要
	本店の移転による場合（前述4の「営業保証金の保管替え等」の「それ以外の場合」のこと）	
一部	複数あった事務所のうちの一部を廃止した	要

※ 取戻し事由が発生してから**10年**を経過した場合には、**公告なしに取り戻す**ことができる。

保証協会

もうひとつの保証金制度が、この保証協会（国土交通大臣の指定を受けた一般社団法人）です。営業保証金と大きく違うのは、団体保証という形になっている点です。したがって、宅建業者の初期負担額に大きな差があります。この保証協会の加入業者のことを「社員」と呼びます。

1 保証協会への加入

1 弁済業務保証金分担金の納付

宅建業者は、保証協会に**加入しようとする日までに**、**弁済業務保証金分担金**を保証協会に**納付**しなければなりません。この額は、**主たる事務所**が**60万円**、**従たる事務所**が１か所につき**30万円**の合計額です。したがって、本店とそれ以外に支店が２つなら120万円を納付することになります。なお、納付は**金銭のみ**であり、有価証券を使うことはできません。また、宅建業者は、ひとつの保証協会の社員となった場合、他の保証協会の社員にはなれません。

2 弁済業務保証金の供託

弁済業務保証金分担金の納付を受けた保証協会は、それに相当する額を**1週間以内**に**法務大臣及び国土交通大臣**の定めた供託所に**供託**しなければなりません。こちらは、弁済業務保証金分担金と違って金銭のほか、有価証券を用いることができます。そして、供託をした**保証協会**は、**社員の免許権者**にその旨を**届け出る**こととされています。

事例）宅建業者には、本店とＡ支店及びＢ支店があるものとする。

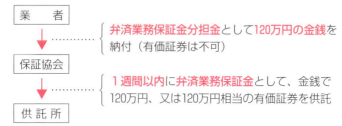

2 事務所の増設

宅建業者は、保証協会の社員となった後、新たに事務所を設置（増設）したときは、その日から**2週間以内**に、その事務所の分の弁済業務保証金分担金を保証協会に納付しなければなりません。そして、この間に納付をしないと保証協会の**社員としての地位を失う**ことになります。

3 社員としての地位を失った場合

宅建業者が、保証協会の社員の地位を失ったときは、その地位を失った日から**1週間以内**に、**営業保証金を供託**しなければなりません。

4 弁済業務保証金の還付等

1 還付を受けることができる者

保証協会の社員と**宅建業に関し取引をした者**は、その取引により生じた債権に関し、保証協会が供託した弁済業務保証金から、弁済を受ける権利を有します。

なお、**社員が社員となる前に取引した者も含まれます**。つまり、現在は保証協会の社員となっていますが、その宅建業者が営業保証金制度の利用により営業していた頃のお客さんも、こちらの制度で弁済を受けられるということです。

> 営業保証金のときと同様に、宅建業者は、還付を受けることができる対象から外れています。

2 還付の限度額

社員が社員でないとしたならばその者が供託すべき営業保証金の額に相当する額の範囲内です。

具体的には、「**1** 1 弁済業務保証金分担金の納付」及び「**1** 2の事例」でも説明したように、本店のほかにA支店とB支店がある宅建業者であれば、弁済業務保証金分担金は120万円です。この事務所の数を**営業保証金に当てはめると2,000万円**必要です（営業保証金の「**1**営業保証金の供託」を確認してください）。したがって、**還付の限度額は2,000万円**となります。

本　店

A支店　　B支店

3 還付及びその後の処理

① 弁済業務保証金から還付を受けようとする者（簡単にいうと、宅建業者と取引をして被害を被ったお客さん）は、**保証協会へ認証の申出**をします。

② 保証協会の認証（保証協会は、認証申出書の順に処理をする）。

③ 認証を受けた者は、供託所へ還付請求。

④ 供託所が還付。そして、供託所は、還付がなされた旨を国土交通大臣に通知。

⑤ ④の通知を受けた国土交通大臣は、その旨を保証協会に通知。

⑥ 保証協会は、⑤の通知を受けた日から２週間以内に、還付額に相当する弁済業務保証金を供託所に供託します。

⑦ 保証協会は、その社員に対して、還付額に相当する還付充当金を保証協会に納付するよう通知します（もし、還付額が1,800万円なら、1,800万円納付するように通知する。もう、60万円とか30万円の次元ではない）。

⑧ 社員は、⑦の通知を受けた日から２週間以内に還付充当金を納付する。なお、この間に納付しないと、社員としての地位を失います。

5 弁済業務保証金の取戻し

営業保証金のときと同様に、この取戻しは、全額を取り戻す場合と一部を取り戻す場合の２種類があります。

1 取戻し事由と公告の要否

	取戻し事由	公告の要否
全部	保証協会の社員でなくなった	要
一部	複数あった事務所のうちの一部を廃止した	不要

※ 「全部」の場合、保証協会が6か月以上の期間を定めて還付請求権をもっている人は申し出るように公告をする。

6 保証協会の業務

　保証協会の業務は、**必要的業務**（必ず行わなければならないもの）と、**任意的業務**（希望すれば行うことができるもの）に分けられ、**必要的業務**は「**苦情の解決**」「宅建業に関する研修」「**弁済業務**」となり、**任意的業務**（国土交通大臣の承認が必要な場合アリ）は「一般保証業務」「**手付金等保管事業**」「研修費用の助成」「宅建業の健全な発達を図るため必要な業務」となっています。

　なお、「苦情の解決」とは、保証協会が、社員である宅建業者の相手方から取引に関する苦情について**解決の申し出**があったときは、その相談に応じ、助言をし、苦情に係る事情を調査するとともに、当該社員に対し苦情の内容を通知してその迅速な処理を求めなければならない。また、必要があると認めるときは、当該社員に対し、文書若しくは口頭による**説明を求め**、又は**資料の提出**を求めることができる。この場合、社員は、**正当な理由**がある場合でなければ、これを**拒んではならない**。そして、保証協会は、その解決の**結果**について**社員に周知**させなければならない。

講義のまとめ

営業保証金と保証協会の比較

1. 供託すべき額

営業保証金……**本店1,000万円、支店500万円**の合計額

保証協会………**本店60万円、支店30万円**の合計額

2. 納付すべき場所

営業保証金……**本店の最寄りの供託所**

保証協会………**弁済業務保証金分担金**は**保証協**
会へ。その後、保証協会が**弁済業務保証金**を**大臣の指定した供託所**へ。

3. 有価証券使用の可否等

営業保証金……**使用可**（評価は、国債**100％**、地方債・政府保証債
90％、その他の省令で定める有価証券**80％**）。

保証協会………**弁済業務保証金分担金**は**使用不可**。しかし、保証協会
が供託する**弁済業務保証金**は**使用可**。

4. 還付

債権者が還付を受ける場合に認証は必要か否か

営業保証金……**不要**

保証協会………**必要**

5. 取戻しにおける公告の要否

支店廃止による一部の取戻し（返還）について

営業保証金……**必要**

保証協会………**不要**

頻出! 一問一答

以下の問題文を読んで〇か×かを判定しなさい。

(問1～7は営業保証金、問8～18は保証協会に関する問題である)

問1
□□□
免許を受けて、主たる事務所と2か所の従たる事務所を開設する場合、営業保証金の供託は、いずれかの事務所の最寄りの供託所に行う。

問2
□□□
営業保証金の供託は、地方債証券によって行うことができるが、その際の評価額は、100分の80である。

問3
□□□
宅地建物取引業者が免許を受けた日から3か月以内に営業保証金を供託した旨の届出をしない場合、免許権者は、届出をすべき旨の催告をすることなく、その免許を取り消すことができる。

問4
□□□
A社は、甲県の区域内に新たに支店を設置し宅地建物取引業を営もうとする場合、甲県知事にその旨の届出を行うことにより事業を開始することができるが、当該支店を設置してから3月以内に、営業保証金を供託した旨を甲県知事に届け出なければならない。

問5
□□□
宅地建物取引業者は、本店を移転したためその最寄りの供託所が変更した場合、国債証券をもって営業保証金を供託しているときは、遅滞なく、従前の本店の最寄りの供託所に対し、営業保証金の保管換えを請求しなければならない。

問6
□□□
宅地建物取引業者は、営業保証金が還付されたためその額に不足を生じた場合、不足が生じた日から2週間以内に、その不足額を供託しなければならない。

問7
□□□
宅地建物取引業者Aが宅地建物取引業の廃業により営業保証金を取り戻すときは、営業保証金の還付を請求する権利を有する者（還付請求権者）に対して公告しなければならないが、支店の廃止により営業保証金を取り戻すときは、還付請求権者に対して公告する必要はない。

問8
□□□
宅地建物取引業者は、社員となった日から2週間以内に、保証協会に対して弁済業務保証金分担金を納付しなければならず、この期間内に納付しないときは社員としての地位を失う。

184 **MASTER**

問9 390万円の分担金を納付して保証協会の社員となった者との宅地建物の取引に関し債権を有する者（宅地建物取引業者を除く）は、5,500万円を限度として、当該保証協会が供託している弁済業務保証金から弁済を受ける権利を有する。

問10 宅地建物取引業者（事務所数1）が、保証協会に加入するため弁済業務保証金分担金を納付する場合において、国債証券を充てるときは、その額面金額は60万円である。

問11 保証協会は、その社員である宅地建物取引業者から弁済業務保証金分担金の納付を受けたときは、その納付を受けた日から2週間以内に、その納付を受けた額に相当する額の弁済業務保証金を供託しなければならない。

問12 保証協会は、社員の取り扱った宅地建物取引業に係る取引に関する苦情について、宅地建物取引業者の相手方等からの解決の申出及びその解決の結果を社員に周知させなければならない。

問13 保証協会に加入している宅地建物取引業者（甲県知事免許）は、甲県の区域内に新たに支店を設置した場合、その設置した日から1月以内に当該保証協会に追加の弁済業務保証金分担金を納付しないときは、社員の地位を失う。

問14 宅地建物取引業者は、保証協会の社員の地位を失ったときは、当該地位を失った日から2週間以内に営業保証金を供託しなければならない。

問15 宅地建物取引業者が保証協会の社員となる前に、当該宅地建物取引業者に建物の貸借の媒介を依頼した者（宅地建物取引業者ではないものとする。）は、その取引により生じた債権に関し、当該保証協会が供託した弁済業務保証金について弁済を受ける権利を有しない。

問16 保証協会の社員との宅地建物取引業に関する取引により生じた債権を有する者は、弁済を受ける権利を実行しようとする場合、弁済を受けることができる額について保証協会の認証を受けなければならない。

問17	保証協会は、弁済業務保証金の還付があったときは、当該還付に
□□□	係る社員又は社員であった者に対して、当該還付額に相当する額の還付充当金を保証協会に納付すべきことを通知しなければならない。
問18	宅地建物取引業者Aは、その一部の事務所を廃止したときは、保
□□□	証協会が弁済業務保証金の還付請求権者に対し、一定期間内に申し出るべき旨の公告をした後でなければ、弁済業務保証金分担金の返還を受けることができない。

※ 問4に「3月」、問13に「1月」とあるのは誤りではありません。これは本試験で使われる表記で、3月は3か月、1月は1か月という意味です。

解　答

問1 ×　供託は、主たる事務所の最寄りの供託所に行う。

問2 ×　100分の90である。

問3 ×　催告は必要である。

問4 ×　支店の分の営業保証金を供託し、その旨を免許権者に届け出た後でなければ、その支店での事業は開始できない。

問5 ×　保管替えは、金銭のみで供託していた場合である。

問6 ×　「不足が生じた旨の通知があった日」から2週間以内である。

問7 ×　支店の廃止により営業保証金を取り戻すときも、公告は必要である。

問8 ×　納付は、保証協会に加入しようとする日までに行う。

問9 ×　5,500万円ではなく、6,500万円である（本店1、支店11）。

問10 ×　弁済業務保証金分担金は現金で納付する。営業保証金と混同しないように。

問11 ×　1週間以内である。

問12 ○　記述の通りである。

問13 ×　2週間以内である。

問14 ×　2週間以内ではなく、1週間以内である。

問15 ×　保証協会の社員である宅建業者と取引した者（宅建業者を除く）は、社員が社員となる前に取引した者も含めて、その取引により生じた債権に関し、保証協会が供託した弁済業務保証金から弁済（還付）を受けることができる。

問16 ○　記述の通りである。

問17 ○　記述の通りである。

問18 ×　保証協会による公告は不要である。営業保証金の支店廃止と比較しておこう。

5 取引における諸規定

重要度 ★★★

広告・契約締結上の規制

　宅建業法では、広告の内容やその時期等についての規制を行っています。

1 誇大広告の禁止

　たとえば、「新築住宅」と表示した広告を見て宅建業者を訪ねたら、実は中古住宅だったなどというのでは、消費者は困ってしまいます。そこで、宅建業者は、著しく事実に相違する表示等をしてはいけないことになっています。また、そういった表示をすること自体が違法ですので、実害がなくても罰則等の対象となります。

> 当然のことながら、実在しない物件や取引する意思のない物件の広告を出して客引きを行う等の「おとり広告」も規制対象となっています。

2 取引態様の明示義務

　宅建業者が広告をするときは、取引態様の別を明示しなければなりません。つまり、「代理」なのか「媒介（仲介）」なのか「売主」なのかを明らかにするということです。

　これは、その宅建業者が代理や媒介でその取引に関与して契約となった場合、お客さんは物件価格の他に報酬（仲介手数料）を支払う必要がありますが、宅建業者自身が売主のときには、報酬（仲介手数料）は不要となります。そこで、宅建業者がどのような形で関与しているのかを明らかにするのです。

　なお、この明示は広告のときだけでなく、実際にお店で注文を受けたときにも、遅滞なく、口頭でもかまいませんので、その注文をした者（客）に対して行わなければなりません。

3 広告開始時期の制限

広告はいつからできるのでしょうか？　たとえば、新築住宅であれば、建築工事に入る前に建築確認といって、予定している建築物が建築基準法等に合致しているかどうかの確認を役所（建築主事）等で受けなければならないことになっています（詳しくは第3章「法令上の制限」で勉強します）。したがって、広告を出した後に、「建築確認を受けられなかったので、その物件は建てられません」というのでは、消費者は広告を信用できなくなってしまいます。

そこで、宅建業法では、**建築確認や開発許可等がなされた後でなければ広告できない**こととしました。なお、現実に建築確認等を受けてからでなければならず、**建築確認申請中と表示しての広告は不可**です。

※　広告に先だって必要な許可等の具体例
・都市計画法の開発許可
・建築基準法の建築確認
・宅地造成等工事規制区域内における宅地造成等に関する工事の許可
・津波災害特別警戒区域内における建築行為等の許可

4 供託所等に関する説明

すでに保証金制度を学びましたが、そういった制度を取引の相手方が知らなければ何にもなりません。そこで、宅建業者は、その**相手方等に対して**、売買、交換、貸借の**契約が成立するまでの間**に、営業保証金制度を利用しているのであれば、営業保証金を供託した主たる事務所の最寄りの供託所及びその所在地を、保証協会ならば、社員である旨と保証協会の名称・住所等を説明するようにしなければならないこととされています。

> 取引の相手方が宅建業者の場合には、この説明は不要です（宅建業者は還付を受けられないため）。

事務所・案内所等

業務を行う場所等についての規制を見ていきましょう。

1 従業者証明書

宅建業者は、従業者に、**従業者証明書を携帯**させなければ、その者を業務に従事させてはなりません。そして、従業者は、**取引の関係者の請求**があったときは、従業者証明書を提示しなければなりません。

> 従業者証明書の提示を求められた宅建士が、従業者証明書の代わりに宅建士証を提示しても、義務を果たしたことにはなりません。

```
           従 業 者 証 明 書
              従業者証明書番号
  写       従業者氏名    （ 年 月 日生）
           業務に従事する
  真       事務所の名称
           及び所在地
           この者は、宅地建物取引業者の従業者
           であることを証明します。
（ 年 月撮影）証明書有効期間  年  月  日から
                          年  月  日まで
                     国土交通大臣
           免許証番号   知事    （ ）第 号
           商号又は名称
主たる事務所の所在地
代 表 者 氏 名
```

2 従業者名簿

宅建業者は、その**事務所ごと**に**従業者名簿**を備え、以下の事項を記載しなければなりません。そして、最終の記載をした日から**10年間の保存**が義務付けられています。

また、取引の関係者から請求があったときは、従業者名簿をその者の**閲覧に供**しなければなりません。

従業者名簿の記載事項
① 氏名 ※生年月日・住所は記載事項になっていないので注意
② 従業者証明書番号
③ 主たる職務内容
④ 宅建士であるか否かの別

⑤ 当該事務所の従業者となった年月日、そうでなくなったときは、その年月日

3 帳簿

　宅建業者は、その**事務所ごと**に、その業務に関する**帳簿**を備え、宅建業に関し**取引のあったつど**、その年月日、その物件の所在及び面積等を記載しなければなりません。そして、帳簿は各事業年度の末日をもって閉鎖するものとし、閉鎖後**5年間**（宅建業者が自ら売主となる新築住宅に係るものにあっては**10年間**）**保存**することとされています。

4 案内所等の届出

　宅建業者は、専任の宅建士を1人以上設置すべき案内所等を設けるときには、あらかじめ、所在地、業務内容、業務を行う期間及び専任の宅建士の氏名を**免許権者**及びその**所在地を管轄する**都道府県知事**に届け出**なければなりません。なお、この届出は、業務を開始する**10日前まで**に行います。

5 標識の設置

　宅建業者は、事務所等及び事務所等以外の国土交通省令で定めるその業務を行う場所ごとに、公衆の見やすい場所に、**標識**を掲げなければなりません。

《事務所に掲示する標識》

宅 地 建 物 取 引 業 者 票		
免　許　証　番　号	国土交通大臣 　　　　知事　　（　）第	号
免　許　有　効　期　間	年　　　月　　　日から 年　　　月　　　日まで	
商　号　又　は　名　称		
代　表　者　氏　名		
この事務所の代表者氏名		
この事務所に置かれている 専　任　の　宅　建　士　の　数	（宅建業に従事する者の数　　　人）	
主 た る 事 務 所 の 所 在 地	電話番号　（　　　）	

第2章　宅建業法

5 取引における諸規定

MASTER 191

要点のまとめ

場　　所	専任の宅建士の設置	従業者名簿の備付け	帳簿の備付け	案内所等の届出	標識の掲示
事　務　所	5人に1人以上	○	○	×	○
案 内 所 等	1人以上	×	×	○	○
上記以外の一定の場所	×	×	×	×	○

業務における諸規定

業務を遂行していく上で、宅建業者が遵守しなければならない規定を見ていきます。

1 守秘義務

宅建業者は、その業務上取り扱ったことについて知り得た**秘密を他に漏らしてはいけません**。これは、**廃業**したり、もしくは宅建業者に勤務していた従業者が**退職した後も同様**です。

ただし、本人の承諾がある場合や裁判の証人として証言を求められた場合等の正当な理由がある場合には、これを告げても守秘義務違反とはなりません。

2 業務に関する禁止事項

宅建業者は、その業務に関して、相手方等に対して以下の行為をしてはなりません。

（1）契約の締結の勧誘をするに際し、**代金、借賃、支払方法等**、又は宅建業者もしくは取引の関係者の**資力・信用等に関する事項**で、相手方等の判断に重要な影響を及ぼすこととなるものについて、故意に事実を告げず、又は不実のことを告げる行為。

（2）不当に高額の報酬を要求する行為。

（3）手付金を立て替える等の手付の貸付けその他信用の供与をすること

192 **MASTER**

により**契約の締結を誘引する行為**。

※ 契約に至らなくても、誘引するだけで違反。

3 その他の業務に関する禁止事項

宅建業者等は、相手方等に対して以下の行為をしてはいけません。

> 宅建業者等とは、宅建業者、代理人、使用人その他の従業者のことをいいます。

（1）利益を生ずることが確実であると誤解させるべき断定的判断を提供する行為
（2）契約を締結させるため、又は契約の申込みの撤回・解除を妨げるため、宅建業者の相手方等を**威迫**すること。
（3）契約の目的物である物件の将来の環境又は交通その他の利便について**誤解させるべき断定的判断を提供**すること。
（4）正当な理由なく、契約を締結するかどうかを判断するために**必要な時間を与えることを拒む**こと。
（5）勧誘に先立って宅建業者の商号又は名称及び勧誘を行う者の氏名並びに契約締結の勧誘をする目的である旨を**告げず**に、**勧誘**を行うこと。
（6）宅建業者の相手方等が契約を締結しない旨の意思（勧誘を引き続き受けることを希望しない旨の意思を含む）を表示したにもかかわらず、**勧誘を継続**すること。
（7）迷惑を覚えさせるような時間に電話し、又は訪問すること。
（8）**深夜又は長時間の勧誘**その他の私生活又は業務の平穏を害するような方法でその者を**困惑**させること。
（9）電子メールによる一方的な商業広告（迷惑メール）により、私生活又は業務の平穏を害し、宅建業者の相手方等を**困惑**させること。
（10）相手方等が契約の申込みの撤回を行うに際し、既に受領した**預り金の返還を拒む**こと。
（11）相手方等が**手付**を放棄して契約の解除を行うに際し、**正当な理由なく**、契約の**解除を拒み、又は妨げる**こと。

講義のまとめ

1. 誇大広告は、実害がなくても違法行為である。

2. 宅建業者が広告をするときは、取引態様の別を明示しなければならない。また、注文を受けたときにも明示する義務がある。

3. 広告は、建築確認、開発許可等を受けた後でなければできない。

4. 宅建業者は、その相手方等に対して、売買、交換、貸借の契約が成立するまでの間に、供託所等の説明をするようにしなければならない（相手方が宅建業者の場合には不要）。

5. 従業者は、取引の関係者の請求があったときは、従業者証明書を提示しなければならない。

6. 宅建業者は、その事務所ごとに従業者名簿を備え、最終の記載をした日から10年間保存する。

7. 宅建業者は、その事務所ごとに帳簿を備え、閉鎖後5年間（宅建業者が自ら売主となる新築住宅に係るものは10年間）保存する。

8. 専任の宅建士を1人以上設置すべき案内所等を設ける場合、一定の事項を免許権者及びその所在地を管轄する都道府県知事に、業務を開始する10日前までに届け出なければならない。

9. 宅建業者には、守秘義務があり、これは、廃業や退職後も同様である。なお、正当な理由があるときは、告げても守秘義務違反とはならない。

10. 宅建業者は、手付の貸付けその他信用の供与をすることにより契約の締結を誘引する行為をしてはならない。契約に至らなくても、誘引するだけで違反となる。

頻出! 一問一答

以下の問題文を読んで〇か×かを判定しなさい。

問1 宅地建物取引業者は、取引態様の別について、広告の際には省略しても、顧客から注文を受けた際に明示すれば、差し支えない。

問2 宅地建物取引業者Aの分譲する宅地が、10年後開通予定の地下鉄の複数の駅候補地の1つから徒歩5分の場所にある場合、Aは、「地下鉄の新駅まで徒歩5分」と記載したパンフレットにより契約締結の勧誘をすることができる。

問3 宅地建物取引業者が、賃貸マンションの貸借に係る媒介の依頼を受け、媒介契約を締結した場合であっても、当該賃貸マンションが建築確認申請中であるときは広告をすることができない。

問4 宅地建物取引業者が、顧客を集めるために売る意思のない条件の良い物件を広告することにより他の物件を販売しようとした場合、取引の相手方が実際に誤認したか否か、あるいは損害を受けたか否かにかかわらず、監督処分の対象となる。

問5 宅地建物取引業者の従業者である宅建士は、取引の関係者から従業者証明書の提示を求められたときは、この証明書に代えて宅地建物取引士証を提示すればよい。

問6 従業者名簿の記載事項に、宅地建物取引士であるか否かの別は入っていない。

問7 従業者名簿を、最終の記載をした日から5年間保存し、その後直ちに廃棄したとしても差し支えない。

問8 宅地建物取引業者は、その業務に関する各事務所の帳簿と従業者名簿を一括して主たる事務所に備えなければならない。

問9 宅地建物取引業者は、その業務に関する帳簿を、各事業年度の末日をもって閉鎖し、閉鎖後5年間（一定のものは10年間）当該帳簿を保存しなければならない。

問10 宅地建物取引業者Aが、顧客Cに対し手付を貸し付けるという条件で、売主Bとの間の売買契約の締結を誘引しても、Cが契約締結に応じなかった場合、宅地建物取引業法違反とはならない。

第2章 宅建業法

5 取引における諸規定

MASTER 195

問11 □□□	宅地建物取引業者Ａ（甲県知事免許）が乙県内に所在するマンション（100戸）を分譲する場合において、Ａが宅地建物取引業者Ｂに販売の代理を依頼し、Ｂが乙県内に案内所を設置する場合、Ａは、その案内所に、標識を掲げなければならない。
問12 □□□	宅地建物取引業者は、業務上取り扱ったことについて知り得た秘密は、いかなる場合にも他に漏らしてはならない。
問13 □□□	宅地建物取引業者Ａの従業員が、勧誘に先立ってＡ社の商号及び自らの氏名を告げてから勧誘を行ったのであれば、勧誘の目的が投資用マンションの売買契約の締結である旨を告げなくても宅地建物取引業法違反とはならない。

解 答

問1　×　広告の際にも省略してはいけない。

問2　×　物件の将来の環境・交通等について誤解させるべき断定的判断の提供となり、禁止されている。

問3　○　記述の通りである。

問4　○　記述の通りである。

問5　×　あくまでも従業者証明書の提示が必要である。

問6　×　宅建士であるか否かの別は、記載事項である。

問7　×　保存期間は、10年である。

問8　×　帳簿も従業者名簿も、その事務所ごとに備えなければならない。

問9　○　記述の通りである。

問10　×　誘引する行為自体が違反である。

問11　×　案内所を設置するのはＢであるから、案内所に標識を掲げなければならないのはＢである。

問12　×　正当な理由がある場合には、他に告げても守秘義務違反とはならない。

問13　×　契約締結の勧誘をする目的である旨を告げなければならない。

6 媒介契約

重要度 ★★★

媒介契約とは

たとえば、売主が自己所有家屋を売りたいので、宅建業者に買主を見つけてくれるように依頼し、宅建業者が引き受けるという「仲介」の契約が媒介契約です。

1 媒介契約の種類

媒介契約は、一般媒介と専任媒介の2つのグループに分けることができます。さらに細かく分けると、それぞれ2種類ずつの計4種類となります。この4種類の中のどれでいくかはお客さんと宅建業者との話し合いで決めることになります。

1 一般媒介

お客さんは、**複数の宅建業者に媒介を依頼**でき、**自己発見取引も認め られます**。

> 自己発見取引とは、自分で取引相手を見つけることです。宅建業者に支払う報酬(仲介手数料)は成功報酬なので、自分で取引相手を見つけた場合には、このお金を支払う必要がありません。

① **一般媒介（明示型）**
媒介を依頼した宅建業者に、重ねて媒介を依頼した他の宅建業者を明示する約束をしたもの。

② **一般媒介（非明示型）**
①と違い、重ねて媒介を依頼した他の宅建業者を明示する約束はしない（義務はない）もの。

2 専任媒介契約

お客さんは、**1つの宅建業者にだけ媒介を依頼**するというもの。

① **専任媒介**

依頼者の自己発見取引は認められます。

② **専属専任媒介**

①と違い、自己発見取引も認められません。したがって、この宅建業者を通してしか契約ができません。

2 媒介契約書の交付

1 媒介契約書の交付義務

後から依頼内容についてトラブルが発生しないように、宅建業者は、**売買・交換**の媒介契約を締結したときは、**遅滞なく**、次に掲げる事項を記載した書面を作成して**記名押印**し、依頼者にこれを交付しなければなりません。

なお、依頼者の承諾を得れば、書面の交付に代えて**電磁的方法による提供**も認められます。この場合には、記名押印に代わる一定の措置を講ずることになります。
つまり、紙の交付に代えて、データで提供することも認められているということです。

要点のまとめ

1. 媒介契約書の**作成・交付義務があるのは売買と交換**のときであり、アパートの仲介等の**貸借のときには、義務となっていない**。
2. 媒介契約書への**記名押印は宅建業者が行う**（宅建士ではない）。

2 媒介契約書の記載事項

① **物件の所在等**、その物件を特定するために必要な事項
② その物件の売買すべき**価額**又はその評価額

評価額とは、交換のとき、「いくらの物件として扱うのか」ということです。

※宅建業者が価額等について意見を述べるときは、口頭でもよいので、その根拠を明らかにしなければならない。

③ 媒介契約の種類
④ その物件が既存の建物であるときは、依頼者に対する建物状況調査を実施する者のあっせんに関する事項
⑤ 媒介契約の有効期間及び解除について
⑥ 指定流通機構への登録について
⑦ 報酬に関する事項
⑧ 違反に対する措置
　※　たとえば、専任媒介契約なのに、依頼者が他の宅建業者を通して契約してしまった場合にはどうするか等の話である。
⑨ この媒介契約が、国土交通大臣が定めた標準媒介契約約款に基づくものか否か

標準媒介契約約款とは、国土交通省のつくった媒介契約書のひな形のようなものと思っておいてください。これを使用する場合、守らなければならないルールが追加されます。

3 媒介契約の比較

依頼者を保護するため、一般媒介契約に比べて専任媒介契約と専属専任媒介契約は、宅建業者に多くの義務が課せられています。

要点のまとめ

1．有効期間と更新

専任媒介契約	有効期間は**3か月**まで。それを超えて約定した場合、**3か月に短縮**される。
専属専任媒介契約	**依頼者の申し出**により**更新できる**。自動更新する旨の**特約は無効**。
一般媒介契約	有効期間も更新の特約も自由。

※ 専任媒介契約・専属専任媒介契約で自動更新可と特約した場合、その特約だけが無効であり、媒介契約そのものが無効となるわけではない。

2．業務の処理状況の報告義務

専任媒介契約	**2週間に1回以上**
専属専任媒介契約	**1週間に1回以上**
一般媒介契約	義務はなし

※ 専任媒介契約・専属専任媒介契約における報告は、宅建業法上は、文書でも口頭でもよい。

3．申込みの報告

宅建業者は、どの媒介契約であっても、媒介契約の目的となっている物件に対して売買又は交換の申込みがあったときは、遅滞なく、その旨を依頼者に報告しなければならない。

4 指定流通機構の活用

指定流通機構とは、不動産の流通の円滑化を図るためにつくられた組織であり、コンピューターネットワークを運営しています。具体的には、指定流通機構に設置したホストコンピューターに宅建業者がパソコン等を利用して不動産情報を登録し、また、そこから情報を提供してもらうことにより、少しでも早く成約に結びつかせようとするものです。

宅建業者は、一定の場合、指定流通機構へ

① 物件の所在等

② 価額

③ 都市計画法等の制限で主なもの

④ 専属専任媒介契約のときにはその旨

⑤ 物件について取引の申込みの受付に関する状況

を登録する。なお、**売主の住所・氏名は登録事項とはなっていません。**

そして、登録したときには、登録を証する書面を遅滞なく依頼者に引き渡さなければならず、この物件についての**契約が成立したときは、遅滞なく、**その旨を**指定流通機構に通知**することとされており、通知すべき事項は「登録番号」「取引価格」「売買・交換契約の成立した年月日」となります。

> 登録を証する書面も、依頼者の承諾を得れば、電磁的方法による提供が認められます。

要点のまとめ

指定流通機構への登録義務

専任媒介契約	媒介契約締結の日から**7日以内**に登録しなければならない（**休業日は算入しない**）。
専属専任媒介契約	媒介契約締結の日から**5日以内**に登録しなければならない（**休業日は算入しない**）。
一般媒介契約	登録義務はなし（登録自体は可能）。

頻出! 一問一答

以下の問題文を読んで○か×かを判定しなさい。

（宅地建物取引業者AはB所有地の売却の依頼を受け、Bと媒介契約を締結したものとする）

問1 □□□　この媒介契約が専任媒介契約又は専属専任媒介契約でない場合において、ＡＢ間の合意により、ＢがＡ以外の宅地建物取引業者に媒介を依頼する際は必ずＡに通知する旨の特約をしたときは、その特約は、無効となる。

問2 □□□　宅地建物取引業者Aは、Bが所有する甲宅地の売却に係る媒介の依頼を受け、Bと専任媒介契約を締結した。このとき、Aは、媒介契約書に記名押印し、Bに交付のうえ、宅地建物取引士をしてその内容を説明させなければならない。

問3 □□□　この媒介契約が専任媒介契約である場合において、ＡＢ間の合意により、契約の有効期間を6か月とする旨の特約をしても、当該媒介契約の有効期間は、3か月とされる。

問4 □□□　この媒介契約が専任媒介契約である場合において、ＡＢ間の合意により、この媒介契約に係る業務の処理状況をＡは10日ごとにＢに報告する旨の特約をしたときは、その特約は、有効である。

問5 □□□　一般媒介契約の有効期間を6か月と約定した場合、その有効期間は3か月となる。

問6 □□□　宅地建物取引業者Aは、宅地建物取引業者でないEから宅地の売却についての依頼を受け、専属専任媒介契約を締結したときは、当該宅地について法で規定されている事項を、契約締結の日から休業日数を含め5日以内に指定流通機構へ登録する義務がある。

問7 □□□　この媒介契約が専属専任媒介契約である場合において、ＡＢ間の合意により、国土交通大臣が指定する流通機構にこの宅地を登録しなくてもよい旨の特約をしたときは、その特約は、無効となる。

問8 □□□　ＢがＡに支払う報酬については、売買契約が成立しないと確定しないから、媒介契約書には、報酬に関する事項を記載しなくてもよい。

問9　Aが、媒介契約書に記載した宅地を売買すべき価額について意見を述べる場合は、その根拠を書面により明らかにしなければならない。

問10　宅地建物取引業者Aは、Bが所有する甲住宅の売却に係る媒介の依頼を受け、Bと一般媒介契約を締結した。Aは、2週間以内に、指定流通機構に甲住宅の所在等を登録しなければならない。

問11　宅地建物取引業者A社は、Bとの間で専任媒介契約を締結し、所定の事項を指定流通機構に登録したときは、その登録を証する書面を遅滞なくBに引き渡すか、又は政令で定めるところにより、Bの承諾を得て、当該書面において証されるべき事項を電磁的方法であって国土交通省令で定めるものにより、Bに提供しなければならない。

問12　宅地建物取引業者A社は、Bとの間で専任媒介契約を締結した場合、当該宅地の売買契約が成立したとしても、その旨を指定流通機構に通知する必要はない。

解　答

問1　×　本問は、一般媒介契約の明示型のことであり、有効である。

問2　×　媒介契約書に記名押印するのは宅建業者である。また、宅建士に内容を説明させる必要はない。

問3　○　記述の通りである。

問4　○　記述の通りである。

問5　×　一般媒介契約の有効期間は、専任媒介契約・専属専任媒介契約とは異なり、自由である。したがって、6か月と約定した場合は、6か月である。

問6　×　休業日を除き5日以内である。休業日数を含め5日以内ではない。

問7　○　記述の通りである。

問8　×　報酬に関する事項は、記載しなければならない。

問9　×　書面でなくてもよい。

問10　×　一般媒介契約の場合、指定流通機構への登録義務はない。

問11　○　記述の通りである。

問12　×　宅建業者は、契約が成立した場合、遅滞なく、一定事項を指定流通機構に通知しなければならない。

7 重要事項の説明

重要度 ★★★

重要事項の説明とは

不動産取引において、買おうとしている人や借りようとしている人は、その物件についての詳しいことを知りません。そこで、宅建業者は、その物件に関する法律上の規制や取引内容等をお客さんに説明し、納得してもらった上で契約してもらうことにより、後からのトラブルを回避しようとするのが、重要事項の説明です。

1 重要事項の説明義務

1 誰に対していつ行うのか

重要事項の説明は、権利を取得しようとする人に対して契約が成立するまでに行います。したがって、売買であれば「買主になろうとしている人」、アパート等の貸借であれば「借りようとしている人」に対して行います。

2 説明の方法

宅建業者が、宅建士をつかって説明することとされています。このときの宅建士は、専任の宅建士だけではなく、一般の宅建士でもかまいません。また、重要事項の説明は、説明事項を記載した書面（重要事項説明書）を交付して行います。この重要事項説明書には、宅建士が記名します。

なお、有資格者であることを証明するため、重要事項の説明をするときは、宅建士証を説明の相手方に提示しなければなりません（請求されなくても提示する）。

MASTER　205

また、相手方の承諾を得れば、重要事項説明書を電磁的方法により提供し、スマホ、パソコン、テレビ会議システム等のITを利用した重要事項の説明が可能となっています（「IT重説」という）。この場合には、宅建士の記名に代わる一定の措置を講ずることになります。そして、IT重説であっても宅建士証の提示は必要なので、説明する宅建士が自分の宅建士証をカメラにかざして、相手方に画面上の宅建士証を確認してもらうことになります。

IT重説は、遠隔地にいる方であってもスマホ等を使って重要事項の説明が受けられるので、とても便利な制度です。

要点のまとめ

1．重要事項の説明は、権利を取得しようとする者に対して、契約が成立するまでの間に行う。
2．重要事項の説明は、宅建士（専任・一般を問わず）が重要事項説明書を交付して行う。
3．重要事項の説明をするときは、請求されなくても宅建士証を相手方に提示しなければならない。
4．重要事項説明書には、宅建士が記名する。
5．一定の要件を満たすことにより、IT重説も可能。

3 補足

① ひとつの取引に複数の宅建業者が関与している場合には、すべての宅建業者に説明義務が発生します。ただし、ひとつの宅建業者に代表させて、そこの宅建士による重要事項の説明をすることは、一定の要件を満たすことにより可能です。

② 権利を取得しようとする者が宅建業者の場合、重要事項説明書の交付（又は、電磁的方法による提供）は必要ですが、説明は不要です。

重要事項の説明は、宅建業法35条に規定されています。したがって、重要事項説明書のことを「35条書面」と表現することもあります。

2 重要事項説明書の記載事項

　売買・交換の場合と貸借の場合では、記載事項（説明内容）に少し違いがあります。また、区分所有建物（マンション）は、共用部分とか規約の話が出てきますので、戸建住宅等に比べて記載事項が増えます。そのあたりのところを認識した上で、次の記載事項を見ておきましょう。

要点のまとめ

（1）売買・交換の場合の記載事項

		記 載 事 項	宅地	建物
物件に関する事項	⑴	登記簿上の権利	○	○
	⑵	法令にもとづく制限	○	○
	⑶	私道に関する負担	○	○
	⑷	飲用水・電気・ガス等の供給施設、排水施設の整備状況	○	○
	⑸	〈未完成物件の場合〉完成時の形状・構造	○	○
	⑹	〈既存建物の場合〉 ア）建物状況調査の有無と実施している場合におけるその結果の概要 イ）建物の建築及び維持保全の状況に関する書類の保存の状況	×	○
取引条件等に関する事項	⑺	代金・交換差金以外に授受される金銭の額および金銭の授受の目的	○	○
	⑻	契約の解除に関する事項	○	○
	⑼	損害賠償額の予定または違約金に関する事項	○	○
	⑽	手付金等の保全措置の概要	○	○
	⑾	支払金、預り金を受領する場合の保全措置の内容	○	○
	⑿	ローンのあっせんの内容およびローン不成立の場合の措置	○	○
	⒀	担保責任の履行に関する保証保険契約の締結等について	○	○
	⒁	〈割賦販売契約の場合〉（a）現金販売価格（b）割賦販売価格（c）頭金・賦払金の額、支払時期・方法	○	○
その他の事項	⒂	造成宅地防災区域内にあるときは、その旨	○	○
	⒃	土砂災害警戒区域内にあるときは、その旨	○	○
	⒄	津波災害警戒区域内にあるときは、その旨	○	○
	⒅	水害ハザードマップにおける宅地建物の所在地	○	○
	⒆	石綿使用の有無の調査結果が記録されているときは、その内容	×	○
	⒇	耐震診断を受けているときは、その内容（昭和56年6月1日以降に新築工事に着手したものを除く）	×	○
	㉑	住宅性能評価を受けた新築住宅であるときは、その旨	×	○

※⑵について

都市計画法、建築基準法はもとより、以下（抜粋）から該当する法律の制限について記入する。
・国土利用計画法　・農地法　・宅地造成等規制法　・土地区画整理法
・都市の低炭素化の促進に関する法律　・津波防災地域づくりに関する法律　他

区分所有建物の場合には、下記が追加される。

(1)	敷地に関する権利の種類および内容
(2)	共用部分に関する規約の定めがあれば、その内容
(3)	専有部分の用途その他の利用の制限に関する規約の定めがあれば、その内容
(4)	専用使用権の規約の定めがあれば、その内容
(5)	建物の計画的な維持修繕費用・通常の管理費用・その他所有者の負担費用を特定の者にのみ減免する旨の規約の定めがあれば、その内容
(6)	計画的な維持修繕費用の積立てを行う旨の規約の定めがあれば、その内容およびすでに積み立てられている額
(7)	区分所有者が負担する通常の管理費用の額
(8)	建物および敷地の管理が委託されているときは、その委託先
(9)	建物の維持修繕の実施状況が記録されているときは、その内容

（2）貸借の場合の記載事項

	記 載 事 項	宅 地	建 物
(1)	登記簿上の権利	○	○
(2)	法令にもとづく制限	○※1	○※2
(3)	私道に関する負担	○	×
(4)	飲用水・電気・ガスの整備状況	○	○
(5)	未完成物件の完了時の形状・構造	○	○
(6)	既存建物の場合、建物状況調査の実施の有無と実施している場合におけるその結果の概要	×	○
(7)	借賃以外に授受される金銭の額・目的	○	○
(8)	契約の解除に関する事項	○	○
(9)	損害賠償の予定・違約金に関する事項	○	○
(10)	支払金・預り金の保全措置の内容	○	○
(11)	造成宅地防災区域内にあるときは、その旨	○	○
(12)	土砂災害警戒区域内にあるときは、その旨	○	○
(13)	津波災害警戒区域内にあるときは、その旨	○	○
(14)	水害ハザードマップにおける宅地建物の所在地	○	○

	記 載 事 項	宅 地	建 物
⒂	石綿使用の有無の調査結果が記録されているときは、その内容	×	○
⒃	耐震診断を受けているときは、その内容	×	○
⒄	台所・浴室・便所等の整備状況	×	○
⒅	契約期間および契約更新に関する事項	○	○
⒆	定期借地権に関する事項	○	×
⒇	定期借家権・高齢者の居住の安定確保に関する法律による特例借家権に関する事項	×	○
㉑	宅地・建物の用途や利用の制限	○	○
㉒	敷金等契約終了時における金銭の精算に関する事項	○	○
㉓	管理の委託を受けた者の氏名・住所	○	○
㉔	契約終了時における宅地上の建物の取り壊しに関する事項の内容	○	×
㉕	区分所有建物の場合 ・専有部分の用途や利用の制限に関する規約の定め ・管理の委託先	——	○※3

※1・2　貸借という性質上、売買よりも少なくなる。
※3　　区分所有建物の貸借の場合、㉑と㉓は除く。その代わり、用途等については㉕で「規約」に絡む内容として、記載し、説明する。

〔補足〕

「売買・交換の場合の記載事項（6）ア」と「貸借の場合の記載事項の（6）」にある建物状況調査の結果の概要について

建物状況調査とは、建物の基礎、外壁、屋根等の構造耐力上主要な部分及び雨水の侵入を防止する部分について、ひび割れ等の劣化や不具合の状況を把握するための調査です。

この調査がなされている場合、宅建業者は、重要事項として調査結果の概要を説明することになりますが、この建物状況調査を実施してからかなりの年月が経っていると、建物の現況と調査結果にズレが生じることがあるので、重要事項の説明の対象となる建物状況調査は、調査を実施してから1年（鉄筋コンクリート造又は鉄骨鉄筋コンクリート造の共同住宅等にあっては2年）以内のものとされています。

頻出！ 一問一答

以下の問題文を読んで〇か×かを判定しなさい。

問1
□□□ 　売買における重要事項の説明は、契約を締結しようとしている両当事者に対して行わなければならない。

問2
□□□ 宅地建物取引士は、テレビ会議等のITを活用して重要事項の説明を行うときは、相手方の承諾があれば宅地建物取引士証の提示を省略することができる。

問3
□□□ 　取引物件が工事完了前の土地付建物であったので、完了時の形状・構造については説明したが、当該物件に接する道路の幅員については説明しなかった場合、宅地建物取引業法の規定に違反する。

問4
□□□ 　水道、電気及び都市ガスは完備、下水道は未整備と説明したが、その整備の見通しまでは説明しなかった場合、宅地建物取引業法の規定に違反する。

問5
□□□ 　取引物件の登記簿の表題部に記載されている所有者の氏名については説明したが、移転登記の申請の時期については説明をしなかった場合、宅地建物取引業法の規定に違反する。

問6
□□□ 　宅地建物取引業者は、自ら売主として分譲マンションの売買を行う場合、管理組合の総会の議決権に関する事項について、管理規約を添付して説明しなければならない。

問7
□□□ 　宅地の貸借の媒介を行う場合、当該宅地について借地借家法第22条に規定する定期借地権を設定しようとするときは、その旨を説明しなければならない。

問8
□□□ 　宅建業者は、宅地又は建物の売買について売主となる場合、買主が宅建業者であっても、重要事項の説明は行わなければならないが、重要事項説明書の交付は省略してよい。

第2章 宅建業法

7 重要事項の説明

解　答

問1　✕　買主になろうとする者にだけ行えばよい。

問2　✕　省略することはできない。

問3　○　完了時の道路の幅員等も説明しなければならない。

問4　○　整備の見通し等も説明しなければならない。

問5　✕　違反しない。37条書面と混同しないように。

問6　✕　本問の議決権に関する事項は、説明するべき内容とはされていない。

問7　○　記述の通りである。

問8　✕　買主が宅建業者である場合、重要事項の説明は不要であるが、重要事項説明書の交付（電磁的方法による提供）は必要となる。

8 37条書面

重要度 ★★★

37条書面とは

契約の成立後に作成する書面です。契約内容を書面化することにより、後からのトラブルを防止しようとしています。

1 37条書面の交付義務

1 交付の時期等

宅建業者は、契約が成立したときは遅滞なく、その契約の各当事者に一定の事項を記載した書面（37条書面）を交付しなければなりません。そして、37条書面には宅建士が記名します。この記名は、専任の宅建士だけではなく、一般の宅建士でもかまいません。

> なお、37条書面は、相手方等の承諾を得ることにより電磁的方法による提供が認められます。この場合には、宅建士の記名に代わる一定の措置を講ずることになります。例えば、北海道に住んでいる学生さんが、4月から東京の大学に通うので都内の賃貸住宅を探すという場合、仲介業者が部屋の内部を撮影した動画等を用意してくれれば、「物件を確認（内見）」→「重要事項の説明」→「契約・37条書面（契約書）の交付」のすべてが、北海道に居ながらにしてできることになります。

重要事項の説明と異なり、37条書面の"説明"は、宅建士の法定業務とはされていません。また、宅建業者間の取引であっても同書面の交付は省略できません。

2 書面の記載事項

37条書面には、必ず記載しなければならない事項（絶対的記載事項）と、定めをしたのであれば記載する事項（任意的記載事項）の2種類があります。

また、貸借のときの37条書面は、売買・交換のときと比べて記載事項が5項目少なくなります。

要点のまとめ

		記 載 事 項	売買・交換	貸借
絶対的記載事項	①	当事者の氏名・住所	○	○
	②	宅地、建物を特定するため必要な表示	○	○
	③	既存の建物であるときは、建物の構造耐力上主要な部分等の状況について双方が確認した事項	○	×
	④	代金・交換差金・借賃の額、支払時期、支払方法	○	○
	⑤	宅地、建物の引渡しの時期	○	○
	⑥	移転登記申請の時期	○	×
任意的記載事項	⑦	代金・交換差金・借賃以外の金銭の授受に関する定めがあるときは、その額、授受の時期、目的	○	○
	⑧	契約の解除に関する定めがあれば、その内容	○	○
	⑨	損害賠償額の予定又は違約金に関する定めがあれば、その内容	○	○
	⑩	代金又は交換差金についてのローンのあっせんの定めがあるときは、ローンが成立しないときの措置	○	×
	⑪	天災その他不可抗力による損害の負担（危険負担）に関する定めがあるときは、その内容	○	○
	⑫	宅地建物の種類・品質に関する契約不適合を担保すべき責任又は当該責任の履行に関して講ずべき保証保険契約の締結等について定めがあるときは、その内容	○	×
	⑬	宅地又は建物に係る租税その他の公課の負担に関する定めがあるときは、その内容	○	×

講義のまとめ

重要事項の説明と37条書面の比較

1. いつ誰に対して行うのか

重要事項の説明…契約が成立するまでの間に権利を取得しようとする
者に。

37条書面の交付…契約成立後、遅滞なく、契約の両当事者に。

2. 説明義務

重要事項の説明…宅建士が説明しなければならない。

37条書面の交付…宅建士による説明義務はなし。

3. 記名

重要事項の説明…宅建士が記名する。

37条書面の交付…宅建士が記名する。

※　ちなみに、媒介契約書の記名押印は宅建業者である。

（媒介契約書の方は「記名押印」となっている）

頻出! 一問一答

以下の問題文を読んで○か×かを判定しなさい。

（宅地建物取引業者Aが宅地の売買を媒介し、契約が成立したものとする）

問1 □□□　Aは、遅滞なく、買主にのみ37条書面を交付しなければならない。

問2 □□□　代金以外の金銭の授受に関する定めがあるときは、その額並びに当該金銭の授受の時期及び目的を、Aは37条書面に記載しなければならない。

問3 □□□　当該宅地上に存する登記された権利の種類及び内容並びに登記名義人又は登記簿の表題部に記載された所有者の氏名（法人にあっては、その名称）を、Aは37条書面に記載しなければならない。

問4 □□□　損害賠償額の予定又は違約金に関する定めがあるときは、その内容を、Aは37条書面に記載しなければならない。

問5 □□□　当該宅地に係る租税その他の公課の負担に関する定めがあるときは、その内容を、Aは37条書面に記載しなければならない。

問6 □□□　37条書面の説明は、専任の宅建士が行わなければならない。

問7 □□□　37条書面への記名は、専任でない宅建士が行ってもよい。

問8 □□□　宅地建物取引業者は、37条書面を交付する際に、相手方の承諾がない場合においても、書面に代えて、電磁的方法で提供することができる。

216 **MASTER**

解 答

問1 × 37条書面は、契約の両当事者に交付する。

問2 ○ 記述の通りである。

問3 × 記載の必要はない。重要事項の説明内容と混同しないように。

問4 ○ 記述の通りである。

問5 ○ 記述の通りである。

問6 × このような規定はない。

問7 ○ 記述の通りである。

問8 × 承諾がなければ、電磁的方法による提供はできない。

9　8種規制

重要度 ★★★

8種規制とは

　契約の内容をどのように定めるかは当事者の自由です。しかし、売主が宅建業者で買主が宅建業者以外の者であるときには、経験や法知識の差により、買主に不利な特約がなされることが考えられます。
　そこで、消費者を保護するため、8つの項目について宅建業者に特約等の制限を加えたのです。

1 8種規制の適用される取引

　8種規制が適用されるのは、**売主が宅建業者**で**買主が宅建業者以外**の場合です。したがって、業者間取引や一般人同士の取引に宅建業者が代理や媒介で関与しても、この8種規制は適用されません。なお、8種規制以外の規定は、業者間取引であっても適用されるので注意しましょう。

2 損害賠償額の予定等の制限

1 損害賠償額の予定とは

　では、さっそく8種規制の内容をひとつずつ見ていきましょう。
　第1章の民法「3　債務不履行等」の契約の解除で「損害賠償額の予定」についてふれました。これは、あらかじめ、債務不履行などにより損害賠償請求権が発生した場合に備えて、賠償額を定めておくことができるというものでした。民法では、この損害賠償額の予定を定める場合、契約金額の○％までという規定はありません。したがって、当事者で話がまとまれば、いくらに約定してもよいのです（原則）。
　しかし、宅建業法で、売主が宅建業者で買主が宅建業者以外の者のときには、この額が高額にならないように規制を加えています。

2 額の制限（規制内容）

　損害賠償額の予定等を定める場合には、**損害賠償額の予定**と**違約金**を

合わせて代金の額の10分の2までとされています。なお、物件価格に消費税が含まれる場合には、含んだ額の10分の2までです。

では、10分の2を超えて約定した場合にはどうなるのでしょうか？

この場合には、超えた分が無効となります。したがって、10分の3と約定した場合、10分の2として扱われるのです。

なお、損害賠償額の予定は、そもそも定めなくてもかまいません（義務ではない）。したがって、損害賠償額の予定をしなかった場合には額の制限の適用はありませんので、その場合には実損額での処理となります。

要点のまとめ

1．損害賠償額の予定等を約定する場合、損害賠償額の予定と違約金を合わせて代金の額の10分の2まで。
2．10分の2を超えて約定した場合には、超えた分が無効となる。
3．損害賠償額の予定等を約定しなかった場合には、実損額で処理する。

3 手付金の性質と額の制限

1 手付金について

手付も第1章の民法で勉強しましたが、解約手付の他に証約手付や違約手付といったものがあります。証約手付は、契約を締結したという証拠としてのものであり、解約手付のように、契約を解除できる性質はありません。

2 宅建業法における規制

売主が宅建業者で買主が宅建業者以外の者のときに支払われる手付金は、解約手付の性質を有するものとされます。したがって、他の（性質をもつ）手付と約定しても、手付損倍返しが使えるのです。

また、手付金の額が高額であると、現実問題として、買主は「手付損」による解除ができなくなります。そこで、宅建業法では手付金の額を代金の額の10分の2までと制限しています。

要点のまとめ

1. 手付金は、必ず解約手付の性質が与えられるので、手付損倍返しによる契約の解除が可能。
2. 手付金の額は、代金の額の10分の2までとなる。

4 手付金等の保全措置

1 保全措置とは

　売主である宅建業者に、買主である一般消費者が手付金等を支払った後、引渡し等がなされる前にその宅建業者が倒産してしまったらどうなるでしょう。

　お客さんは、物件を手に入れることができないばかりか、支払ったお金すら戻ってこないという事態に直面することになります。それでは消費者保護になりません。そこで、宅建業者は、もしも、手付金等の返還義務が発生したにもかかわらず、それができなくなったときには、代わりに返還してもらえるよう銀行等に頼んでからでなければ、お客さんから手付金等を受領してはならないことになっているのです。

2 保全措置が必要な手付金等とは

　宅建業者は、原則として、保全措置を講じてからでなければ、買主である宅建業者以外の者から手付金等を受け取ることができません。

　この保全措置が必要な手付金等とは、名称に関係なく、契約締結から引渡しまでの間に授受される金銭であり、代金に充当されるものをいいます。したがって、手付金、内金、前金、中間金等、名称は何でもかまわないのです。

3 保全措置の種類

　未完成物件の場合には2種類、完成物件の場合には3種類あります。
　未完成物件
　・保証委託契約（銀行等が宅建業者の連帯保証をする）
　・保証保険契約（もしものときは、保険会社が買主に手付金等の額の

保険金を支払う）

完成物件

・保証委託契約（同上）

・保証保険契約（同上）

・手付金等寄託契約（手付金等を「指定保管機関」というところが預かり、もしものときには、買主にそこが返還する）

4 保全措置が不要となる場合

買主が所有権の登記をしたときには、保全措置は不要となります。また、登記をしていなくても、宅建業者の受領する金額が一定額以下であるなら、やはり保全措置は不要となります。

・未完成物件の場合には、代金の額の **5％以下**、かつ**1,000万円以下**。

・完成物件の場合には、代金の額の**10％以下**、かつ**1,000万円以下**。

具体例）

┬ 5,000万円の物件の売買契約を締結（手付金300万円）

├ 中間金400万円

└ 引渡し・登記

① この物件が未完成物件の場合には、手付金を受領する前に保全措置が必要です。

→手付金が5％を超えているため。

② この物件が完成物件の場合には、中間金を受領する前に保全措置が必要です。

→手付金と中間金の合計が10％を超えるため。なお、この場合は、超えた分だけでなく、**すでに受領した額を合わせた全額**（今回のケースだと700万円）について保全措置が必要。

> ### ✋ 要点のまとめ
>
> 1. **手付金等**とは、名称に関係なく、**契約締結から引渡しまでの間に授受される金銭**であり、**代金に充当されるもの**をいう。
> 2. 保全措置の種類
>   - **未完成物件**…保証委託契約、保証保険契約
>   - **完成物件**……保証委託契約、保証保険契約、**手付金等寄託契約**
> 3. **買主が所有権の登記をしたとき**には、保全措置は不要。
> 4. 宅建業者の受領する金額が一定額以下のときにも保全措置不要。
>   - **未完成物件**…代金の額の**5％以下**、かつ**1,000万円以下**。
>   - **完成物件**……代金の額の**10％以下**、かつ**1,000万円以下**。

5 自己の所有に属しない宅地建物の売買契約締結の制限

1 他人物売買について

　第1章の民法の「4　契約不適合（担保責任）」で学習しましたが、民法では、他人物売買は認められていました。ただし、売主が目的物を買主に引き渡すことができなければ、買主は責任追及をすることができるというものでした。

　しかし、消費者保護の観点から、宅建業者が売主で宅建業者以外の者が買主のときには、原則として、そういった行為を禁止にしたのです。

2 自己の所有に属しない宅地建物とは

　宅建業法では、「**自己の所有に属しない宅地建物**」について、宅建業者は**原則として売買契約を締結してはいけない**としていますが、では、「自己の所有に属しない宅地建物」とは、どのようなものをいうのでしょうか？

　具体的には2種類あります。

　1つ目は、**他人が所有している**物件です。次の図で説明しますと、他人（C）が所有している物件について、宅建業者Aは、自らが売主となる売買契約（予約も含む）をBと締結してはなりません。ただし、AがCとの間で**その物件を取得する契約を締結済み**である場合には、**例外と**

222 **MASTER**

して、**契約可能**（ＡＢ間）となります。なお、ＡＣ間の契約が**停止条件付**（たとえばＣの転勤が決まったら売る等）のときには、原則通り、ＡＢ間の**契約は不可**です。

また、宅建業者が、土地区画整理事業の施行者が取得する保留地予定地である宅地をその施行者から取得する契約を締結しているとき等、**その物件を取得できることが明らかな場合で、国土交通省令・内閣府令で定めるとき**という例外（契約可）があります。

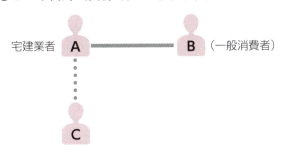

２つ目は、**未完成物件**です。宅建業者は、自ら売主として未完成物件を売る契約をしてはなりません。しかし、現実には建築中のマンションの販売は当然のように行われています。これは、どういうことなのかというと、**手付金等の保全措置が講じられていればよい**という規定があるのです。

要点のまとめ

1. ① 他人が所有している物件
   ② 未完成物件
   業者が自ら売主となる売買契約の締結をしてはいけない。

2. 例外
   ① 他人が所有している物件について
   その物件を業者が取得する契約を締結していれば契約可。ただし、停止条件付契約のときは、原則通り不可。
   また、業者がその物件を取得できることが明らかな場合で、国土交通省令・内閣府令で定めるときも契約可。
   ② 未完成物件について
   保全措置が講じられているときには、契約可。

6 クーリング・オフ制度

1 クーリング・オフ制度とは

　クーリング・オフとは、「頭を冷やして、なかったことにする」ということです。つまり、一度契約をすると、自分の都合で勝手にその契約を解除することはできません。しかし、宅建業法において、宅建業者が売主で、宅建業者以外の者が買主のときには、「喫茶店やホテルのロビー等の**事務所等以外の場所でした買受けの申込みや売買契約**は、原則として、**撤回や解除ができる**」としたのです。

2 クーリング・オフを使えない場所

　以下の場所で、買受けの申込みや売買契約を締結したときには、クーリング・オフ制度を使うことができません。

224 MASTER

		① 自ら売主となる宅建業者の**事務所**
		② 宅建業者が他の宅建業者に対し、宅地建物の売却について代理又は媒介の依頼をした場合にあっては、**代理又は媒介の依頼を受けた他の宅建業者の事務所**

事 務 所 等

右に挙げる場所のうち成年の専任の宅建士を置くべきもの

③ 宅建業者の事務所以外の場所で継続的に業務を行うことができる施設を有するもの

④ 宅建業者が一団の宅地建物の分譲を案内所を設置して行う場合はその**案内所（土地に定着する施設に限る）**

⑤ 宅建業者が他の宅建業者に対し、宅地建物の売却について代理又は媒介の依頼をした場合にあっては、代理又は媒介の依頼を受けた他の宅建業者の事務所以外の場所で継続的に業務を行うことができる施設を有するもの

⑥ 宅建業者が一団の宅地建物の分譲の代理又は媒介の依頼をし、かつ、依頼を受けた宅建業者がその代理又は媒介を案内所を設置して行う場合にあっては、その案内所（土地に定着する施設に限る）

⑦ 宅建業者（代理・媒介をする他の宅建業者を含む）が成年者である専任の宅建士を置くべき場所（土地に定着する施設に限る）で宅地建物の売買契約に関する説明をした後、展示会等の催しを土地に定着する建物内で実施する場合の催しを実施する場所

⑧ 宅建業者の**相手方**がその自宅又は勤務する場所において宅地・建物の売買契約に関する説明を受ける旨を**申し出た場合のその相手方の自宅又は勤務する場所**

※ ④と⑥の案内所は、**土地に定着する施設に限る**ので、土地に定着しない案内所（例：テント張りの案内所）は、クーリング・オフのできる場所となる。

※ **申込みと契約をした場所が異なる**ときは、申込みをした場所でクーリング・オフができるかどうかを判断する。例えば、申込みの場所が喫茶店で、契約を事務所で締結した場合はクーリング・オフが可能である。

3 クーリング・オフができなくなる場合

喫茶店で申込み・契約をした場合であっても、下記の①又は②に該当

するとクーリング・オフができなくなります。

① 買主が物件の引渡しを受け、代金の全額を支払ったとき。

② ①を満たしていなくても、宅建業者から書面によってクーリング・オフができる旨とその方法を告げられた日から8日を経過したとき。

※ この8日は、「契約日から」ではないので注意すること。

※ この告知は、宅建業者の義務とはなっていない。したがって、告知をしなくても違法ではないが、この告知をしないと②を満たすことはないので、①を満たすまでお客さんは、ずーっとクーリング・オフのできる状態が続くことになる。

4 クーリング・オフの方法

クーリング・オフをする旨の意思表示は、書面でしなければなりません。なお、これは発信主義がとられていますので、郵便局でその旨の郵便を出したときにクーリング・オフがされたことになります。

そして、クーリング・オフが行われた場合、宅建業者は、速やかに、買受けの申込み又は売買契約の締結に際して受領した手付金等の金銭を返還しなければならず、損害賠償の請求や違約金の請求等はできません。

これらの規定に反する特約で、申込者等に不利なものは、無効とされます。たとえば、「クーリング・オフができる期間を（8日ではなく）5日にする」とか、「クーリング・オフはできない」とする特約等です。

要点のまとめ

1. 事務所等以外の場所でした買受けの申込みや売買契約は、原則として、撤回や解除ができる。

2. 申込みと契約をした場所が異なるときは、申込みをした場所でクーリング・オフの可否を判断する。

3. 本来ならクーリング・オフできる場所での契約等であっても、次の場合にはクーリング・オフできなくなる。

① 買主が物件の引渡しを受け、代金の全額を支払ったとき。

② ①を満たしていなくても、宅建業者から書面によってクーリング・オフができる旨とその方法を告げられた日から8日を経過した

226 MASTER

とき。

　※　宅建業者には、告知の義務はない。

4．クーリング・オフは、書面で行う。また、発信主義がとられている。

5．クーリング・オフがなされた場合、宅建業者は、速やかに、手付金等の金銭を返還しなければならず、損害賠償請求等はできない。

7 契約不適合責任の特約の制限

1 契約不適合責任（担保責任）

　契約不適合責任は、第1章民法の「4　契約不適合（担保責任）」のところで勉強しました。念のために確認しておきましょう。売主が、種類、品質に関して契約に適合しないものを引き渡したとき、買主は、追完請求、代金減額請求、損害賠償請求及び契約解除という権利をもつことになりました。しかし、買主がその不適合を知った時から1年以内にその旨を売主に通知しないと、追完請求等の権利を行使することができなくなります。また、担保責任を負わない旨の特約をすることもできました。

2 担保責任を負わない旨の特約

　今、確認したように、民法上は、担保責任を負わないとする特約は有効です。そうすると、後から契約不適合が見つかっても責任を負う必要がなくなることから、売主である宅建業者はこの特約を入れたくなります。そこで、消費者保護の観点から、宅建業法において、売主が宅建業者で、買主が宅建業者以外の者の場合には、担保責任を負わないとする特約は認めないことにしました。しかし、いつまでも責任を負わせるのも宅建業者に酷なので、担保責任を負う期間（買主が通知する期間）を「引渡しから2年以上」で決める場合には、認めることにしました。したがって、「引渡しから3年までの通知は担保責任を負いますが、それ以降については負いません」という特約は可能になります。

　では、「引渡しから1年までの通知は担保責任を負いますが、それ以降については負いません」と特約した場合にはどうなるのでしょうか。

MASTER　227

この場合は、「引渡しから2年」となるのではなく、民法の原則に戻って「不適合を知った時から1年以内に通知」となります。

要点のまとめ

1. 担保責任を負わないとする特約は無効。
2. 買主が通知する期間を引渡しから2年以上で定める特約は有効。
3. 買主が通知する期間を引渡しから2年未満で定めた場合には、その特約は認められず、民法の原則に戻って知った時から1年以内に通知となる。

---

8 割賦販売契約の解除等の制限

1 債務不履行について

　第1章の民法で債務不履行（契約の解除）を勉強しました。たとえば履行遅滞であれば、買主が売買代金を期日までに支払わない場合、売主は「相当の期間」を定めて催告し、それからでなければ契約の解除ができないというものでした。

　なお、この規定は原則であり、当事者が納得しているのであれば、割賦販売の際に「割賦金（1回ごとに支払うお金）の支払いが1日でも遅れた場合には契約を解除する」とか「割賦金の支払いが1日でも遅れた場合には残代金を一括請求する」という特約は可能となっています。

2 特約の制限

　民法上は可能な「割賦金の支払いが1日でも遅れた場合には契約を解除する」等の特約は、宅建業法において、売主が宅建業者で、買主が宅建業者以外の者のときにはできないことになっています。では、買主から割賦金の支払いがない場合、宅建業者はどのような対処ならできるのでしょうか。

　宅建業法では、次のように規定されています。「買主から割賦金の支払いがない場合、30日以上の期間を定めて書面で催告し、その間に履行がされないときでなければ契約の解除や残代金の一括請求ができない」。

要点のまとめ

1．割賦販売において、買主から割賦金の支払いが無い場合、30日以上の期間を定めて書面で催告し、その間に履行がされないときでなければ契約の解除や残代金の一括請求ができない。
2．上記1に反する特約は無効である。

⑨ 割賦販売における所有権留保等の禁止

1 所有権留保とは

　所有権留保を簡単に説明すると、「売買契約は締結したけれども買主から代金の全額が支払われるまでは、その物件の所有者は売主のままとし、ついては所有権移転登記等も行わない」ということです。

　一般人同士等の契約なら、特に問題もなくこういった特約をすることは可能ですが、売主が宅建業者であり、買主が宅建業者以外の者のときには、そういうわけにはいきません。

2 宅建業法における制限

　宅建業法では、「宅建業者は、割賦販売を行った場合、その物件を買主に引き渡すまでに、登記その他引渡し以外の売主の義務を履行しなければならない」と規定しています。つまり、所有権留保をしてはいけないのです。

　ただし、宅建業者の受領した額が、代金の額の10分の3以下である場合と、10分の3を超えていても残代金について抵当権の設定登記に応じない等担保措置を講じる見込みがないときには、例外的に所有権留保ができます。

MASTER 229

要点のまとめ

1．宅建業者は、割賦販売を行った場合、その物件を買主に引き渡すまでに、登記その他引渡し以外の売主の義務を履行しなければならない。

2．以下の場合には所有権留保ができる。
①宅建業者の受領した額が、代金の額の10分の3以下である場合。
② 10分の3を超えていても残代金について担保措置を講じる見込みがないとき。

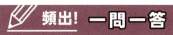

頻出！一問一答

以下の問題文を読んで○か×かを判定しなさい。

（問1以外は、売主が宅地建物取引業者であり、買主が宅地建物取引業者以外の者であるとする）

問1 8種規制は、宅地建物取引業者が自ら売主となる場合に適用される規定であり、それは買主が宅地建物取引業者であるか否かは問わない。

問2 特約で、損害賠償額の予定を代金の額の10分の2、さらに違約金を代金の額の10分の2とする特約は有効である。

問3 手付金は、当事者でどのように定めたとしても、解約手付の性質をもつ。

問4 建物の売買契約を締結する場合において、売主である宅地建物取引業者は、あらかじめ買主の承諾を書面で得た場合に限り、売買代金の額の10分の2を超える額の手付を受領することができる。

問5 戸建住宅の売買契約（所有権の登記は当該住宅の引渡し時に行うものとする。）を締結したが、当該住宅が建築工事の完了前で、売主が買主から保全措置が必要となる額の手付金等を受領する場合、売主は、事前に、国土交通大臣が指定する指定保管機関と手付金等寄託契約を締結し、かつ、当該契約を証する書面を買主に交付した後でなければ、買主からその手付金を受領することができない。

問6 手付金等の保全措置は、未完成物件の場合、代金の額の10％以下であり、かつ1,000万円以下のときには不要である。

問7 建築工事完了前の建物を5,000万円で売買する契約をした場合において、売主が買主から手付金100万円と中間金500万円を受領したが、既に当該建物について買主への所有権移転の登記を完了していたため、手付金等の保全措置を講じなかったとき、宅地建物取引業法違反とはならない。

問8 売買契約が買主の申し出により、現地近くの喫茶店で行われた場合、クーリング・オフはできない。

問9	売主Aは、喫茶店で買主Bから買受けの申込みを受け、その際にクーリング・オフについて書面で告げた上で契約を締結した。その7日後にBから契約の解除の書面を受けた場合、Aは、代金全部の支払を受け、当該宅地をBに引き渡していても契約の解除を拒むことができない。
問10	買主は、売主の仮設テント張りの案内所で買受けの申込みをし、その3日後にAの事務所でクーリング・オフについて書面で告げられた上で契約を締結した。この場合、Aの事務所で契約を締結しているので、Bは、クーリング・オフ（契約の解除）をすることができない。
問11	買主がクーリング・オフによる契約の解除をするときは、その旨を記載した書面が売主である宅地建物取引業者に到達した時点で、解除の効力が発生する。
問12	クーリング・オフによる売買契約の解除がなされた場合において、宅地建物取引業者は、買受けの申込みをした者に対し、速やかに、当該売買契約の締結に際し受領した手付金その他の金銭を返還しなければならない。
問13	担保責任を負う期間（買主が通知する期間）を引渡しの日から2年間とする特約は有効である。
問14	割賦販売契約において、「買主が割賦金の支払を40日以上遅延した場合は、催告なしに契約の解除又は支払時期の到来していない割賦金の支払を請求することができる」と定めた契約書の条項は有効である。

解 答

問1 × 8種規制は、売主が宅地建物取引業者であり、買主が宅地建物取引業者以外の者の場合に適用される。

問2 × 損害賠償額の予定と違約金を合わせて、代金の額の10分の2までである。

問3 ○ 記述の通りである。

232 **MASTER**

問4 ✕ 手付金は、売買代金の額の10分の2までである。これは、宅建業者があらかじめ買主の承諾を書面で得たとしても変わらない。

問5 ✕ 未完成物件の場合、指定保管機関と手付金等寄託契約を締結する方法による保全措置は、認められない。

問6 ✕ 未完成物件で保全措置が不要なのは、代金の額の5％以下であり、かつ1,000万円以下の場合である。

問7 ◯ 買主への所有権移転の登記がなされたとき、手付金等の保全措置は不要となる。

問8 ✕ クーリング・オフは可能である。買主が申し出た場合でも、喫茶店はクーリング・オフできる場所に該当する。

問9 ✕ 買主は、物件の「引渡しを受け、かつ、代金の全額を支払った」ときは、クーリング・オフについて書面で告げられてから8日間を経過していなくても、クーリング・オフできなくなる。

問10 ✕ 解除できる。「買受けの申込みをした場所」と「契約を締結した場所」が異なる場合は、「買受けの申込みをした場所」を基準にクーリング・オフの可否を判断する。本問の買受けの申込みは「仮設テント張りの案内所」であるから、クーリング・オフ（契約の解除）は可能である。

問11 ✕ クーリング・オフによる契約の解除は、書面で行わなければならず、その旨を記載した書面を発した時に、解除の効力が生ずる。到達した時点ではない。

問12 ◯ 記述の通りである。

問13 ◯ 記述の通りである。

問14 ✕ 賦払金の支払い義務が履行されない場合、売主業者は「30日以上の相当期間を定めてその支払いを書面で催告」し、その期間内にその義務が履行されないときでなければ、契約の解除、又は支払い時期の到来していない賦払金の支払いを請求することができず、これに反する特約は無効である。

10 報　酬

重要度 ★★★

報酬の制限

　消費者保護のため、宅建業者の受領できる報酬額については、国土交通大臣が算出方法を定めています。

1 報酬について

1 成功報酬主義

　宅建業者の受領できる報酬（仲介手数料）は、あくまでも**成功報酬**です。したがって、媒介契約を締結していても、他の宅建業者によって契約の締結がなされてしまった場合には、タダ働きとなります。

　ただし、依頼者から「早期に売却したいので広告を出してくれ」と**依頼されて出した広告費用**や、依頼者の**特別の依頼**により行う**遠隔地における現地調査、空家の特別な調査等**に要する実費の費用は**別途受領**することができます（これは、報酬とは別に受領できる）。

2 受領額の制限等

　宅建業者は、**国土交通大臣の定める額を超えて報酬を受領してはならず**、また、**不当に高額の報酬を要求する行為**もしてはなりません。

　なお、宅建業者は、その**事務所ごと**に、公衆の見やすい場所に、国土交通大臣が定めた**報酬の額を掲示**しなければなりません。

2 報酬と消費税

　消費税は、その事業者の売上高により、課税事業者と免税事業者に分けることができます。当然、売主が課税事業者の場合には、物件価格に消費税を含める（乗せる）ことになりますが、すべての場合ではありません。売主が課税事業者であっても、物件価格に消費税を含めない（乗せない）場合があります。

要点のまとめ

売主（貸主）等が課税事業者であった場合の消費税

課税対象となる	課税対象とならない
建物の売買代金	土地の売買代金
非居住用建物の賃料（家賃）	土地（借地権）や居住用建物の賃料（家賃）
宅建業者の報酬	

※ つまり、売主が課税事業者であっても、土地の売買なら代金に消費税を含めない（乗せない）のである。

3 報酬額の計算（売買・交換）

1 売買・交換の媒介

売買・交換の媒介における報酬は、取引価格をもとに計算します。なお、売主が課税事業者であり消費税が含まれている場合には、消費税を抜いた価格をもとにします。消費税の抜き方は、「取引価格÷1.1」です。

要点のまとめ

報酬計算の速算法

1. 取引価格が400万円を超える場合
   取引価格×3％＋6万円
2. 取引価格が200万円を超え、400万円以下の場合
   取引価格×4％＋2万円
3. 取引価格が200万円以下の場合
   取引価格×5％

例題）売買契約の媒介・その1

宅建業者甲は、A及びBから媒介の依頼を受けて、AB間に、Aの所有する建物（価格1,100万円）の売買契約を成立させた。この場合、甲は報酬として誰からいくらを上限として受領できるでしょうか。なお、甲及びAは消費税の課税事業者です。

　Aが課税事業者で建物の売買であるから、1,100万円に消費税が含まれています。甲の報酬は税抜き価格をもとにするので、1,100万円から消費税分を抜くと本体価格は1,000万円です。この1,000万円を速算法に当てはめると「1,000万円×3％＋6万円」で36万円。甲は課税事業者なので、これに消費税が乗ります。消費税分を乗せるには「×1.1」をすれば計算できます。したがって、36万円×1.1＝39万6,000円。

　甲は、Aから39万6,000円、Bからも39万6,000円を受領することができます。つまり、合計で79万2,000円です。念のために付け加えますが、この79万2,000円は、あくまでも合計した結果であり、この79万2,000円の中でAとBで好きなように割り振れるわけではありませんので勘違いしないように（たとえば、Aが50万円でBが29万2,000円はダメ。なぜなら、Aの上限額である39万6,000円を超えている）してください。

　なお、今回は甲が課税事業者でしたが、もしも**免税事業者だったらどうなるでしょうか**。この場合、「みなし仕入れ率」というのですが、消費税（10％）の40％を乗せることができます（つまり、4％）。計算する場合には、「×1.04」です。したがって、この例題の場合だと、36万円×1.04＝37万4,400円で、甲は、Aから37万4,400円、Bからも37万4,400円を受領できることになります。

※　宅建士試験は電卓を使用できないので、筆算で計算することになる。慣れてしまえばすぐに答えは出るので、必ず過去問題集等で数をこなしておくこと。

※　交換の場合の考え方
　　計算そのものは売買と同じである。気をつけるべき点は、物件に価格差があるときには、**高い方の金額**で、売買と同様に計算するということだけである。つまり、Aの1,000万円の土地とBの800万円の土地の交換契約が成立したときの報酬は、「1,000万円の売買」として計算すればよい。

例題）売買契約の媒介・その２

　宅建業者甲がＡの媒介依頼を受け、宅建業者乙がＢの媒介依頼を受けて、ＡＢ間に、Ａの所有する建物（価格1,100万円）の売買契約を成立させた。この場合、甲乙は報酬として誰からいくらを上限として受領できるでしょうか。なお、甲及びＡは消費税の課税事業者であり、乙とＢは免税事業者とします。

　基本（計算の仕方）は「その１」と同じです。今回は、ひとつの取引に複数の宅建業者が関与しています。報酬は媒介を依頼した者からのみ受領できますので、甲はＡから、乙はＢからとなり、金額は「その１」で学習したように、甲は課税事業者であるので39万6,000円、乙は免税事業であるから37万4,400円を上限として受領できることになります。

２ 売買・交換の代理

　代理の場合には、代理を依頼した者からのみ報酬を受領することができ、その額は、媒介の依頼者（片方）からの２倍が限度となります。

例題）売買契約の代理

　宅建業者甲は、Ａから代理の依頼を受けて、ＡＢ間に、Ａの所有する建物（価格1,100万円）の売買契約を成立させた。この場合、甲は報酬として誰からいくらを上限として受領できるでしょうか。なお、甲及びＡは消費税の課税事業者です。

　計算の仕方自体は、媒介と同じです。違うのは、甲が媒介のときには39万6,000円がＡの支払う上限だったのが、甲が代理のときには、**その２倍が上限**となる点です。したがって、甲はＡから79万2,000円を上限として報酬を受領できます。ただし、Ｂからは報酬を受領できませんので、例題の「売買契約の媒介・その１」のときと**上限額（ＡＢの合計額）は変わらない**のです。

例題）売買契約の代理・媒介
　宅建業者甲がＡから代理の依頼を受け、宅建業者乙がＢから媒介の依頼を受けて、ＡＢ間に、Ａの所有する建物（価格1,100万円）の売買契約を成立させた。この場合、甲乙は報酬として誰からいくらを上限として受領できるでしょうか。なお、甲及びＡは消費税の課税事業者であり、乙とＢは免税事業者とします。

① 課税事業者甲は代理なので、79万2,000円を上限としてＡから報酬を受領できます。
② 免税事業者乙は媒介なので、37万4,400円を上限としてＢから報酬を受領できます。
③ 宅建業者の受け取れる報酬の上限額（合計額）は、媒介の２倍までであるので、甲乙を合わせた上限額は79万2,000円となります。

以上の３つをすべて満たした形で金額が割り振られていなければなりません。

3 低廉な空家等の報酬の特例

ここまで売買・交換の場合の報酬計算を学んできてお分かりのように、価格の高い物件は報酬額も高くなり、逆に価格の安い物件は報酬額も安くなります。そうすると、価格が安い割に現地調査等の費用がかかる物件については、宅建業者に媒介の依頼をしても、宅建業者が受けてくれないケースも発生することから、これを少しでも回避するべく、宅建業者の受領額を少し増やせる特例ができています。

要点のまとめ

1. この特例が適用されるのは、取引する宅地又は建物の価格が800万円以下（消費税等を除く）の場合である。
2. 受領できる上限額は30万円（消費税等を除く）。したがって、消費税等込みで33万円が上限。
3. この特例による報酬額の上限は、売主だけでなく買主にも適用される。
4. この特例の報酬を受領するためには、媒介契約の締結に際して、あらかじめ、報酬額について依頼者に説明し、合意する必要がある。

例題 売買契約の媒介

宅建業者甲が、A及びBと媒介契約を締結し、A所有の建物を200万円でBに売る契約を成立させた。この場合、甲は報酬として誰からいくらを上限として受領できるでしょうか。なお、甲は消費税の課税事業者とします。

今まで勉強してきた内容で数字を出すのであれば、A甲間とB甲間

は媒介なので、速算法で200万円×5％＝10万円となり、甲の報酬の上限は、消費税込でAから11万円、Bからも11万円となります。しかし、この特例により、甲は消費税込でAから**33万円**、Bからも**33万円**を上限として受領できるのです。

4 報酬額の計算（貸借）

貸借の場合には、**月額賃料**をもとに報酬を計算します。なお、賃料に消費税が含まれている（乗っている）場合には、消費税を抜いた金額をもとにします。

1 居住用建物の貸借の媒介

早い話が、アパートの仲介手数料についてです。この場合、依頼者の一方から月額賃料の**2分の1か月分**（つまり半月分）を限度として受領できるというのが原則です。したがって、宅建業者は、大家さんから半月分、借主から半月分で、**合計1か月分**となります。

ただし、**依頼者の承諾を得ている**場合は、一方の依頼者から月額賃料の**1か月分を受領**することができます。

2 居住用建物以外の貸借の媒介

これは、事務所とか宅地の場合の話です。この場合は、居住用建物のときとは違って、2分の1か月分という原則はありません。依頼者から**合計で1か月分**までなら話し合いで好きなように割り振れます。

3 権利金の授受がある場合

居住用建物以外の貸借の媒介において、権利金（権利設定の対価として支払われるもので返還されないもの）の授受がある場合には、その**権利金を売買代金とみなして**報酬額の計算をすることができます。

つまり、権利金として1,000万円の支払いがあるのでしたら、1,000万円の売買の媒介に成功したということで「3％＋6万円」の計算が可能になるということです。この場合、その計算で出た金額と、月額賃料をもとにした金額のどちらか高い方を、宅建業者は依頼者に請求すること

ができます。

👆 要点のまとめ

貸借の場合の報酬

1. **居住用建物の媒介**は、依頼者から月額賃料の**2分の1か月分**を限度して受領できる。ただし、**依頼者の承諾を得ている**場合は、一方の依頼者から月額賃料の**1か月分の受領**ができる。
2. **居住用建物以外の媒介**は、依頼者から**合計で1か月分**を限度として受領できる。
3. **居住用建物以外の媒介**において**権利金の授受**がある場合、月額賃料ではなく、**権利金を売買代金とみなして**報酬額の計算をすることも可能。

4 長期の空家等の媒介の特例

　長期の空家等については、貸主である依頼者から、原則による上限額を超えて報酬を受領できる特例があります。この場合の上限額は、**月額賃料の2倍**（消費税等込で2.2倍）となっており、具体的には以下のようになります（消費税等を除いて説明します）。

　宅建業者甲の媒介により、ＡＢ間で、Ａが所有する居住用建物の賃貸借契約が成立した場合において、月額賃料が10万円だったとすると、甲の報酬は原則としてＡから5万円、Ｂから5万円となります。しかし、この特例が適用されると、上限が2倍（20万円）なので、Ａから15万円、Ｂから5万円を受領することができるという考え方です（この特例を適用しても、「借主」から受領できる上限額は、通常の貸借のときと変わらない）。

　なお、この特例による報酬を受領するためには、媒介契約の締結に際し、あらかじめ、報酬額について**依頼者に対し説明し合意**する必要があります。また、入居者の募集を行っている賃貸集合住宅（アパート等）の空き室については、事業の用に供されているとして「長期の空家等」には該当せず、この特例は適用できません。

MASTER　241

長期の空家等とは、「現に長期間にわたって居住の用、事業の用その他の用途に供されていない（例：少なくとも1年を超えるような期間にわたり居住者が不在になっている戸建やマンションの空室）」又は「将来にわたり居住の用、事業の用その他の用途に供される見込みがない（例：田舎の親が亡くなり、空家となった実家を相続した相続人が利用する見込みがない）」ものをいいます。

頻出! 一問一答

以下の問題文を読んで〇か×かを判定しなさい。

問1 □□□ 宅地建物取引業者は、その事務所ごとに、国土交通大臣が定めた報酬の額を公衆の見やすい場所に、掲示しなければならない。

問2 □□□ 宅地建物取引業者が、媒介により売買契約を成立させた場合において、その物件の広告を出していたのであれば、依頼者からの依頼の有無を問わず、その広告料金は、報酬とは別に受領することができる。

問3 □□□ 売主が消費税の課税事業者である場合において、売買の目的物が土地のみであるとき、消費税は課税されない。

問4 □□□ 売主が消費税の課税事業者である場合において、売買の目的物が建物のみであるとき、消費税は課税されない。

問5 □□□ 売買の媒介による報酬計算をする場合、物件価格が1,000万円であるときの速算法は、取引価格×3％＋6万円である。

問6 □□□ 居住用建物の貸借の媒介の際の報酬は、原則として、依頼者の一方から借賃の1か月分を限度として受領することができる。

解 答

問1 〇 記述の通りである。

問2 × 依頼者からの依頼がなかった広告については、その広告料金を報酬と別に受領することはできない。

問3 〇 記述の通りである。

問4 × 課税される。

問5 〇 記述の通りである。

問6 × 居住用建物における原則は、依頼者の一方から借賃の2分の1か月分が限度である。

MASTER 243

11 監督・罰則

重要度 ★★★

監督処分

「監督処分」と「罰則」は別のものです。たとえば、Aが酒酔い運転で死亡事故を起こしてしまった場合、Aの今後はどうなるのでしょうか？まず、運転免許は取り消されます。これが監督処分です。それだけでAの処分が終わるわけではありません。その後、懲役刑として刑務所へ行くことになります。これが罰則。つまり、性質の違うものなのです。

では、今から監督処分の方を見ていくことにしましょう。

1 監督処分の種類と処分権者

要点のまとめ

（1）宅建業者に対するもの
① 指示処分――――免許権者、業務地を管轄する知事
② 業務停止処分――免許権者、業務地を管轄する知事
③ 免許取消処分――免許権者

※ 宅建業者に対して業務停止処分、免許取消処分をしたときは、その旨を公告しなければならない。その方法は、国土交通大臣については官報により、知事については、都道府県の公報又はウェブサイトへの掲載その他の適切な方法により行う。

要点のまとめ

（2）宅建士に対するもの
① 指示処分――――登録している知事、行為地を管轄する知事
② 事務禁止処分――登録している知事、行為地を管轄する知事
③ 登録消除処分――登録している知事

244 MASTER

2 宅建業者に対する監督処分

1 指示処分事由

①	業務に関し、取引の関係者に損害を与えたとき、又は損害を与えるおそれが大であるとき
②	業務に関し、取引の公正を害する行為をしたとき、又は取引の公正を害するおそれが大であるとき
③	業務に関し他の法令に違反し、宅建業者として不適切であると認められるとき
④	宅建士が監督処分を受けた場合において、宅建業者の責めに帰すべき事由があるとき
⑤	宅建業法の規定に違反したとき
⑥	住宅瑕疵担保履行法の一定の規定に違反したとき

2 業務停止処分事由

　一定の事由に該当した場合、免許権者又は業務地を管轄する知事は、1年以内の期間を定めて、業務の全部又は一部の停止を命ずることができます。また、一定のものについては罰則（後述）も設けられています。

① 免許権者又は業務地を管轄する知事が処分できる場合

処　分　事　由	罰則
① 業務に関し他の法令に違反し、宅建業者として不適切であると認められるとき	
② 宅建士が監督処分を受けた場合において、宅建業者の責めに帰すべき事由があるとき	
③ 指示処分に従わないとき	
④ 宅建業法の規定にもとづく国土交通大臣又は知事の処分に違反したとき	
⑤ 宅建業に関し不正又は著しく不当な行為をしたとき	
以下の宅建業法違反をしたとき	
⑥ 自己の名義をもって他人に宅建業を営ませたり、営む旨の表示をさせ、又は宅建業を営む目的をもって広告をさせたとき	○
⑦ 案内所等における専任の宅建士の設置義務に違反したとき	○
⑧ 誇大広告違反をしたとき	○
⑨ 自己の所有に属しない売買契約締結の制限に違反したとき	
⑩ 取引態様の別を明示しなかったとき	
⑪ 媒介契約において ・書面の交付義務を怠ったとき ・価格等について意見を述べるときに根拠を明らかにしなかったとき	
⑫ 重要事項の説明および説明書の交付をしなかったとき	
⑬ 契約締結時期の制限に違反したとき	
⑭ 37条書面の交付義務に違反したとき	○
⑮ 手付金等の保全措置を講じないで手付金等を受領したとき	
⑯ 所有権留保等の禁止規定に違反したとき	
⑰ 不当な履行遅延の禁止規定に違反したとき	○
⑱ 守秘義務違反をしたとき	○
⑲ 不当に高額の報酬を受領したとき	○
⑳ 不当に高額の報酬を要求する行為をしたとき	○
㉑ 事実不告知等の禁止規定に違反したとき	○
㉒ 手付貸与等による契約締結誘引の禁止規定に違反したとき	○
㉓ 業務における不当な行為の禁止規定に違反したとき	
㉔ 従業者に従業者証明書を携帯させなかったとき	○
㉕ 従業者名簿の備付け義務に違反したとき	○

② 免許権者だけが処分できる場合

	処　分　事　由	罰則
①	免許をした宅建業者が営業に関し成年者と同一の行為能力を有しない未成年者である場合において、その法定代理人が、業務停止処分をしようとするとき以前5年以内に宅建業に関し不正又は著しく不当な行為をしたとき	
②	法人の場合、その役員又は政令で定める使用人のうちに、業務停止処分をしようとするとき以前5年以内に宅建業に関し不正又は著しく不当な行為をした者があるに至ったとき	
③	個人の場合、政令で定める使用人のうち、業務停止処分をしようとするとき以前5年以内に宅建業に関し不正又は著しく不当な行為をした者があるに至ったとき	
④	事務所における専任の宅建士の設置義務に違反したとき	○
⑤	営業保証金について ・供託した旨の届出をしないで営業を開始したとき	○
	・2週間以内に不足額を供託しなかったとき	
⑥	保証協会の社員について ・事務所の新設についてその日から2週間以内に追加納付しなかったとき	
	・還付充当金を通知を受けた日から2週間以内に納付しなかったとき	
	・特別弁済業務保証金分担金を通知を受けた日から1か月以内に納付しなかったとき	
	・社員たる地位を失ってから1週間以内に営業保証金を供託しなかったとき	
⑦	住宅瑕疵担保履行法の一定の規定に違反したとき	

3 免許取消処分

　免許の取消しは、一定の事由に該当すると必ず取消しとなる「必要的免許取消し」といわれるものと、一定の事由に該当すると取り消されることがあるという「任意的免許取消し」の2種類があります。

MASTER 247

① 必要的免許取消し（必ず取り消される）

①		不正の手段により免許を受けたとき
②		業務停止処分事由に該当し情状が特に重いとき
③		業務停止処分に違反したとき
④		破産手続開始の決定を受けた
⑤	欠格要件に該当	心身の故障により宅建業を適正に営むことができない者として国土交通省令で定めるものになったとき
⑥		宅建業法又は一定の罪により罰金刑以上に処せられたとき
⑦		犯罪名のいかんを問わず、禁錮刑以上に処せられたとき
⑧		暴力団員又は暴力団員でなくなった日から5年を経過しない者（暴力団員等）となったとき
⑨		暴力団員等がその事業活動を支配する者となったとき
⑩		成年者と同一の行為能力を有しない未成年者の法定代理人・法人の役員・政令で定める使用人が一定の欠格事由に該当するに至ったとき
⑪	その他	免許換えをすべき事由に該当しながら、新たに免許を受けていないことが判明したとき
⑫		免許を受けてから1年以内に営業を開始しないとき、又は、引き続き1年以上営業を休止したとき
⑬		廃業等の届出がなくてもその事実が判明したとき

② 任意的免許取消し（取り消されることがある）

①	免許に条件が付されていた場合の条件違反
②	宅建業者が行方不明になった場合、公告をして30日経過後
③	営業保証金を供託した旨の届出がないとき

3 宅建士等に対する監督処分

　監督処分には、「指示処分」「事務禁止処分」「登録の消除処分」の3つがあります。

1 指示処分事由

① 自分が専任の宅建士として従事していない事務所であるにもかかわらず、宅建業者に対して専任の宅建士である旨の表示を許し、宅建業者が表示したとき。

② 他人に自分の名義の使用を許し、その他人がその名義を使用して宅

建士である旨の表示をしたとき。

③　宅建士として行う事務に関し不正又は著しく不当な行為をしたとき。

2 事務禁止処分事由

「上記 **1** ①～③」と「指示処分に従わない」とき。なお、上記 **1** の①～③については、情状の軽重によって指示処分と事務禁止処分に分かれます。

そして、この処分ができるのは、登録している知事と行為地を管轄する知事で、1年以内の期間を定めてなされます。

3 登録消除処分事由

登録の消除は、宅建士証の交付まで受けている「宅建士」に対するときと、登録はしたけれども宅建士証の交付は受けていない「登録者（宅建士資格者という）」に対するときの2種類があります。

〔宅建士に対するもの〕

①　登録の欠格事由に該当することになったとき。

②　不正の手段により登録を受けたとき。

③　不正の手段により宅建士証の交付を受けたとき。

④　事務禁止処分に違反したとき。

〔登録者に対するもの〕

①　登録の欠格事由に該当することになったとき。

②　不正の手段により登録を受けたとき。

③　宅建士としてすべき事務を行い、情状が特に重いとき。

4 宅建士証の提出と返納

事務禁止処分を受けた宅建士は、宅建士証を交付を受けた（登録している）都道府県知事に提出しなければならず、登録が消除されたときには、宅建士証を返納しなければなりません。

なお、提出については、事務禁止期間満了後、返還請求をしなければ

MASTER 249

いつまでたっても宅建士証は戻ってきません（自動的に返還されるわけではない）。

罰　則

(1) 3年以下の懲役もしくは300万円以下の罰金、又はこれらの併科

① 不正の手段によって免許を受けた者
② 無免許で宅建業を営んだ者
③ 名義貸しの禁止規定に違反して他人に宅建業を営ませた者
④ 業務停止処分に違反して営業をした者

(2) 2年以下の懲役もしくは300万円以下の罰金、又はこれらの併科

① 事実告知等の禁止に違反した者

(3) 1年以下の懲役もしくは100万円以下の罰金、又はこれらの併科

① 不当に高額の報酬を要求する行為をした者

(4) 6か月以下の懲役もしくは100万円以下の罰金、又はこれらの併科

① 営業保証金を供託した旨の届出をしないで営業を開始した者
② 誇大広告の禁止規定に違反した者
③ 不当な履行遅延の禁止規定に違反した者
④ 手付貸与等による契約締結の誘引をした者

(5) 100万円以下の罰金

① 免許申請書や添付書類に虚偽の記載をした者
② 免許を受けずに宅建業を営む旨の表示・広告をした者
③ 名義貸しをして、他人に宅建業を営む旨の表示・広告をさせた者
④ 専任の宅建士の設置義務に違反した者
⑤ 報酬額の制限に違反して報酬を受領した者

(6) 50万円以下の罰金

① 宅建業者名簿の変更の届出義務を怠った者
② 案内所等を設置する場合の届出義務に違反した者
③ 信託会社等が国土交通大臣へ届出をせずに宅建業を営んだ場合
④ 37条書面の交付義務に違反した者
⑤ 報酬額の掲示義務に違反した者
⑥ 従業者に従業者証明書を携帯させなかった者
⑦ 従業者名簿の設置義務違反をした者又は虚偽の記載をした者
⑧ 帳簿の備え付け義務に違反した者又は虚偽の記載をした者
⑨ 標識の掲示義務に違反した者
⑩ 守秘義務に違反した者（親告罪なので相手方等の告訴が必要）
⑪ 国土交通大臣又は知事の検査を拒み、妨げ、忌避した者
⑫ 報告を求められた宅建士が、報告せず又は虚偽の報告をした場合

（7）10万円以下の過料
① 宅建士証の返納義務に違反した宅建士
② 宅建士証の提出義務に違反した宅建士
③ 重要事項の説明時に宅建士証を提示しなかった宅建士

※ 宅建業者の従業者等が罰則の適用を受けるときは、一定の場合を除いて、宅建業者そのものも罰せられる。これを両罰規定という。

※ なお、法人の代表者等がその法人の業務に関し、表の（1）（2）に掲げる規定の違反をした場合、その行為者を罰するほか、その法人に対して1億円以下の罰金刑が科される。

頻出! 一問一答

以下の問題文を読んで○か×かを判定しなさい。

（Aは甲県知事の免許を受けた宅地建物取引業者であり、Bは乙県知事の登録を受けた宅建士であるものとする）

問1 □□□ Aの役員の1人が宅地建物取引業法の規定に違反して罰金の刑に処せられたときは、甲県知事は、Aの免許を取り消さなければならない。

問2 □□□ Aが乙県内で業務に関し不正又は著しく不当な行為をしても、乙県知事は、Aの免許を取り消すことができない。

問3 □□□ Aが免許を受けてから1年以内に事業を開始しない場合において、Aに相当の理由があるときは、甲県知事は、Aの免許を取り消すことができない。

問4 □□□ 甲県知事は、Aが不正の手段により免許を取得したとして、その免許を取り消したときは、その旨を公告しなければならない。

問5 □□□ Bは、重要事項の説明の際に宅建士証を提示しなかった場合、20万円以下の過料に処せられる。

問6 □□□ Bが丙県知事から事務禁止処分を受けた場合、丙県知事に宅建士証を提出しなければならない。

解答

問1 ○ 記述の通りである。

問2 ○ 免許の取消しができるのは、免許権者（甲県知事）だけである。

問3 × 甲県知事は、Aの免許を取り消さなければならない。

問4 ○ 記述の通りである。

問5 × 10万円以下の過料である。

問6 × 提出は交付を受けた乙県知事にする。

12 住宅瑕疵担保履行法

重要度 ★★★

住宅瑕疵担保履行法とは

平成22年から、「特定住宅瑕疵担保責任の履行の確保等に関する法律（住宅瑕疵担保履行法）」が、宅建業法及び同法の関係法令に該当する法令として、出題の対象となりました。

1 概要

新築住宅の売主等は、住宅の品質確保の促進等に関する法律に基づき、住宅の構造耐力上主要な部分（基礎・壁など）等の瑕疵（種類又は品質に関して契約の内容に適合しない状態をいう）について、瑕疵担保責任を10年間負うこととされています。しかし、大きな社会問題となった耐震偽装事件により、瑕疵のある住宅を売った業者に資力がなく、その業者が瑕疵担保責任を十分に果たすことができない場合、購入者等は、安全に暮らすため自費で改修費用を賄わなければならなくなるなど、大変な負担を強いられることが明らかになりました。

そこで、瑕疵担保責任を負うことになった新築住宅の売主業者等が倒産してしまった場合等に備えて、前もって欠陥を直すための費用を確保（以下「資力確保」という）しておこうという法律が、特定住宅瑕疵担保責任の履行の確保等に関する法律（住宅瑕疵担保履行法）です。

2 適用される建築物及び部位

1 適用される建築物

新築住宅が対象です。したがって、新築であれば戸建住宅、分譲マンションだけでなく、賃貸住宅等も対象となりますが、事務所や倉庫は対象外となります。

なお、新築住宅とは、建設工事完了日から起算して1年以内であり、かつ、人の居住の用に供したことのない住宅をいいます。

第2章 宅建業法

12 住宅瑕疵担保履行法

MASTER 253

2 適用される部位（範囲）

以下の部分の瑕疵担保責任について、資力確保をしなければなりません。

① 構造耐力上主要な部分

（基礎、土台、壁等）

② 雨水の浸入を防止する部分

（屋根、開口部に設ける戸等）

3 資力確保が義務付けられる者

資力確保の措置を行わなければならないのは、新築住宅の請負人又は売主のうち、建設業法に基づく建設業の許可を受けた建設業者と、宅建業法に基づく宅地建物取引業の免許を受けた宅建業者です。

4 資力確保の方法

「保証金の供託」と「保険加入」の2種類があり、どちらか一方で資力確保措置を講じてもよいし、後述しますが、この2つを組み合わせて資力確保措置を講じることもできます。

1 住宅販売瑕疵担保保証金の供託

販売戸数に応じた一定額を10年間供託します（床面積が55㎡以下の場合、2戸をもって1戸と数える）。売主業者が倒産して瑕疵を修補できないときは、購入者が還付請求して受け取ります。なお、この供託は、営業保証金の供託とは別個のものです。

① 供託すべき金銭等

この供託は、現金だけでなく、一定の有価証券を使うこともできます。ただし、有価証券の種類により評価が異なります。

・国債 ——————————————100%（額面金額）

・地方債、政府が保証した債権 —————— 90%

・上記以外の国土交通省令で定める有価証券 ——— 80%

254 **MASTER**

（参考）供託金額の具体例

供給戸数の合計	供託額
1戸	2,000万円
10戸	3,800万円
100戸	1億円

② 供託所

主たる事務所の最寄りの供託所へ供託します。

③ 供託の時期

基準日（毎年3月31日）から3週間を経過する日までの間に保証金を供託することとされています。

④ 保管替え等

主たる事務所の移転により、最寄りの供託所が変更した場合、保証金を移す手続きが必要になります。この手続きは、保証金を金銭のみで供託していた場合には、遅滞なく、保証金を供託している供託所に対して、移転後の主たる事務所の最寄りの供託所への保管替えを請求しなければならず、保証金の供託がそれ以外のとき（「有価証券のみ」又は「有価証券と金銭」）は、移転後の主たる事務所の最寄りの供託所に新たに供託します。そして、一定の手続きを経て、移転前の供託所から取り戻すことになります。

⑤ 供託所の所在地等に関する説明

宅建業者は、自ら売主となる新築住宅の買主に対し、当該新築住宅の売買契約を締結するまでに、その住宅販売瑕疵担保保証金の供託をしている供託所の所在地その他住宅販売瑕疵担保保証金に関し国土交通省令で定める事項について、これらの事項を記載した書面を交付（又は買主の承諾を得て当該書面に記載すべき事項を電磁的方法により提供＝メールにファイルを添付して、相手方に送付等）して説明しなければなりません。

2 住宅瑕疵担保責任保険に加入

瑕疵担保保証金を供託しないのであれば、売主業者は、国土交通大臣が指定した住宅瑕疵担保責任保険法人の保険に加入しなければなりませ

ん。売主業者が倒産して瑕疵を修補できないときは、購入者が保険金を
受け取ります。なお、この保険は、引渡しを受けた時から10年以上の期
間にわたって有効であり、保険金額は**2,000万円以上**でなければなりま
せん。

5 資力確保措置の状況の届出

1 届出義務

新築住宅を引き渡した宅建業者は、基準日（年１回、３月31日）時点
での保証金の供託又は保険の加入状況について、基準日から**３週間以内**
に**免許権者に届け出**なければなりません。

2 新たな契約の禁止

宅建業者が、供託等の資力確保措置を講じた上で、基準日から３週間
以内に届出をしない場合、**基準日の翌日から起算して50日を経過した日**
から、新たな新築住宅の売買契約の締結が禁止されます。

6 その他

（1）**買主が宅建業者**であるときには、資力確保の措置は**不要**です（買主
　　が建設業者のときは必要）。

（2）資力確保の措置は、保証金の供託と保険加入を組み合わせることも
　　できます（たとえば、50戸販売する場合、30戸を保証金で、残りの20戸
　　については保険加入も可能）。

頻出! 一問一答

以下の問題文を読んで〇か×かを判定しなさい。

問1 宅地建物取引業者は、自ら売主となる新築住宅及び中古住宅の売
□□□ 買において、買主に対する特定住宅販売瑕疵担保責任の履行を確保
するため、住宅販売瑕疵担保保証金の供託をしなければならない。

問2 宅地建物取引業者が住宅販売瑕疵担保保証金の供託を行う場合に
□□□ おいて、当該業者の事務所が複数あるとき、各事務所の最寄りの供
託所に供託しなければならない。

問3 宅地建物取引業者が住宅販売瑕疵担保保証金の供託を行う場合、
□□□ 国債証券を用いることができるが、この場合の評価額は90％であ
る。

問4 買主が宅地建物取引業者であるときは、資力確保の措置は不要で
□□□ ある。

問5 新築住宅を自ら売主として販売する宅地建物取引業者が、住宅販
□□□ 売瑕疵担保保証金の供託をした場合、買主に対する当該保証金の供
託をしている供託所の所在地等について記載した書面の交付（又は
買主の承諾を得て、書面に記載すべき事項を電磁的方法により提
供）及び説明は、当該住宅の売買契約を締結した日から引渡しまで
に行わなければならない。

問6 自ら売主として新築住宅を宅地建物取引業者でない買主に引き渡
□□□ した宅地建物取引業者は、当該住宅を引き渡した日から3週間以内
に、その住宅に関する資力確保措置の状況について、その免許を受
けた国土交通大臣又は都道府県知事に届け出なければならない。

問7 自ら売主として新築住宅を宅地建物取引業者でない買主に引き渡
□□□ した宅地建物取引業者は、基準日に係る資力確保措置の状況の届出
をしなければ、当該基準日の翌日から起算して50日を経過した日以
後においては、新たに自ら売主となる新築住宅の売買契約を締結し
てはならない。

問8 Ａが住宅販売瑕疵担保保証金を供託する場合、当該住宅の床面積
□□□ が55㎡以下であるときは、新築住宅の合計戸数の算定に当たって、
2戸をもって1戸と数えることになる。

第2章 宅建業法

12

住宅瑕疵担保履行法

MASTER 257

解 答

問1　✕　中古住宅は対象とならない。

問2　✕　主たる事務所の最寄りの供託所に供託する。

問3　✕　額面金額（100％）である。

問4　○　記述の通りである。

問5　✕　書面を交付（又は買主の承諾を得て、書面に記載すべき事項を電磁
　　　　的方法により提供）して説明するのは、「売買契約を締結するまで」
　　　　である。

問6　✕　宅建業者は、基準日から3週間以内に、免許権者に届け出なければ
　　　　ならない。

問7　○　記述の通りである。

問8　○　記述の通りである。

本書は、重要論点をコンパクトにまとめた基本書（教科書）です。
合格するためには、宅建業法の攻略は必須になります。
必ず過去問題集を何度も解き、問題文の表現に慣れるとともに、出題論点
のチェックと知識の定着を図ってください。

第3章

法令上の制限

> 「法令上の制限」からは、8問出題されています。
> この分野では、住みやすい街をつくるための手続きや、安心して暮らせる家を建てるための手続き等を学習します。「手続き」ですから、試験対策と割り切って丸暗記しなければならない項目が多々出てきます。また、耳慣れない単語がたくさん出てくるので、はじめのうちは大変だと思いますが、この苦労は皆さんだけでなく、他の受験生も経験することです。だから、負けないように頑張っていきましょう！

都市計画法（都市計画全般）

都市計画法とは

都市計画法は、住みやすい街（都市）を計画的につくっていくための手続き等を定めた法律です。

1 都市計画区域と準都市計画区域

1 都市計画区域

住みやすい街をつくるためには、そこの住民たちに少しずつ我慢をしてもらわなければいけません。各人が好き勝手なことをいっていたら、整然とした街はできないからです。そこで、どこで住みやすい街をつくろうとするのか、区域を指定します。これが都市計画区域です。

要点のまとめ

都市計画区域の指定は次の者が行う。
原則…都道府県
例外…国土交通大臣（2以上の都府県にわたり指定する場合）

都市計画区域は、市町村や都道府県といった行政区域にはとらわれずに指定できます。

都市計画区域の指定の流れ（都道府県が指定する場合）

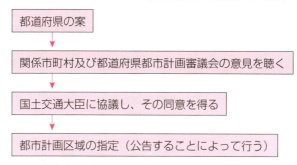

※ 都市計画区域の変更又は廃止についても同様である。

2 準都市計画区域

都道府県は、**都市計画区域外**の区域のうち、一定の規制を加えなければ、将来における一体の都市としての整備、開発及び保全に支障が生じるおそれがあると認められる一定の区域を、準都市計画区域として指定することができます。

2 都市計画の種類と内容

どこの区域で住みやすい街づくりを行うのかという大枠（都市計画区域）が決まったら、今度は、具体的にどこに何をつくるのか等の細かな規制の話になります。

1 市街化区域と市街化調整区域（区域区分）

都市計画区域について無秩序な市街化を防止し、計画的な市街化を図るため必要があるときは、都市計画に、市街化区域と市街化調整区域との区分（区域区分）を定めることができます。

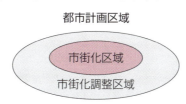

> **要点のまとめ**
>
> 市街化区域………すでに市街地を形成している区域及びおおむね10年以
> 　　　　　　　内に優先的かつ計画的に市街化を図るべき区域
> 市街化調整区域…市街化を抑制すべき区域

※　都市計画区域には、区域区分を定めていないものもあり、その都市計画区域
　を非線引都市計画区域と呼んでいる。

2 地域地区

「ここは商業系の建物を建てる地区、こっちは住居系の地区」というように建物の用途を規制したり、「ここは燃えにくい建物を集める地域」とする等の土地利用についての規制です。

① 用途地域

市街化区域については、少なくとも用途地域を定めるものとし、市街化調整区域については、原則として用途地域を定めないものとされています。

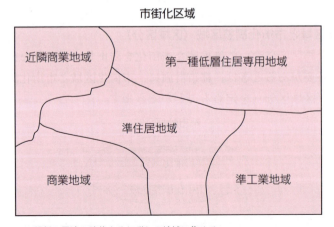

※　類似の用途の建物をそれぞれの地域に集める。

262　MASTER

要点のまとめ

種類と定義

住居系	第一種 低層住居専用地域	**低層住宅**に係る良好な住居の環境を保護するため定める地域
	第二種 低層住居専用地域	**主として低層住宅**に係る良好な住居の環境を保護するため定める地域
	田園住居地域	**農業**の利便の増進を図りつつ、これと調和した**低層住宅**に係る良好な住居の環境を保護するため定める地域
	第一種 中高層住居専用地域	**中高層住宅**に係る良好な住居の環境を保護するため定める地域
	第二種 中高層住居専用地域	**主として中高層住宅**に係る良好な住居の環境を保護するため定める地域
	第一種住居地域	**住居**の環境を保護するため定める地域
	第二種住居地域	**主として住居**の環境を保護するため定める地域
	準住居地域	**道路の沿道**としての地域の特性にふさわしい業務の利便の増進を図りつつ、これと調和した住居の環境を保護するため定める地域
商業系	近隣商業地域	**近隣の住宅地**の住民に対する**日用品**の供給を行うことを主たる内容とする商業その他の業務の利便を増進するため定める地域
	商業地域	**主として商業**その他の業務の利便を増進するため定める地域
工業系	準工業地域	主として**環境の悪化をもたらすおそれのない**工業の利便を増進するため定める地域
	工業地域	**主として工業**の利便を増進するため定める地域
	工業専用地域	**工業**の利便を増進するため定める地域

どの用途地域で、どのような用途の建物が建築できるのかは、建築基準法の「用途制限」というところで出てきます。

② 特別用途地区

　　用途地域内において、定めることができます。用途地域の規制だけ

では足りない等一定の場合に設定します。

③ その他の地域地区

定める場所	地域地区の名称	目的	都市計画に定める内容
用途地域のみ	高度地区	①市街地の環境を維持する ②土地利用の増進を図る	建築物の**高さ**の最高限度又は最低限度
用途地域のみ	高度利用地区	土地の合理的かつ健全な高度利用と都市機能の更新とを図る	①建築物の**容積率**の最高限度及び最低限度 ②建築物の**建蔽率**の最高限度 ③建築物の建築面積の最低限度 ④壁面の位置の制限
用途地域の内外問わず	特定街区	市街地の整備改善を図るため街区の整備又は造成が行われる地区	①建築物の**容積率** ②建築物の**高さの最高限度** ③**壁面の位置**の制限
用途地域の内外問わず	防火地域又は準防火地域	市街地における火災の危険を防除する	建築基準法で規制（後述）
用途地域の内外問わず	景観地区	市街地の良好な景観の形成を図る	①建築物の形態意匠の制限 ②建築物の高さの最高限度又は最低限度 ③壁面の位置の制限 ④建築物の敷地面積の最低限度
用途地域の内外問わず	風致地区	都市の風致を維持するため定める地区	**地方公共団体の条例**で規制
用途地域の内外問わず	その他	臨港地区、駐車場整備地区、生産緑地地区　他	

特定街区とは、超高層ビルの建てられるところで、典型例は、新宿の副都心になります。

3 都市施設

都市施設とは、次に掲げる施設であり、都市計画区域については、都市計画で必要なものを定めます（つまり、必要なものを選んでつくる）。ただし、**特に必要があるとき**は、当該**都市計画区域外**においても、これらの施設を**定めることができます**。

1	道路、都市高速鉄道、駐車場、自動車ターミナルその他の交通施設
2	公園、緑地、広場、墓園その他の公共空地
3	水道、電気供給施設、ガス供給施設、下水道、汚物処理場、ごみ焼却場その他の供給施設又は処理施設
4	河川、運河その他の水路
5	学校、図書館、研究施設その他の教育文化施設
6	病院、保育所その他の医療施設又は社会福祉施設
7	市場、と畜場又は火葬場
8	一団地の住宅施設
9	一団地の官公庁施設
10	流通業務団地
11	その他政令で定める施設

要点のまとめ

市街化区域及び**非線引都市計画区域**（区域区分が定められていない都市計画区域）については、少なくとも**道路**、**公園**及び**下水道**を定める。

住居系用途地域（第一種低層住居専用地域、第二種低層住居専用地域、田園住居地域、第一種中高層住居専用地域、第二種中高層住居専用地域、第一種住居地域、第二種住居地域及び準住居地域）については、**義務教育施設**をも定めるものとする。

表の1～11の中から、その街に必要なものを選んでつくりますが、このつくることにしたものを「都市計画施設」と呼びます。

4 市街地開発事業

市街化区域又は**非線引都市計画区域**（区域区分が定められていない都市計画区域）内において、一体的に開発し、又は整備する必要がある土地の区域について定めます。

1	新住宅市街地開発事業	新開発系
2	工業団地造成事業	
3	新都市基盤整備事業	
4	土地区画整理事業	再開発系
5	市街地再開発事業	
6	住宅街区整備事業	
7	防災街区整備事業	

> 試験対策としては、土地区画整理事業（後述）を除いて、事業内容まで理解しておく必要はありません。

5 市街地開発事業等予定区域

一定の大規模な事業について、候補地が転売等により価格が高騰すると事業費用が増大する、又は計画を断念するというケースも起こり得ます。そこで、早い段階から売買等の規制を土地所有者に課すというものです。

1	新住宅市街地開発事業の予定区域	市街地開発事業のグループ
2	工業団地造成事業の予定区域	
3	新都市基盤整備事業の予定区域	
4	区域の面積が20ヘクタール以上の一団地の住宅施設の予定区域	都市施設のグループ
5	一団地の官公庁施設の予定区域	
6	流通業務団地の予定区域	

要点のまとめ

市街地開発事業等予定区域については、市街地開発事業等予定区域の種類、名称、区域、**施行予定者**を定めるとともに、区域の面積その他の一定事項を定めるよう努める。

6 地区計画

　地区計画は、建築物の建築形態、公共施設その他の施設の配置等からみて、一体としてそれぞれの区域の特性にふさわしい態様を備えた良好な環境の各街区を整備し、開発し、及び保全するための計画とし、次のいずれかに該当する土地の区域について定めます。

要点のまとめ

地区計画の対象区域
① 用途地域が定められている土地の区域
② 一定の要件に該当する用途地域が定められていない土地の区域
※ 準都市計画区域においては、地区計画を定めることはできない。

規制内容
　地区計画の区域（再開発等促進区もしくは開発整備促進区（いずれも道路、公園等、一定の施設の配置及び規模が定められているものに限る。）又は地区整備計画が定められている区域に限る。）内において、土地の区画形質の変更、建築物の建築その他政令で定める行為を行おうとする者は、原則として、当該行為に着手する日の30日前までに、行為の種類、場所、着手予定日等を市町村長に届け出なければならない。

3 都市計画の決定

　ここまで、市街化区域と市街化調整区域（区域区分）、地域地区（用途地域等）、都市施設等の都市計画をみてきました。ここからは、誰がそれを決めるのかについての話をしていきます。

1 都市計画の決定権者

　原則として、都道府県と市町村が役割分担しています。

都道府県が決定するもの(抜粋)	市町村が決定するもの(抜粋)
市街化区域と市街化調整区域の区分 (区域区分)	用途地域
広域的見地からの都市施設	左記以外の都市施設
市街地開発事業 　一定の要件を満たした土地区画整理事業で、施行区域の面積が50ha超のもの等	市街地開発事業（左記以外のもの）
市街地開発事業等予定区域 　一つの市町村の区域を超えるもの等一定のもの	市街地開発事業等予定区域（左記以外のもの）
―	地区計画等

2 都市計画の決定手続き

① 都道府県が定める場合（市街化区域と市街化調整区域の区分等）

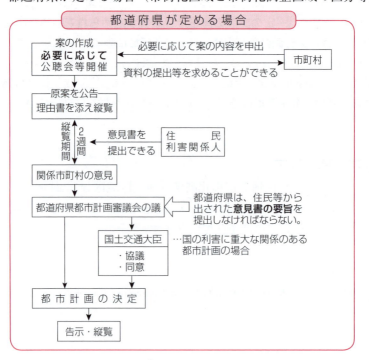

② 市町村が定める場合（都市計画区域内の用途地域等）

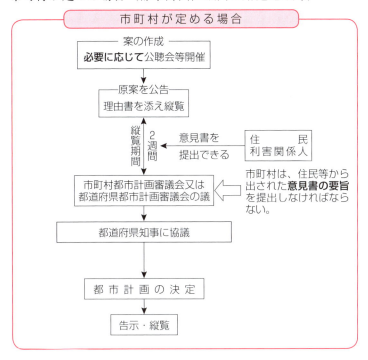

要点のまとめ

① 地区計画等の案は、その案に係る区域内の土地の所有者・利害関係を有する者の意見を求めて作成するものとする。
② 特定街区に関する都市計画の案については、政令で定める利害関係を有する者の同意を得なければならない。
③ 都市計画は、告示があった日から、その効力を生ずる。
④ 市町村が定めた都市計画が、都道府県が定めた都市計画と抵触するときは、その限りにおいて、都道府県が定めた都市計画が優先する。

4 都市計画制限

　たとえば、ある区域で工業団地造成事業をしようとする場合、都市計画法におけるその区域の名称が、事業の進み具合によって変わることになります。ここでは、どういう名称のときに、どういう規制がその区域内の土地所有者等に対してかかるのかを押さえます。

　なお、ここは本格的に理解しようとするとかなりの時間を要します。そこで、必要最小限の内容を丸暗記することにより、点数を取りにいくこととします。

　区域の名称の移り変わりは、次の2パターンです。

1 「予定区域あり」型

市街地開発事業や都市施設をつくろうとしている区域	① 市街地開発事業等予定区域 　　↓ ② 市街地開発事業の施行区域 （目的物が都市計画施設のときは、都市計画施設の区域） 　　↓ ③ 事業地

要点のまとめ

規制の内容
① 市街地開発事業等予定区域

　　土地の形質の変更
　　建築物の建築　　　都道府県知事（市の区域内にあっては、市長）
　　工作物の建設　　　の許可が必要

② 市街地開発事業の施行区域又は都市計画施設の区域
　　①と同じ

③ 事業地

　　土地の形質の変更
　　建築物の建築　　　　　　　都道府県知事（市
　　工作物の建設　　　　　　　の区域内にあって
　　政令で定める（重量5トンを超える）移動の　は、市長）の許可
　　容易でない物件の設置若しくは堆積　　　　　が必要

270 **MASTER**

2 「予定区域なし」型

市街地開発事業や都市
施設をつくろうとして
いる区域

① **市街地開発事業の施行区域**
　（目的物が都市計画施設のときは、
　都市計画施設の区域）
　↓
② **事業地**

👆 要点のまとめ

規制の内容

① 市街地開発事業の施行区域又は都市計画施設の区域

建築物の建築……都道府県知事（市の区域内にあっては、市長）の
　　　　　　　　許可が必要

② 事業地

土地の形質の変更

建築物の建築

工作物の建設

政令で定める（重量5トンを超える）移動の
容易でない物件の設置若しくは堆積

都道府県知事（市
の区域内にあって
は、市長）の許可
が必要

以下の問題文を読んで○か×かを判定しなさい。

問1 都道府県が都市計画区域を指定する場合には、一体の都市として総合的に整備し、開発し、及び保全する必要がある区域を市町村の行政区域に沿って指定しなければならない。

問2 第一種低層住居専用地域は、主として住居の環境を保護するため定める地域である。

問3 市街化区域は、既に市街地を形成している区域であり、市街化調整区域は、おおむね10年以内に市街化を図る予定の区域及び市街化を抑制すべき区域である。

問4 市街化区域においては、少なくとも用途地域並びに道路、公園及び下水道を定めるほか、住居系の用途地域については、社会福祉施設をも定めなければならない。

問5 高度利用地区は、用途地域内において市街地の環境を維持し、又は土地利用の増進を図るため、建築物の高さの最高限度又は最低限度を定める地区である。

問6 市町村が定める都市計画は、都道府県が定めた都市計画に適合することを要し、市町村が定めた都市計画が都道府県が定めた都市計画に抵触するときは、その限りにおいて、都道府県が定めた都市計画が優先する。

問7 市町村は、都市計画区域又は準都市計画区域について都市計画を決定しようとするときは、原則として、あらかじめ、都道府県知事に協議しなければならない。

問8 都市計画施設の区域又は市街地開発事業の施行区域内において建築物の建築をしようとする者は、都道府県知事（市の区域内にあっては市長）の許可を受けなければならない。

解 答

問1 × 都市計画区域の指定は、市町村の行政区域にとらわれない。

問2 × 第一種低層住居専用地域とは、低層住宅に係る良好な住居の環境を保護するために定められる地域である。

問3 × 市街化区域は、「すでに市街地を形成している区域及びおおむね10年以内に優先的かつ計画的に市街化を図るべき区域」であり、市街化調整区域は、「市街化を抑制すべき区域」である。

問4 × 住居系の用途地域については、「社会福祉施設」ではなく、「義務教育施設」を定めなければならない。

問5 × この記述は、高度地区のものである。

問6 ○ 都道府県の定めた都市計画が優先する。

問7 ○ 記述の通りである。

問8 ○ 都道府県知事（市の区域内にあっては、市長）の許可が必要である。

MASTER 273

2 ▶ 都市計画法（開発許可）

重要度 ★★★

開発許可制度とは

　開発許可制度とは、開発行為（簡単にいうと土地の造成行為。詳しくは後述）をしようとする者は、あらかじめ都道府県知事等の許可を受けなければならない、というものです。毎年出題されている重要項目であり、しっかり得点したいところです。

1 開発行為

　原則として、**開発行為をしようとする者**は、あらかじめ、**都道府県知事**（指定都市又は中核市の区域内にあっては、市長）**の許可**を受けなければなりません。

要点のまとめ

開発行為とは、

　　主として**建築物の建築**又は**特定工作物の建設**の用に供する目的で行う**土地の区画形質の変更**をいう。

　　※　あくまでも土地の話であることに注意
　　※　土地の区画形質の変更とは、土地の分割や造成等のこと

ちなみに特定工作物とは2種類あり、

第1種特定工作物

　　コンクリートプラント・アスファルトプラント・その他周辺の地域の環境の悪化をもたらすおそれがある一定の工作物

第2種特定工作物

　　ゴルフコース、1ヘクタール以上の野球場・庭球場・遊園地・墓園等

　　※　ゴルフコースは、面積は関係ない
　　※　1ヘクタール＝10,000㎡

　念のため、確認しておきましょう（以下は開発行為に該当するでしょうか？）

　①　建築物の建築………………………………………………**該当しない**

274 **MASTER**

※　開発行為は土地の話

② 青空駐車場をつくるための土地の区画形質の変更…**該当しない**

※　建築物の建築等のための土地の区画形質の変更ではないから

③ 0.8ヘクタールのゴルフコースをつくるための
土地の区画形質の変更 ｝ ………**該当する**

※　ゴルフコースは面積関係なし

④ 0.8ヘクタールの野球場をつくるための
土地の区画形質の変更 ｝ …………**該当しない**

※　野球場は1ヘクタール以上でなければ第2種特定工作物にならない

2 許可不要の開発行為

　前述したように、開発行為をしようとする者は、あらかじめ都道府県知事の許可を受けなければなりません。しかし、これには例外があって、下の表のどれかひとつでも該当すると、許可不要になります。

要点のまとめ

	①市街化区域	②市街化調整区域	③非線引都市計画区域	④準都市計画区域	⑤左記①〜④以外の区域
(a)	原則1,000㎡未満	―　（※1）	原則3,000㎡未満		1 ha未満
(b)	―　（※2）	**農林漁業用の一定**（農産物の生産・集荷用に供する等）の**建築物の建築用の開発行為** **農林漁業者の居住の用に供する建築物の建築用の開発行為**			
(c)	駅舎その他の**鉄道施設**、**図書館**、**公民館**、**変電所**その他これらに類する**公益上必要な建築物**のうち一定の要件を満たすものとして政令で定める建築物の建築の用に供する目的で行う開発行為				
(d)	**都市計画事業**、**土地区画整理事業**、**市街地再開発事業**、住宅街区整備事業、防災街区整備事業の施行として行う開発行為				
(e)	公有水面埋立法の免許を受けた埋立地で竣功認可告示前に行われる開発行為				
(f)	非常災害のため必要な応急措置として行う開発行為				
(g)	通常の管理行為、軽易な行為(車庫等の建築の用に供する目的で行うもの)等				

※1　面積によって許可不要となる扱いを受けない。
※2　市街化区域では、「農林漁業…」は許可不要とならない。

MASTER 275

国又は都道府県等について
　国又は都道府県等が行う開発行為については、原則として、当該国の機関又は都道府県等と都道府県知事との協議が成立することをもって、開発許可があったものとみなす。

要点のまとめ

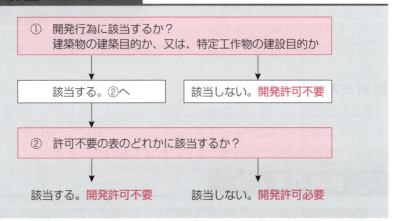

3 開発許可の申請手続き

1 公共施設の管理者の同意等

① 開発許可を申請しようとする者は、あらかじめ、開発行為に関係がある公共施設の管理者と協議し、その同意を得なければなりません。

② 開発許可を申請しようとする者は、あらかじめ、開発行為又は開発行為に関する工事により設置される公共施設を管理することとなる者等と協議しなければなりません。なお、①と異なり同意は不要です。

2 許可申請

① 申請書の記載事項
　a) 開発区域の位置、区域及び規模

b）予定される建築物又は特定工作物の用途
c）開発行為に関する設計、工事施行者、その他

② 添付書類
a）上記**1**①の同意を得たことを証する書面
b）上記**1**②の協議の経過を示す書面
c）その区域内の土地所有者等の相当数の同意を得たことを証する書面

3 審査

① どこの区域であろうと、下記の基準を満たさなければ許可を受けることができません。
a）当該申請に係る開発区域内の土地について、**用途地域等が定められている**場合及び**用途地域等が定められていない**場合のいずれであっても、予定建築物等の用途が、それぞれに定める**用途の制限に適合している**こと。
b）一定の開発行為にあっては、申請者に当該開発行為を行うために**必要な資力及び信用**があること。
c）当該開発行為をしようとする土地等、又はこれらの土地にある建築物その他の工作物につき当該開発行為の施行又は当該開発行為に関する工事の実施の妨げとなる権利を有する者の相当数の同意を得ていること。
d）その他

② 市街化調整区域における建築物の建築又は第1種特定工作物の場合には、上記①を満たした上で、さらに下記の項目のいずれかを満たさなければ許可を受けることができません。
a）当該開発区域の周辺の地域において居住している者の日常生活のため必要な物品の販売、加工、修理等の業務を営む店舗等の建築物の建築のために行う開発行為
b）農林漁業用の建築物で、許可不要とされている一定の建築物以外

のものの建築、又は市街化調整区域内において生産される**農産物等の処理、貯蔵、加工**に必要な建築物の建築用の開発行為

　c）その他

4　許可・不許可

① 通知

　都道府県知事は、開発許可の申請があったときは、**遅滞なく**、許可又は不許可の処分をしなければなりません。なお、この処分は、**文書**をもって申請者に通知することとされています。

　また、国又は都道府県、指定都市等が行う開発行為については、国の機関又は都道府県等と都道府県**知事との協議が成立**することをもって、開発許可があったものとみなします。

② 建築物の建蔽率等の指定

　都道府県知事は、**用途地域の定められていない土地の区域**における開発行為について開発許可をする場合、必要があると認めるときは、当該開発区域内の土地について、**建築物の建蔽率**、**建築物の高さ**、**壁面の位置**その他建築物の**敷地**、**構造及び設備**に関する制限を定めることができます。

　なお、上記の制限が定められた土地の区域内においては、建築物は、これらの制限に違反して建築してはなりません。ただし、都道府県知事の許可を受ければ、これらの制限を超えることができます。

③ 開発登録簿

　都道府県知事は、開発許可をしたときは、次に掲げる事項を開発登録簿に登録しなければなりません。そして、開発登録簿は常に**公衆の閲覧**に供するように保管し、**請求**があったときには、**その写しを交付**しなければなりません。

　a）開発許可の年月日
　b）予定建築物等の用途　（用途地域等の区域内の建築物及び第一種

特定工作物を除く）
　c）上記②の建築物の建蔽率等の指定があれば、その制限の内容
　d）その他

5 工事期間中

① 変更の許可等

　開発許可を受けた者は、開発許可の**申請書に記載した事項の変更**をしようとする場合は、**都道府県知事の許可**を受けなければなりません。ただし、開発許可が不要な行為への変更や一定の軽微な変更については、許可は不要です。なお、工事の着手予定年月日の変更等、一定の**軽微な変更**については、変更後に遅滞なく、その旨を**都道府県知事に届け出**ることとされています。

② 開発行為の廃止

　開発許可を受けた者は、開発行為に関する工事を廃止したときは、**遅滞なく**、その旨を**都道府県知事に届け出**なければなりません。

③ 許可に基づく地位の承継

　a）一般承継人の場合

　　開発許可を受けた者の**相続人その他の一般承継人**は、被承継人が有していた当該許可に基づく地位を承継します。

　b）特定承継人の場合

　　開発許可を受けた者から当該開発区域内の土地の所有権その他当該開発行為に関する工事を施行する権原を取得した者（特定承継人）は、**都道府県知事の承認**を受けて、開発許可に基づく地位を承継することができます。

④ 建築行為の制限等

　開発許可を受けた開発区域内の土地では、後述の工事の完了公告があるまでの間は、建築物の建築・特定工作物の建設をしてはなりませ

ん。ただし、下記に該当する場合には、例外として建築等が可能となります。
a) 工事用の仮設建築物の建築等をするとき
b) 都道府県知事が支障がないと認めたとき
c) 開発区域内の土地の所有者等で、開発行為に同意をしていない者が、その権利の行使として建築物・特定工作物の建築等をするとき

6 工事の完了
① 完了の届出
　開発許可を受けた者は、原則として、開発区域の全部について開発行為に関する工事を完了したときは、その旨を都道府県知事に届け出なければなりません。

② 完了検査
　都道府県知事は、①の届出があったときは、遅滞なく、その工事が開発許可の内容に適合しているかどうかについて検査し、その検査の結果その工事が開発許可の内容に適合していると認めたときは、検査済証を開発許可を受けた者に交付しなければなりません。

③ 完了公告
　都道府県知事は、検査済証を交付したときは、遅滞なく、工事が完了した旨を公告しなければなりません。

7 完了公告後
① 開発行為等により設置された公共施設の管理
　開発行為等により公共施設が設置されたときは、その公共施設は原則として、上記の完了公告の日の翌日において、その公共施設の存する市町村の管理に属するものとします。

② 建築等の制限

予定建築物等以外の建築物・特定工作物を新築・新設してはなりません。また、予定建築物以外の建築物へ用途変更してはなりません。ただし、下記に該当する場合には、例外として建築等が可能となります。

a) 都道府県知事が許可したとき
b) 用途地域等が定められているとき

4 開発許可を受けた土地以外の土地における建築等の制限

市街化調整区域のうち開発許可を受けた開発区域以外の区域内（試験では、この表現で出題されているので、慣れておくこと。つまり、市街化調整区域のうち、開発許可を受けていない部分のことである）においては、建築物の新築、改築、用途変更、又は第1種特定工作物の新設を行おうとする者は、都道府県知事の許可を受けなければなりません。ただし、下記に該当する建築物については、例外として許可が不要となります。

a) 開発許可が不要となっている建築物等
b) 仮設建築物の新築
c) 都市計画事業の施行として行う建築物の新築、改築若しくは用途の変更又は第1種特定工作物の新設
d) その他

　※　国又は都道府県等が行う建築物の新築、改築、用途の変更又は第1種特定工作物の新設については、当該国の機関又は都道府県等と都道府県知事との協議が成立することをもって、許可があったものとみなします。

5 不服申立て等

1 審査請求

監督処分等に不服がある者は、審査請求をすることができますが、これは開発審査会に対して行います。なお、不作為（法令に基づく申請に対して何らの処分をもしないこと）についての審査請求は、開発審査会に代えて、都道府県知事に対してすることもできます。

頻出! 一問一答

以下の問題文を読んで○か×かを判定しなさい。

問1
□□□　市街化調整区域内で行われる開発区域の面積が1ヘクタール未満のミニゴルフコースの建設のための開発行為は、開発許可が不要である。

問2
□□□　市街化区域内の既に造成された宅地において、敷地面積が1,500㎡の共同住宅を建築する場合は、当該宅地の区画形質の変更を行わないときでも、原則として開発許可を受けなければならない。

問3
□□□　市街化調整区域内の農地において、農業を営む者がその居住用の住宅を建築するため開発行為を行う場合は、原則として開発許可を受けなければならない。

問4
□□□　開発許可の申請書には、当該開発行為により設置される公共施設を管理することとなる者の同意を得たことを証する書面を、添付しなければならない。

問5
□□□　開発許可を申請した場合、開発行為をしようとする土地等について開発行為の施行又は開発行為に関する工事の実施の妨げとなる権利を有する者の相当数の同意を得ていなければ許可を受けることができない。

問6
□□□　都道府県知事は、開発登録簿を常に公衆の閲覧に供するように保管し、請求があったときは、その写しを交付しなければならない。

問7
□□□　開発許可を受けた者の相続人その他の一般承継人は、被承継人が有していた開発許可に基づく地位を承継する。

問8
□□□　開発許可を受けた者は、開発行為に関する工事を廃止したときは、遅滞なく、その旨を都道府県知事に届け出なければならない。

問9
□□□　区域区分の定めのない都市計画区域内（非線引都市計画区域）において、遊園地の建設の用に供する目的で3,000㎡の土地の区画形質の変更を行おうとする者は、あらかじめ、開発許可を受けなければならない。

282 **MASTER**

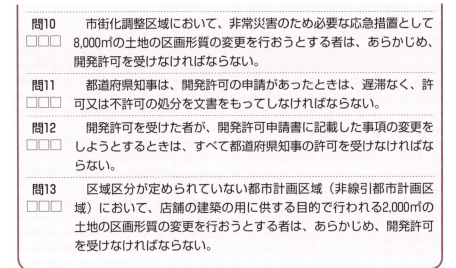

問10　市街化調整区域において、非常災害のため必要な応急措置として8,000㎡の土地の区画形質の変更を行おうとする者は、あらかじめ、開発許可を受けなければならない。

問11　都道府県知事は、開発許可の申請があったときは、遅滞なく、許可又は不許可の処分を文書をもってしなければならない。

問12　開発許可を受けた者が、開発許可申請書に記載した事項の変更をしようとするときは、すべて都道府県知事の許可を受けなければならない。

問13　区域区分が定められていない都市計画区域（非線引都市計画区域）において、店舗の建築の用に供する目的で行われる2,000㎡の土地の区画形質の変更を行おうとする者は、あらかじめ、開発許可を受けなければならない。

解 答

問1 ✕ ゴルフコースは1ヘクタール未満であっても第2種特定工作物に該当し、開発許可が必要となる。

問2 ✕ 本問の行為は開発行為に該当しないことから、開発許可は不要である。

問3 ✕ 開発許可は不要である。

問4 ✕ 本問の場合、「協議の経過を示す書面」を添付する。「同意を得たことを証する書面」ではない。

問5 〇 開発許可を受けるために必要な要件のひとつである。

問6 〇 記述の通りである。

問7 〇 記述の通りである。

問8 〇 記述の通りである。

問9 ✕ 遊園地は、10,000㎡以上で第二種特定工作物に該当する。本問は3,000㎡であり、開発行為に該当しないので、開発許可は不要。

問10 ✕ 非常災害のため必要な応急措置として行う開発行為は、その区域・規模にかかわらず、開発許可は不要。

問11 〇 記述の通りである。

問12 ✕ 一定の軽微な変更等の場合は、許可不要。この場合、変更後に遅滞なく知事に届出をする。

問13 ✕ 区域区分が定められていない都市計画区域（非線引都市計画区域）では、原則として3,000㎡未満の開発行為は、許可不要となる。

3 建築基準法（建築確認等）

重要度 ★★★

建築確認制度とは

　一定の建築物の建築等を行おうとする場合、建築主は、建築主事等又は指定確認検査機関で、予定している建築物が建築基準法等の規定に適合している旨の確認を受けるという制度です。これによって、違法建築物の建築を防止しようとしています。

> 建築主事とは、建築確認等を行う市町村又は都道府県の職員で、都道府県と政令で指定する人口25万人以上の市には必ず置かれており、それ以外の市町村については、任意で置くことができます。なお、昨年から、小規模な建築物の審査を担当できる「建築副主事」という資格者がスタートしました。

1 建築確認の要否等

　建築確認は、すべての建築物の建築の際に受けるわけではありません。建築確認が必要な建築物の規模等をしっかりと押さえましょう。

要点のまとめ

1. 日本全国のどこであっても建築確認が必要な建築物
　以下の①又は②に該当する建築物について「新築」「増築」「改築」「移転」「大規模の修繕」「大規模の模様替」を行う場合、建築確認が必要となる。
   ① 特殊建築物で、その用途に供する部分の面積が200㎡超
   ② 階数2以上又は延べ面積200㎡超

2. 都市計画区域・準都市計画区域等
　上記1に加えて、平屋かつ延べ面積200㎡以下の新築、増築、改築、移転をする場合にも建築確認が必要。

3. 補足等
　例外…「増築・改築・移転」を防火地域及び準防火地域外で行うとき

には、その面積が10㎡以内であるならば、確認は不要となる。
　補足…1①について。特殊建築物への用途変更の場合にも建築確認が必要となり、以下のパターンが該当する。
　　「一般の建築物（一般住宅等）→**特殊建築物**」
　　「**特殊建築物→他の特殊建築物**」
　　したがって、「特殊建築物→一般の建築物」は確認不要である。また、「特殊建築物→他の特殊建築物」であっても「ホテル→旅館」のような類似の用途相互間のときには確認不要となる。

特殊建築物とは、学校、体育館、病院、劇場、集会場、百貨店、市場、遊技場、公衆浴場、旅館、共同住宅、寄宿舎、下宿、工場、倉庫、自動車車庫等の多くの人が出入りするような一定の建築物をいいます。

2 手続き（申請から使用までの流れ）

ここでは、建築主事に対して行うことを前提に説明します。

　建築確認の申請　　建築主が建築主事に対して行う。

↓

　審　　査　　建築主事が審査。
一定の小規模な建築物以外の建築物は、構造によらず、構造規定等の審査及び省エネ基準の審査もなされる。

↓

　建築確認　　建築主事は、建築基準関係規定に適合したと認めると、申請者に確認済証を交付。なお、建築主事は共同住宅ではない住宅を除き、建築物の工事施工地等を管轄する消防署長等の同意を得る必要がある。

↓

工事の施工者は、工事現場の見やすい場所に、建築主、設計者等の氏名等並びに建築確認があった旨の表示をする（建築現場の前には、白色の四角いボードが立ててあるが、アレのことである）。

一定の工程（特定工程）を含む場合

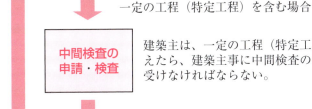

建築主は、一定の工程（特定工程）に係る工事を終えたら、建築主事に中間検査の申請をして、検査を受けなければならない。

建築主は、工事が完了した日から4日以内に建築主事に到達するように、建築主事の検査を申請しなければならない。

建築主事等は、その完了検査の申請を受理した日から7日以内に検査をしなければならない。そして、建築基準関係規定に適合していると認めると、建築主に対して検査済証を交付する。

特殊建築物と大規模建築物については、検査済証の交付を受けた後でなければ使用できない。
しかし、下記の場合には使用できる（抜粋）。
① 特定行政庁が仮使用の承認をしたとき
② 完了検査の申請が受理された日から7日を経過したとき

特定行政庁とは、建築主事または建築副主事を置く市町村では市長村長、その他の市町村については都道府県知事のことです。つまり、「人」のことなんですね。

3 不服申立て

特定行政庁、建築主事等の処分に不服がある者は、**建築審査会**に対して**審査請求**をすることができます。そして、建築審査会の裁決に不服がある者は、**国土交通大臣**に対して**再審査請求**をすることができます。なお、行

政サイドが行った処分の**取消しの訴え**は、この処分についての審査請求に対する建築審査会の**裁決を経た後**でなければ、提起することができません。

> 建築審査会とは、建築主事を置く市町村と都道府県に置かれており、建築・都市計画等に関する専門知識をもった委員で構成されています。

建築基準法の適用されない建築物

次に掲げる建築物には、建築基準法は適用されません。

1 文化財産

文化財保護法により、国宝、重要文化財、重要有形民俗文化財、特別史跡名勝天然記念物等として**指定**、又は**仮指定**された建築物や、そういったものの原形を再現する建築物で、特定行政庁が建築審査会の同意を得てその原形の再現がやむを得ないと認めたもの等。

2 既存不適格建築物

建築当時は合法であった建築物が、その後の法改正により、新しい規定に適合しなくなってしまった等の場合には、新しい規定を適用せず、そのままでかまいません。ただし、今後の増改築や建替えのときには、原則として、現在の規定に適合させる必要があります。

頻出! 一問一答

以下の問題文を読んで○か×かを判定しなさい。

問1 建築確認を申請しようとする建築主は、あらかじめ、当該確認に係る建築物の所在地を管轄する消防長又は消防署長の同意を得ておかなければならない。

問2 鉄骨造2階建て、高さ8m、延べ面積150㎡の住宅の新築をする場合は、建築確認を受けなければならない。

問3 木造平屋建て、床面積250㎡の建築物を住宅からコンビニエンスストアに用途変更する場合、建築確認を受ける必要はない。

問4 建築主は、工事を完了した場合においては、工事が完了した日から3日以内に到達するように、建築主事に文書をもって届け出なければならない。

問5 建築主は、建築主事が確認の申請について不適合の処分をした場合、当該建築主事を置く都道府県又は市区町村の長に対し、審査請求をすることができる。

問6 文化財保護法により重要文化財に指定された建築物について、一定の工事をする場合、建築確認を受ける必要がある。

解答

問1 × 原則として、建築主事等が同意を得る。建築主ではない。

問2 ○ 階数が2以上に該当しているので、建築確認が必要である。

問3 × コンビニエンスストアは特殊建築物である。したがって、一般の建築物から特殊建築物への用途変更であり、面積が200㎡超であるから建築確認が必要である。

問4 × 原則として、工事が完了した日から4日以内に到達するように行う。

問5 × 審査請求は、建築審査会に対して行う。

問6 × 文化財保護法により重要文化財に指定された建築物には、建築基準法の適用はない。

MASTER 289

4 建築基準法（単体規定）

重要度 ★★★

単体規定とは

単体規定は、個々の建築物の安全性等を守るために定められた日本全国に適用される規定です。

1 防火壁等

原則として、**耐火建築物・準耐火建築物等**でない延べ面積が**1,000㎡を超える建築物**は、防火上有効な構造の**防火壁又は防火床**によって有効に区画し、かつ、各区画の床面積の合計をそれぞれ**1,000㎡以内**としなければなりません。

2 中高層建築物

高さ20mを超える建築物には、原則として、有効に**避雷設備**を設けなければならず、**高さ31mを超える**建築物には、原則として、**非常用の昇降機**（エレベーター）を設けなければなりません。

頻出! 一問一答

以下の問題文を読んで〇か×かを判定しなさい。

問1 　延べ面積が2,000㎡の準耐火建築物は、防火上有効な構造の防火
□□□　壁によって有効に区画し、かつ、各区画の床面積の合計をそれぞれ
　　　500㎡以内としなければならない。

問2 　高さ25mの建築物には、周囲の状況によって安全上支障がない場
□□□　合を除き、有効に避雷設備を設けなければならない。

問3 　高さ25mの建築物には、安全上支障がない場合を除き、非常用の
□□□　昇降機を設けなければならない。

解　答

問1　×　準耐火建築物において、このような規定はない。

問2　〇　記述の通りである。

問3　×　高さ31mを超える建築物には、原則として、非常用の昇降機を設け
　　　　なければならない。

5 建築基準法（用途制限）

重要度 ★★★

用途制限とは

　都市計画法で用途地域を勉強したが、この「建築基準法」で扱う用途制限とは、さらに一歩進んだ話であり、具体的に、どこの用途地域にどのような建築物が建築できるのかを定めたものです。

　なお、この用途制限から建築基準法の最後（高さ規制・その他）までは集団規定といわれるもので、対象地域は、原則として、都市計画区域と準都市計画区域内になります。

用途（代表的なもの） ＼ 用途地域	一種低層住専	二種低層住専	田園住居地域	一種中高層住専	二種中高層住専	一種住居	二種住居	準住居	近隣商業	商業	準工業	工業	工業専用
住宅、共同住宅、図書館、老人ホーム	○	○	○	○	○	○	○	○	○	○	○	○	×
幼稚園、小学校、中学校、高等学校	○	○	○	○	○	○	○	○	○	○	○	×	×
神社、寺院、教会	○	○	○	○	○	○	○	○	○	○	○	○	○
保育所等、診療所、巡査派出所	○	○	○	○	○	○	○	○	○	○	○	○	○
病院、大学、高等専門学校	×	×	×	○	○	○	○	○	○	○	○	×	×
150㎡以下の一定の店舗、飲食店等	×	○	○	○	○	○	○	○	○	○	○	○	□
500㎡以下の一定の店舗、飲食店等	×	×	□	○	○	○	○	○	○	○	○	○	□
上記以外の物品販売業を営む店舗等	×	×	×	×	□	○	○	○	○	○	○	○	×
10,000㎡を超える店舗・飲食店	×	×	×	×	×	×	×	×	○	○	○	×	×
ボーリング場、水泳場	×	×	×	×	×	○	○	○	○	○	○	○	×
ホテル、旅館	×	×	×	×	×	○	○	○	○	○	○	×	×
マージャン屋、パチンコ屋	×	×	×	×	×	×	○	○	○	○	○	○	×
カラオケボックス、ダンスホール	×	×	×	×	×	×	○	○	○	○	○	○	○
倉庫業を営む倉庫	×	×	×	×	×	×	×	○	○	○	○	○	○
200㎡未満の劇場、映画館	×	×	×	×	×	×	×	○	○	○	○	×	×
200㎡以上の劇場、映画館	×	×	×	×	×	×	×	×	○	○	○	×	×
キャバレー、料理店	×	×	×	×	×	×	×	×	×	○	○	×	×
個室付浴場業に係る公衆浴場等	×	×	×	×	×	×	×	×	×	○	×	×	×
150㎡以下の自動車修理工場	×	×	×	×	×	×	×	○	○	○	○	○	○

□…一定の要件に該当するものに限り建築可能

※ 原則として建築できないはずのものであっても、特定行政庁が許可をした場合には、建築可能となる。
※ 表の中で、色文字の用途が平成20年以降に出題された代表的なものである。色文字部分をある程度把握したら、深入りせずに先へ行こう。

建築物の敷地が2つの用途地域にまたがっている場合には、広い方の用途地域の規制を受けます。

頻出! 一問一答

以下の問題文を読んで○か×かを判定しなさい。

問1 　住宅は、すべての用途地域内において、建築することができる。
□□□

問2 　第一種低層住居専用地域内においては、病院は建築してはならないが、診療所は建築することができる。
□□□

問3 　第一種住居地域内においては、騒音の小さいカラオケボックスであれば、建築することができる。
□□□

問4 　第一種低層住居専用地域内においては、保育所を建築することができない。
□□□

問5 　図書館は、すべての用途地域内において建築することができる。
□□□

解答

問1 　× 　住宅は、工業専用地域には建築できない。

問2 　○ 　記述の通りである。

問3 　× 　第一種住居地域内においては、カラオケボックスの建築はできない。

問4 　× 　保育所は、すべての用途地域で建築できる。

問5 　× 　工業専用地域には、建築できない。

6 建築基準法（道路）

重要度 ★★★

敷地等と道路との関係

　建築物の敷地は、道路に**2ｍ以上**接しなければなりません。安全上、交通上、防火上等を考慮しての規定です。

1 道路とは

　では、道路とはどのようなものをいうのでしょうか。

　建築基準法でいう道路とは、**幅員4ｍ以上**であることが原則です。敷地の前の道路（前面道路）が狭いと緊急車両等が近寄れず、安全性の確保に問題が生じるからです。

　したがって、幅員4ｍ以上の道路に2ｍ以上接していない敷地には、建築物が建てられないことになります。

　ただし、「道路に2ｍ以上接しなければならない」については例外があり、次のいずれかに該当する建築物には適用しません。

①　その敷地が幅員4ｍ以上の「道」（道路には該当していないが一定の基準に適合するもの）に2ｍ以上接する建築物のうち、**利用者が少数**であるものとしてその用途及び規模に関し一定基準に適合するもので、**特定行政庁**が交通上、安全上、防火上及び衛生上支障がないと認めるもの

②　その**敷地の周囲に広い空地**を有する建築物等で、**特定行政庁**が交通上、安全上、防火上及び衛生上支障がないと認めて**建築審査会の同意を得て許可**したもの

　また、**地方公共団体**は、特殊建築物や階数が3以上である建築物等について、**条例**で、必要な制限を**付加**することができます（緩和はできないので注意）。

2 6ｍ区域

　道路の幅員は4ｍ以上が原則であるが、**特定行政庁**がその地方の気候も

MASTER 295

しくは風土の特殊性又は土地の状況により必要と認めて**都道府県都市計画審議会の議を経て指定する区域内**においては、6m以上で道路とされます。この区域のことを俗に「6m区域」と呼びます。

3 2項道路

　前述したように、幅員4m以上の道路に2m以上接していない敷地には、建築物が建てられません。しかし、現実には4mの幅員をもたない道に接している敷地はたくさんあります。そこで、そういった土地でも建築物が建てられるようにしたのが、この2項道路といわれるものです。

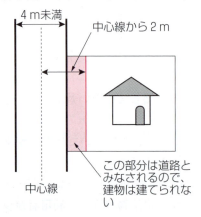

　建築基準法が施行された際、現に建築物が立ち並んでいる幅員4m未満の道で、特定行政庁の指定したものは道路として扱われます。

　具体的には、道路の**中心線から水平距離2m**のところを道路の境界線とみなします。したがって、自分の敷地でありながら、道路とみなされた部分には建物を建築できません（その代わり、接道義務を果たしたことになる）。

　図にはありませんが、中心線の左側も同様です。その結果、左右2mずつで4mの幅員が確保されることになります。

※　6m区域における2項道路…前面道路の幅員が6m未満の場合、道路の中心線から水平距離3mのところが道路の境界線とみなされます。

4 道路内の建築制限

　建築物又は敷地を造成するための擁壁は、道路に突き出して建築してはなりません。ただし、地盤面下に設ける建築物や、公衆便所、巡査派出所等の**公益上必要な建築物**で**特定行政庁**が通行上支障がないと認めて**建築審査会の同意を得て許可**したもの等は建築可能となります。

5 私道の変更又は廃止の制限

　私道の変更又は廃止によって、接道義務を果たせなくなる敷地がある場合、特定行政庁は、その私道の変更又は廃止を禁止し、又は制限することができます。

講義のまとめ

1．道路とは、幅員4m以上であることが原則である（6m区域もあり）。

2．建築物の敷地は、道路に2m以上接しなければならない。ただし、次のいずれかに該当する建築物には適用しない。

　① その敷地が幅員4m以上の「道」（道路には該当していないが一定の基準に適合するもの）に2m以上接する建築物のうち、利用者が少数であるものとしてその用途及び規模に関し一定基準に適合するもので、特定行政庁が交通上、安全上、防火上及び衛生上支障がないと認めるもの

　② その敷地の周囲に広い空地を有する建築物等で、特定行政庁が交通上、安全上、防火上及び衛生上支障がないと認めて建築審査会の同意を得て許可したもの

3．地方公共団体は、特殊建築物等について、条例で、必要な制限を付加することができる（緩和はできない）。

4．2項道路は、道路の中心線から水平距離2mのところを道路の境界線とみなす（6m区域では3m）。

5．建築物は、道路内に建築してはならない。一定の公益上必要な建築物等で特定行政庁が許可したものは建築可能となる。

6．私道の変更・廃止によって、接道義務を果たせなくなる敷地がある場合、特定行政庁は、その私道の変更や廃止を禁止・制限することができる。

頻出! 一問一答

以下の問題文を読んで○か×かを判定しなさい。

問1 □□□　建築物の敷地は、原則として幅員6m以上の道路に接していなければならない。

問2 □□□　公衆便所、巡査派出所その他これらに類する公益上必要な建築物で特定行政庁が通行上支障がないと認めて建築審査会の同意を得て許可したものについても、道路に突き出して建築してはならない。

問3 □□□　建築基準法の規定が適用された際、現に建築物が立ち並んでいる幅員4m未満の道で、特定行政庁が指定したものについては、同法の規定が適用された際の道路の境界線が、その道路の境界線とみなされる。

問4 □□□　地方公共団体は、一定の建築物の用途又は規模の特殊性により必要があると認めるときは、条例で、建築物の敷地と道路との関係についての制限を緩和することができる。

問5 □□□　私道の所有者が私道を廃止し、又は変更する場合、その私道に接する敷地に与える影響のいかんによっては、特定行政庁から、その廃止又は変更を禁止し、又は制限されることがある。

解　答

問1　×　6m以上ではなく、4m以上である。

問2　×　原則として、建築物等は道路に突き出して建築してはならないが、本問の場合は、例外として建築可能となる。

問3　×　2項道路に関する問題である。道路の中心線から原則として2m後退したところが、道路と敷地との境界線とみなされる。

問4　×　付加はできるが、緩和はできない。

問5　○　記述の通りである。

298 **MASTER**

7 建築基準法（建蔽率・容積率）

重要度 ★★★

建蔽率とは

　建築物の建築面積の敷地面積に対する割合のことです。敷地いっぱいに建築物を建てると、火災が発生した場合、隣家に火が燃え移りやすくなるなど、不都合なことがあります。そこで、敷地内に適度な空間を確保するべく、このような規制がなされました。なお、用途地域ごとに候補となる数字があり、その中から都市計画で地区ごとに具体的な数字を定めます。

1 建築物の建築面積

　敷地面積が100㎡あるとします。この地区の建蔽率が都市計画で10分の6に定められていたとすると、建築面積は60㎡まで可能ということです。

　計算式は、$100㎡ \times \dfrac{6}{10} = 60㎡$ となります。

2 候補となる数字

　用途地域ごとに（指定のない区域もあるが）、候補となる数字が用意されています。これが、次の表の「原則」の欄です。

要点のまとめ

	用途地域等	原則	㋐防火地域内の耐火建築物等	㋑準防火地域内の耐火・準耐火建築物等	㋒特定行政庁指定の角地等
①	第一種低層住居専用地域 第二種低層住居専用地域 田園住居地域 第一種中高層住居専用地域 第二種中高層住居専用地域 工業専用地域	$\frac{3}{10},\frac{4}{10},\frac{5}{10},\frac{6}{10}$ のうちで都市計画で定める割合	原則$+\frac{1}{10}$	原則$+\frac{1}{10}$	原則$+\frac{1}{10}$
②	第一種住居地域 第二種住居地域 準住居地域 準工業地域	$\frac{5}{10},\frac{6}{10},\frac{8}{10}$ のうちで都市計画で定める割合	原則$+\frac{1}{10}$ $\left(原則\frac{8}{10}の場合\right)$ $\rightarrow\frac{10}{10}$	原則$+\frac{1}{10}$	原則$+\frac{1}{10}$
③	近隣商業地域	$\frac{6}{10},\frac{8}{10}$ のうちで都市計画で定める割合	原則$+\frac{1}{10}$ $\left(原則\frac{8}{10}の場合\right)$ $\rightarrow\frac{10}{10}$	原則$+\frac{1}{10}$	原則$+\frac{1}{10}$
④	商業地域	$\frac{8}{10}$	$\frac{10}{10}$	$\frac{9}{10}$	$\frac{9}{10}$
⑤	工業地域	$\frac{5}{10},\frac{6}{10}$ のうちで都市計画で定める割合	原則$+\frac{1}{10}$	原則$+\frac{1}{10}$	原則$+\frac{1}{10}$
⑥	用途地域の指定のない区域	$\frac{3}{10},\frac{4}{10},\frac{5}{10},\frac{6}{10},\frac{7}{10}$ のうちで特定行政庁が定める割合	原則$+\frac{1}{10}$	原則$+\frac{1}{10}$	原則$+\frac{1}{10}$

3 建蔽率の緩和・適用除外

　表の㋐の欄についてですが、**防火地域内**において**耐火建築物等**を建築する場合には、「原則」の数字に$\frac{1}{10}$を**プラス**することができます。なお、「原

則」の数字が$\frac{8}{10}$であったときには、いきなり$\frac{10}{10}$まで可能となります（つまり、建蔽率規制がなくなり、敷地いっぱいまで建築可能ということ）。

次に㋒の欄についてですが、街区の角にある敷地で特定行政庁が指定するものの内にある建築物（㋒特定行政庁指定の角地等）は、「原則」の数字に$\frac{1}{10}$をプラスすることができます。

したがって、㋐と㋒または㋑と㋒の２つに該当すると、通常は$\frac{1}{10}+\frac{1}{10}$で計$\frac{2}{10}$プラスとなります。

また、建蔽率規制は、巡査派出所、公衆便所、公共用歩廊等や公園、広場、道路、川等の内にある建築物で特定行政庁が安全上、防火上及び衛生上支障がないと認めて許可したものについては、適用されません。

要点のまとめ

複数の用途地域に属する敷地の建築面積の計算

都市計画で定められた建蔽率は、商業地域が$\frac{8}{10}$、準住居地域が$\frac{6}{10}$とする。その他の条件はない。

こういう場合は、片方ずつ面積を算出して、それを足せばよい。

商業地域……100㎡×$\frac{8}{10}$＝80㎡

準住居地域…100㎡×$\frac{6}{10}$＝60㎡

80㎡＋60㎡＝140㎡
この200㎡の土地に対する最大建築面積は140㎡となる。

容積率とは

建築物の延べ面積の敷地面積に対する割合のことです。建蔽率と同様に、用途地域ごとに候補となる数字があり、その中から都市計画で地区ごとに具体的な数字を定めます。この数字によって、その敷地に建てられ

る建築物の延べ面積（簡単にいうと建物の各階の合計床面積）が決まります。

1 建築物の延べ面積

敷地面積が300㎡あるとします。この地区の容積率が都市計画で$\frac{20}{10}$（200％）と定められていたとすると、延べ面積は600㎡まで可能ということです。

計算式は、300㎡×$\frac{20}{10}$＝600㎡となります。

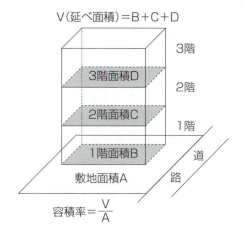

2 候補となる数字

用途地域ごとに（指定のない区域もあるが）、候補となる数字が用意されています。これが、次の表の「A欄」です。

要点のまとめ

用途地域等	A欄	B欄
① 第一種低層住居専用地域 第二種低層住居専用地域 田園住居地域	$\frac{5}{10}$、$\frac{6}{10}$、$\frac{8}{10}$、$\frac{10}{10}$、$\frac{15}{10}$、$\frac{20}{10}$ のいずれか	都 市 計 画
② 第一種中高層住居専用地域 第二種中高層住居専用地域 第一種住居地域 第二種住居地域 準住居地域 近隣商業地域 準工業地域	$\frac{10}{10}$、$\frac{15}{10}$、$\frac{20}{10}$、$\frac{30}{10}$、$\frac{40}{10}$、$\frac{50}{10}$ のいずれか	
③ 商業地域	$\frac{20}{10}$、$\frac{30}{10}$、$\frac{40}{10}$、$\frac{50}{10}$、$\frac{60}{10}$、$\frac{70}{10}$、$\frac{80}{10}$、$\frac{90}{10}$、$\frac{100}{10}$、 $\frac{110}{10}$、$\frac{120}{10}$、$\frac{130}{10}$ のいずれか	
④ 工業地域 工業専用地域	$\frac{10}{10}$、$\frac{15}{10}$、$\frac{20}{10}$、$\frac{30}{10}$、$\frac{40}{10}$ のいずれか	
⑤ 用途地域の指定のない区域	$\frac{5}{10}$、$\frac{8}{10}$、$\frac{10}{10}$、$\frac{20}{10}$、$\frac{30}{10}$、$\frac{40}{10}$ のいずれか	※

※ 特定行政庁が都市計画審議会の議を経て定める。

3 前面道路の幅員による容積率

　延べ面積の大きい建物ほど、たくさんの人が出入りできるようになります。それにもかかわらず、目の前の道路（前面道路）の幅員が狭いと、何かあった場合に避難や救助等に支障をきたしてしまいます。そこで、前面道路の幅員に応じて容積率を調整します。

　まず、しっかりと頭に入れておきたいのが、前面道路の幅員による容積率の計算を行うのは、前面道路が**12m未満**のときです。具体的には、**都市計画で定められた容積率**と、**前面道路の幅員によって算出した容積率のいずれか厳しい方**が、その土地の容積率となります。

　この前面道路の幅員による容積率の算出には、一定の分数を使います。この分数は絶対に覚えなければいけません。

住居系用途地域…$\frac{4}{10}$

それ以外の地域…$\frac{6}{10}$

では、都市計画で定められた容積率と、前面道路の幅員によって算出した容積率とでは、どれくらいの違いが出るものなのかを計算してみましょう。

事例1）

［条件］
・準住居地域
・都市計画で容積率は$\frac{40}{10}$に定められている
・敷地面積は200㎡
・前面道路の幅員は15m

［計算］

200㎡ × $\frac{40}{10}$ ＝ 800㎡　　最大延べ面積は800㎡となる。

事例2）

［条件］
・準住居地域
・都市計画で容積率は$\frac{40}{10}$に定められている
・敷地面積は200㎡
・前面道路の幅員は6m

※ 事例1と違うのは、前面道路の幅員だけである。

［計算］

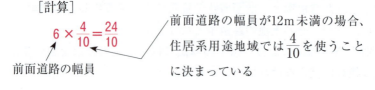

前面道路の幅員が12m未満の場合、住居系用途地域では$\frac{4}{10}$を使うことに決まっている

304 MASTER

上記の計算で出た$\frac{24}{10}$と都市計画で定められていた$\frac{40}{10}$を比べて、**厳しい（小さい）方がこの土地の容積率**となります。その結果、この土地の容積率は$\frac{24}{10}$となりました。

したがって、200㎡×$\frac{24}{10}$＝480㎡　　**最大延べ面積**は480㎡となります。

事例1では800㎡だったものが、事例2では480㎡となってしまいました。これが、前面道路の幅員による容積率（延べ面積）です。

4 延べ面積に算入しないもの

（1）**建築物の地階**でその天井が地盤面からの高さ１ｍ以下にあるものの住宅又は老人ホーム等の用途に供する部分の床面積は、その**住宅及び老人ホーム等の用途部分**の床面積の$\frac{1}{3}$を限度として、その面積を延べ面積に算入しません。

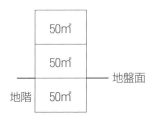

この建物全部が住宅の用途とします。各階の床面積が50㎡だとすると、本当なら延べ面積は150㎡ですが、地階部分の50㎡は算入しないので、この建物の延べ面積は100㎡ということになります。

（2）また、原則として、建築物の容積率の算定の基礎となる延べ面積には、**エレベーターの昇降路の部分又は共同住宅もしくは老人ホーム等の共用の廊下もしくは階段の用に供する部分の床面積は、算入しません**。つまり、マンションを建てる場合において、その敷地に認められた最大延べ面積の内訳として、廊下部分や階段部分等の面積は算入しませんので、その分の面積を住居スペースにまわすことができるのです。

（3）そして、もう一つ。**宅配ボックスの設置部分**は、一定の範囲内で、延べ面積に算入しないことになっています。

要点のまとめ

建蔽率と容積率の比較

1. 容積率は、全部の用途地域において定めることになるが、建蔽率は、商業地域以外において定めることとなる（商業地域の建蔽率は10分の8と決まっており、他に候補となる数字がない）。

2. 前面道路の幅員によって"率（○分の○）"に影響がでるのは、容積率だけであり、建蔽率には関係がない。

頻出！一問一答

以下の問題文を読んで○か×かを判定しなさい。

問1 □□□ 公園内にある建築物で、特定行政庁が安全上、防火上及び衛生上支障がないと認めて、あらかじめ建築審査会の同意を得て許可したものについては、建蔽率制限は適用されない。

問2 □□□ 用途地域の指定のない区域内にある建築物で、安全上、防火上及び衛生上支障のないものについては、建蔽率制限は適用されない。

問3 □□□ 街区の角にある敷地で特定行政庁が指定するものの内にある耐火建築物については、建蔽率制限は適用されない。

問4 □□□ 用途地域の指定のない区域内の建築物については、容積率に係る制限は、適用されない。

問5 □□□ 商業地域内で、かつ、防火地域内にある耐火建築物については、容積率制限は適用されない。

問6 □□□ 容積率の算定に当たっては、共同住宅の共用の廊下又は階段の用に供する部分の床面積は、その建築物の延べ面積には算入しない。

解答

問1 ○ 本問の場合、建蔽率制限は適用されない。

問2 × このような規定はない。

問3 × 街区の角にある敷地で特定行政庁が指定するものの内にある建築物の場合、建蔽率は10分の1アップする。適用されないわけではない。

問4 × 用途地域の指定のない区域内の建築物であっても、容積率に係る制限は適用される。

問5 × 容積率制限は適用される。建蔽率と勘違いしないように。

問6 ○ 記述の通りである。

8 建築基準法（防火規制）

重要度 ★★★

防火地域・準防火地域

駅前など、たくさんの人が集まる場所については、より高い耐火性能が建築物に求められます。そこで、そういったところを防火地域や準防火地域と指定して、その地域内では、一定以上の耐火性能等がなければ建築物の建築はさせないというものです。

1 地域による建築物の耐火性能等

どの地域で、どういう建築物が建築できるのでしょうか。

要点のまとめ

	防火地域	準防火地域
(1)耐火建築物等	①階数3以上の建築物 又は ②延べ面積100㎡超の建築物	①地上階数4以上の建築物 又は ②延べ面積1,500㎡超の建築物
(2)耐火建築物・準耐火建築物等	階数2以下で延べ面積100㎡以下の建築物	・地上階数3で延べ面積1,500㎡以下の建築物 ・地上階数2以下で延べ面積500㎡超1,500㎡以下の建築物

2 その他の制限

1 屋根（防火地域・準防火地域）

建築物の**屋根の構造**は、市街地における火災を想定した火の粉による**建築物の火災の発生を防止**するために屋根に必要とされる性能に関して建築物の構造及び用途の区分に応じて政令で定める技術的基準に適合するもので、国土交通大臣が定めた構造方法又は認定を受けたものとしなければなりません。

2 隣地境界線に接する外壁（防火地域・準防火地域）

外壁が耐火構造のものについては、その外壁を隣地境界線に接して設けることができます。

3 看板等の防火措置（防火地域のみ）

看板、広告塔、装飾塔等の工作物で、建築物の屋上に設けるもの又は高さ3mを超えるものは、その主要な部分を不燃材料で造り、又は覆わなければなりません。

4 建築物が防火地域又は準防火地域の内外にわたる場合の措置

① 建築物が「防火地域」「準防火地域」「それら以外の地域」のいずれかにまたがった場合には、厳しい地域の規定が適用されます。

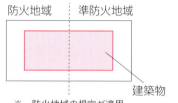
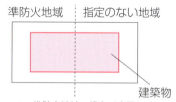

② ただし、防火壁でその建築物が有効に区画されているときは、その防火壁外の部分については、その区域の制限に従います。

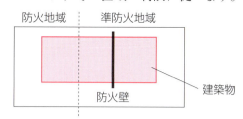

※ 防火壁の左側が防火地域の規定、右側が準防火地域の規定を適用する。

頻出! 一問一答

以下の問題文を読んで〇か×かを判定しなさい。

問1 防火地域内において、階数2以下、かつ、延べ面積100㎡以下の
□□□ 建築物は耐火建築物としなければならない。

問2 準防火地域内において、地階を除く階数が3で延べ面積が1,000
□□□ ㎡の事務所は、必ず耐火建築物としなければならない。

問3 準防火地域内にある看板、広告塔で、建築物の屋上に設けるもの
□□□ は、必ずその主要な部分を不燃材料で造り、又は覆わなければなら
ない。

問4 防火地域又は準防火地域内にある建築物で、外壁が耐火構造のも
□□□ のについては、その外壁を隣地境界線に接して設けることができ
る。

解 答

問1 × 準耐火建築物等でもよい。

問2 × 耐火建築物又は準耐火建築物等としなければならない。

問3 × 準防火地域内には、このような規定はない。防火地域内と混同しな
いように。

問4 〇 記述の通りである。

9 建築基準法（高さ規制・その他）

重要度

高さ規制とは

隣接地等に長時間日影をつくらないようにするための規制です。

例）道路斜線制限

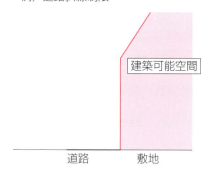

道路際から建物を立ち上げる場合、一定の高さまではまっすぐだが、その後は自分の敷地側に斜めになります。

1 4つの斜線制限等

「道路斜線制限」「隣地斜線制限」「北側斜線制限」「日影規制」の4つの規定があります。試験対策としては、日影規制以外の3つについては、細かい内容は気にせず、対象地域を覚えてしまいましょう。

要点のまとめ

適用地域等	道路斜線	隣地斜線	北側斜線
第一種低層住居専用地域	○	×	○
第二種低層住居専用地域	○	×	○
田園住居地域	○	×	○
第一種中高層住居専用地域	○	○	○
第二種中高層住居専用地域	○	○	○
第一種住居地域	○	○	×
第二種住居地域	○	○	×
準住居地域	○	○	×
近隣商業地域	○	○	×
商業地域	○	○	×
準工業地域	○	○	×
工業地域	○	○	×
工業専用地域	○	○	×
用途地域の指定のない区域	○	○	×

2 日影規制

　日影規制は、他の3つと違い、少し細かいことも問われています。そこで、以下の内容くらいは頭に入れておきましょう。なお、日影規制というのは、冬至日において、近隣の土地に一定時間以上日影をつくらないように、建築物の高さを規制するというものです。

　対象となる地域は、商業地域、工業地域、工業専用地域を除いた用途地域及び用途地域の指定のない区域のうち、地方公共団体の条例で指定する区域内において適用されます。

　したがって、条例で指定されていないところは、原則として関係がありません。しかし、例外として、対象区域外にある建築物であっても、高さが10mを超える建築物で、冬至日において、対象区域内の土地に日影を生じさせるものは、対象区域内にある建築物とみなして、規制を受けます。

　また、指定された地域等であっても、一定の規模の建築物でなければ関係がありません。この規模も覚えておきましょう。

要点のまとめ

適用地域等	制限を受ける建築物
第一種低層住居専用地域 第二種低層住居専用地域 田園住居地域	①軒高**7mを超える**建築物又は地上**階数3以上**の建築物
第一種中高層住居専用地域 第二種中高層住居専用地域 第一種住居地域 第二種住居地域 準住居地域 近隣商業地域 準工業地域	②高さ10mを超える建築物
用途地域の指定のない区域	上記①②のいずれかを地方公共団体が条例で指定する。

イメージ図

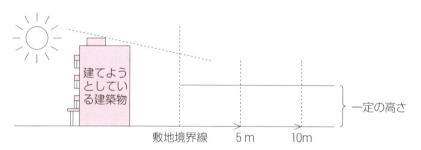

　敷地境界線からの水平距離が5mを超える部分であり、かつ平均地盤面からの一定の高さに、日影を生じさせてはならない時間が、地方公共団体の条例で定められている。

〈補足〉
　同一の敷地内に2以上の建築物がある場合においては、これらの建築物をひとつの建築物とみなして、日影規制を適用します。

　　例）準住居地域であり、条例で日影規制が適用されているとします。

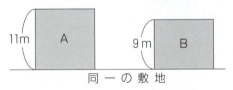

※　建築物Aだけでなく、建築物Bも規制の対象となる。

その他の建築基準法の規定

以下の規定も、念のために押さえておきたいところです。

1 敷地面積の最低限度

　敷地を細分化されてしまうと、狭い敷地にこまごまとした家が建ち並ぶことになり、住環境という点からみると、あまり好ましくありません。そこで、**すべての用途地域を対象**として、**必要に応じて**、敷地面積の最低限度を定めることができることになっています。

　具体的には、「この地区については、敷地を100㎡より小さく分割してはいけません」というように、**200㎡**までの数字を用いて、都市計画で定めることができるのです。

2 建築物の絶対高さの制限

　第一種低層住居専用地域、**第二種低層住居専用地域**、**田園住居地域**は、都市計画法で学んだように、低層住宅に係る良好な住居の環境を保護するため定める地域とされています。したがって、この3地域については、建築物の高さの上限を**必ず定める**ことになっています。

　具体的には、**10m又は12m**のうち、この地域に関する都市計画において定められた建築物の高さの限度を超えてはなりません。

3 外壁の後退距離

　この規定も、**第一種低層住居専用地域**、**第二種低層住居専用地域**、**田園住居地域**だけが対象です。良好な住環境の保護という観点から、建築物を建築する場合、敷地境界線から一定距離を離させるというもので、上記の「絶対高さの制限」は、必ず定めなければなりませんが、こちらは**必要に応じて**とされています。

　具体的には、**都市計画**において外壁の後退距離の限度を定める場合、建築物の外壁等から敷地境界線までの距離は、**1.5m又は1m**で定めます。

頻出！一問一答

以下の問題文を読んで〇か×かを判定しなさい。

問1 □□□ 道路斜線制限は、用途地域の指定のない区域内については、適用されない。

問2 □□□ 隣地斜線制限は、第一種低層住居専用地域内について適用される。

問3 □□□ 北側斜線制限は、第一種低層住居専用地域、第二種低層住居専用地域、田園住居地域、第一種中高層住居専用地域、第二種中高層住居専用地域内に限り、適用される。

問4 □□□ 日影規制は、商業地域内においても適用される。

問5 □□□ 第一種低層住居専用地域、第二種低層住居専用地域、田園住居地域においては、建築物の高さは、原則として、13mを超えてはならない。

問6 □□□ 外壁の後退距離の規定は、第一種住居地域内における建築物にも適用される。

解答

問1 × 道路斜線制限は、用途地域の指定のない区域内についても適用される。

問2 × 隣地斜線制限は、第一種低層住居専用地域内については適用されない。

問3 〇 記述の通りである。

問4 × 日影規制は、原則として商業地域内においては適用されない。

問5 × 原則として、10m又は12mのうち、都市計画で定められた限度を超えてはならない。

問6 × 外壁の後退距離の規定が適用されるのは、第一種低層住居専用地域・第二種低層住居専用地域・田園住居地域であり、第一種住居地域においては適用されない。

10 農地法

重要度 ★★★

農地法の目的

　農地法は、**耕作者の地位の安定**と国内の**農業生産の増大**を図り、もって国民に対する食料の安定供給の確保に資することを目的とした法律です。そこで、農業生産の増大という観点から、農地や採草放牧地の売買をしたり、農地の転用をしようとする場合には、都道府県知事等の許可を受けなければならないことになっています。

> 試験では、3条、4条、5条からの出題がほとんどです。

1 用語

　まず、農地とはどのような土地を指すのかを押さえる必要があります。農地とは、耕作の目的に供される土地をいい、具体的には、**客観的な事実状態で判断**することになっており、登記簿上の地目は関係ありません。また、一時的に耕作を休止している休耕地は農地として扱われます。

　次に、採草放牧地。これは、農地以外の土地で、主として耕作又は養畜の事業のための採草又は家畜の放牧の目的に供されるもののことです。

2 3条（権利移動）

・農地を農地
・採草放牧地を採草放牧地
・採草放牧地を農地

として利用するため、売買・賃借権の設定等を行う場合に、3条許可が必要です。

1 許可権者
農業委員会

2 許可が不要な場合
　a）これらの**権利を取得する者**が国又は都道府県である場合

MASTER 317

ｂ）土地収用法等によって農地・採草放牧地に関する権利が収用され、
又は使用される場合

ｃ）**相続**（**遺産分割・相続人に対する特定遺贈を含む**）等による場合
他

※　相続等による場合には、遅滞なく、その農地又は採草放牧地の存する市町村
の**農業委員会**にその旨を**届け出**なければならない。届出をしなかった者や虚偽
の届出をした者は、10万円以下の過料に処せられる。

3 許可を受けないでした行為

許可を受けないでした売買契約等は、その**効力を生じません**。罰則も
あり、**3年以下の懲役又は300万円以下の罰金**に処すると規定されてい
ます。

3 4条（転用）

農地を農地以外に転用する場合には、4条許可が必要です。
※　採草放牧地を転用する場合には、4条許可は不要。

1 許可権者

都道府県知事等（「都道府県知事」と「農林水産大臣が指定する市町村
の区域内にあっては市町村長」をいう。以下同じ。）

2 許可が不要な場合

ａ）土地収用法等によって収用又は使用した農地を転用する場合

ｂ）**2アール未満**のものであり、農作物の育成若しくは養畜の事業のた
めの農業用施設に供する場合　他

3 許可を受けないでした行為

許可を受けないで転用した場合、相当の期限を定めての**原状回復命令**
等と、罰則として、**3年以下の懲役又は300万円以下の罰金**（**法人につ
いては1億円以下の罰金**）が規定されています。

318 **MASTER**

4 国・都道府県等について

　　国又は都道府県等（「都道府県」と「農林水産大臣が指定した市町村」をいう。以下同じ。）が、**道路、農業用用排水施設**等の用に供するために転用するときは、農地法４条の**許可は不要**です。しかし、国又は都道府県等が、**学校、病院等を設置**するために転用するときは、国又は都道府県等と都道府県知事等との**協議が成立**することにより、**許可があった**ものとみなします。

5 市街化区域内の特例

　　市街化区域内の農地を転用する場合は、あらかじめ農業委員会に届け出れば、許可は不要となります。

4 ５条（権利移動＋転用）

・農地を農地以外	にするため、売買・賃借権の設定等を行う場合、５条許可が必要です。
・採草放牧地を農地・採草放牧地以外	

1 許可権者

　　都道府県知事等

2 許可が不要な場合

　　土地収用法等によって収用又は使用した農地を転用する場合　　他

3 許可を受けないでした行為

　　許可を受けないでした売買契約等は、その**効力を生じません**。罰則もあり、**３年以下の懲役又は300万円以下の罰金（法人については１億円以下の罰金）**です。また、転用された農地等について、４条と同様に、相当の期限を定めての**原状回復命令**等が規定されています。

4 国・都道府県等について

　　国又は都道府県等が、**道路、農業用用排水施設**等の用に供するために権利を取得するときは、農地法５条の許可は不要です。しかし、国又は

MASTER 319

都道府県等が、**学校、病院等を設置**するために行うときは、国又は都道府県等と都道府県知事等との**協議が成立**することにより、**許可があった**ものとみなします。

5 市街化区域内の特例

市街化区域内の農地を転用目的で売買等の権利移動をする場合、あらかじめ農業委員会に届け出れば、許可は不要となります。

5 農地又は採草放牧地の賃貸借の存続期間

農地又は採草放牧地の賃貸借の存続期間は、50年を超えることができません。

講義のまとめ

	3条 (権利移動)	4条 (転用)	5条 (権利移動＋転用)
許可が必要な内容と許可権者	①農　　地→農　　地 ②採草放牧地→採草放牧地 ③採草放牧地→農　　地	農地を転用する場合 (権利移動はなし) ※採草放牧地の転用は許可不要	転用目的で使用収益権を移転、設定する場合 ①農　　地→農地以外 ②採草放牧地→農地・採草 　　　　　　　放牧地以外 ※採草放牧地→農地は3条
許可が必要な内容と許可権者	農業委員会	都道府県知事等	
許可不要等	国・都道府県が権利取得のときは許可不要	国・都道府県等が学校、病院等を設置するために転用等を行うときは、都道府県知事等との協議が成立することで許可があったものとみなす	
許可不要等	土地収用法によって、権利が収用され又は使用される場合		
許可不要等	相続・遺産分割等は許可不要（事後に届出必要）	———	
市街化区域の特例	特例なし	農業委員会への届出で足りる	
無許可でした行為	契約無効	原状回復等の措置あり	契約無効 原状回復等の措置あり
無許可でした行為	3年以下の懲役又は300万円以下の罰金	3年以下の懲役又は300万円以下の罰金 （法人であるときは1億円以下の罰金）	

第3章 法令上の制限

10 農地法

MASTER 321

頻出！ 一問一答

以下の問題文を読んで〇か×かを判定しなさい。

問1 現在耕作されている農地を取得して宅地に転用しようとする場合
□□□ は、登記簿上の地目が「原野」であっても、農地法第5条の許可を
受ける必要がある。

問2 農地を相続によって取得した者は、遅滞なく、その農地の存する
□□□ 市町村の農業委員会にその旨を届け出なければならない。

問3 自己所有の農地5ヘクタールを豚舎用地に転用する場合は、農地
□□□ 法第4条により農林水産大臣の許可を受ける必要がある。

問4 市街化区域内の農地を取得して住宅地に転用する場合は、都道府
□□□ 県知事にその旨届け出れば、農地法第5条の許可を得る必要はな
い。

解 答

問1 〇 登記簿上の地目は関係がない。

問2 〇 記述の通りである。

問3 × 都道府県知事等の許可である。

問4 × 届出先は、農業委員会である。

11 国土利用計画法

重要度 ★★★

国土利用計画法の目的

　国土利用計画法は、地価の高騰を抑え、土地利用の適正化を図ることを目的としています。そこで、その目的を達成するために、国土（土地）の利用に関する計画を定めたり、売買等における届出制や許可制というものを設けています。

1 土地取引の規制

　この法律の目的を達成するため、売買等の一定の土地取引について「届出制」や「許可制」が設けられています。イメージとしては、下の図のように、日本全国は、4種類の区域に分けられ、それぞれの区域ごとにルールがあります。試験では、届出制からの出題がほとんどですので、そこに絞って、しっかりと押さえることにします。

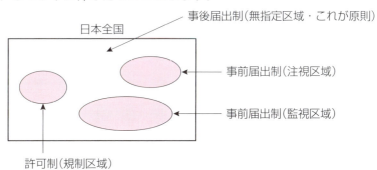

2 届出・許可を必要とする一定の土地取引

　次の3つをすべて満たしたものが届出や許可を必要とする一定の土地取引に該当します。したがって、ひとつでも欠ければ関係がありません（届出や許可は不要）。

（1）権利性
（2）対価性

（3）**契約性**

要点のまとめ

	要　件	該当する例	該当しない例	
権利性	土地に関する権利（所有権、地上権、賃借権）の移転又は設定であること	①**売買契約、売買予約、交換** ②譲渡担保、代物弁済、代物弁済予約 ③**権利金の授受のある**地上権設定・賃借権設定 ④形成権（予約完結権、買戻権等）の譲渡 ⑤土地区画整理事業における保留地の処分	**抵当権設定**、質権設定、地役権設定、永小作権設定、使用借権設定	
対価性	土地に関する権利の移転又は設定が、対価を得て行われること		①**贈与**、負担付贈与 ②**信託契約** ③**権利金の授受のない**地上権設定・賃借権設定	①**相続** ②換地処分、土地収用、時効
契約性	土地に関する権利の移転又は設定が、契約（予約を含む）であること		形成権（予約完結権、買戻権等）の行使	

③ 事後届出制

1 対象区域と面積

　　事後届出制の対象区域は、前ページの図にもあるように、事前届出制の注視区域・監視区域及び許可制の規制区域に指定されていない残りの区域全部です。そして、事後届出は、前述の権利性、対価性、契約性という3つの要件を満たしているとともに、次の面積以上の場合に行います。

・**市街化区域** ———————————————— **2,000㎡以上**

・**市街化調整区域と非線引都市計画区域** ——— **5,000㎡以上**

・**都市計画区域外** ———————————————— **10,000㎡以上**

※　たとえば、先の3つの要件を満たしていても、それが市街化区域であって、取引する面積が1,500㎡なら、事後届出は不要ということになる。

※　共有の場合には、**持分を面積に換算**する。たとえば、市街化区域内にある3,000㎡の土地をＡＢＣの３人が持分均一（$\frac{1}{3}$ずつ）で所有しており、Ａが自己の持分を売るという場合、3,000㎡の$\frac{1}{3}$ということで1,000㎡を売ると考える。したがって、市街化区域内なら届出不要。

2 届出手続き

　権利取得者（売買なら買主）が、契約締結後２週間以内に市町村長を経由して、都道府県知事に届出をします。そして、都道府県知事は、土地の利用目的を審査し、その土地を含む周辺の地域の適正かつ合理的な土地利用を図るために著しい支障があると認めるときは、その土地の利用目的について必要な変更をすべきことを勧告することができます。

　この勧告は、届出があった日から起算して３週間以内にしなければなりません。ただし、実地の調査を行うため必要があるとき等３週間以内に勧告をすることができない合理的な理由があるときは、３週間の範囲内において、期間を延長することができます。

　そして、都道府県知事は、勧告をした場合において必要があると認めるときは、その勧告を受けた者に対し、その勧告に基づいて講じた措置について報告をさせることができます。

　なお、都道府県知事は、勧告を受けた者がその勧告に従わないときは、その旨及びその勧告の内容を公表することができます。

　ちなみに、勧告がなされなかった取引については、売買等は終わっているのですから、そのままでかまいません。

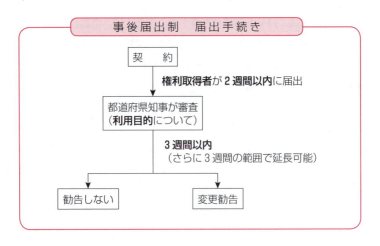

3 届出事項

届け出るべき事項は、「当事者の氏名及び住所等」「契約を締結した年月日」「**土地の利用目的**」「**対価の額**」等です。

4 届出不要の場合

前述の3つの要件のひとつでも欠けた場合には届出が不要であることはすでに述べましたが、そういったもの以外では「**民事調停法による調停に基づく場合**」「**当事者の一方又は双方が国等である場合**」「**農地法第3条第1項の許可を受ける場合**」等があります。なお、農地法については、5条許可の場合には届出不要となりませんので注意してください。

5 一団の土地の扱い

個々の土地取引面積が届出対象面積に満たなくても、物理的一体性、計画的一貫性をもった土地取引であり、合計面積が届出対象面積以上となるときには、「一団の土地」の取引ということで、それぞれの取引について**権利取得者が届出**をしなければなりません。

① 市街化区域内に所在する甲地及び乙地について

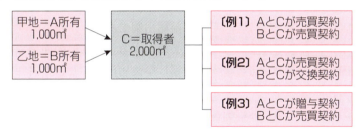

　上図の場合、〔例1〕、〔例2〕については、Cは届出必要。〔例3〕は届出不要となります。

　事後届出制においての**面積**は、**権利取得者を基準**としてみます。したがって、〔例1〕と〔例2〕は、いずれも前述の3つの要件を満たしており、なおかつ、Cは市街化区域で2,000㎡を取得することになりますので、届出をしなければなりません。

　しかし、〔例3〕は、ＡＣ間が贈与であることから（3つの要件をすべて満たしたことにならない）、その分の1,000㎡は届出対象面積に入れません。したがって、ＢＣ間の売買だけでは2,000㎡にならないことから、届出不要となります。

② 市街化区域内に所在する丙地をEとFに分割して売却する場合について

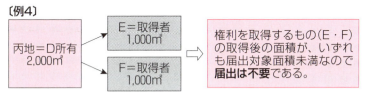

6 違反について

　契約締結後に事後届出をしなかった場合であっても、その**契約は有効**となります。しかし、6か月以下の懲役又は100万円以下の罰金が規定されています。

4 事前届出制（注視区域と監視区域）

1 届出対象面積

　注視区域と監視区域はどちらも事前届出制であり、かなりの共通点がありますが、大きく違うのは届出を必要とする土地取引の面積です。注視区域内では、届出を必要とする面積は事後届出制のときと同じで、

- 市街化区域 ──────────── 2,000㎡以上
- 市街化調整区域と非線引都市計画区域 ── 5,000㎡以上
- 都市計画区域外 ─────────── 10,000㎡以上

となっています。

　これに対して監視区域内では、届出対象面積は都道府県知事が都道府県の規則で定めます。したがって、場所によっては「100㎡以上の土地取引は届出をしてください」という話になります。

2 届出手続き

　当事者は、その土地が所在する市町村の長を経由して、契約を締結する前に、都道府県知事に届け出なければなりません。そして、当事者は、その届出をした日から起算して6週間を経過する日までの間、その届出に係る土地売買等の契約を締結してはなりません。ただし、6週間を経過する前に不勧告の通知があった場合には、契約可能です。

　都道府県知事は、予定対価の額、土地の利用目的等を審査し、適正を欠く等と判断した場合には、届出日から6週間以内に勧告をします。不勧告であれば、そのまま契約してかまいませんが、勧告がなされた場合には、その後、勧告に従う場合とそうでない場合に分かれます。

　たとえば、中止勧告に従いその契約を中止した場合、都道府県知事は、この土地に関する権利の処分についてのあっせん等の措置を講ずるよう努めなければなりません。なお、都道府県知事に対する買取請求権はないので注意してください。

　これに対して勧告に従わなかった場合には、その旨及びその勧告の内容を公表することができます。

3 届出事項

　届け出るべき事項は、「当事者の氏名及び住所等」「契約を締結した年月日」「土地の利用目的」「対価の額」等です。

　なお、届出後に土地の利用目的の変更又は対価の額を増額する場合には、改めて届出をしなければなりません（対価の額を減額する場合には、改めての届出は不要）。

4 届出不要の場合

　民事調停法による調停に基づく場合、当事者の一方又は双方が国等である場合、農地法第3条第1項の許可を受ける場合等があります。なお、農地法については、5条許可の場合には届出不要となりません。

5 一団の土地の扱い

　① 市街化区域内に所在する甲地及び乙地について

　先の図の場合、〔例1〕、〔例2〕については、当事者は届出必要。〔例3〕は届出不要です。

　事前届出制においては、当事者の一方が届出を必要とする要件を満たした場合、もう一方も一緒に届出をしなければなりません。したがって、〔例1〕と〔例2〕は、いずれも前述の3つの要件を満たしており、なおかつ、Cが市街化区域で2,000㎡の取得となりますので、A及びBも、それぞれの取引についてCと届出をする必要があります。

　しかし、〔例3〕は、AC間が贈与であることから（3つの要件をすべて満たしたことにならない）、その分の1,000㎡は届出対象面積に入れません。したがって、BC間の売買だけでは2,000㎡にならないことか

ら、届出不要です。

② **市街化区域内に所在する丙地をEとFに分割して売却する場合について**

〔例4〕

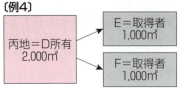

　Dが、売買による2,000㎡の取引と考えることから、E及びFもそれぞれの取引についてDと届出をしなければなりません。

6 違反について

　届出をせずに契約をした場合であっても、その**契約は有効**です。しかし、6か月以下の懲役又は100万円以下の罰金が規定されています。

講義のまとめ

届出制のまとめ

① 届出が必要な一定の土地取引

権利性、対価性、契約性を満たすこと。

② 届出が必要な面積

事後届出制の区域と事前届出制の注視区域が、

市街化区域 ………………………………… 2,000㎡以上
市街化調整区域と非線引都市計画区域 ……… 5,000㎡以上
都市計画区域外 …………………………… 10,000㎡以上

事前届出制の監視区域は、都道府県知事が都道府県の規則で定める。

③ 届出義務者

事後届出制では権利取得者。

事前届出制（注視区域と監視区域）では当事者。

④ 届出と契約時期

事後届出制は、契約後2週間以内。

事前届出制（注視区域と監視区域）は、契約締結前に届出をして、その後、6週間は契約不可。ただし、それまでに不勧告通知がくれば、契約可。

頻出! 一問一答

以下の問題文を読んで〇か×かを判定しなさい。

（問1〜6は注視区域を前提とし、問7〜8は、注視区域及び監視区域外の届出制を前提とする）

問1 AがBから金銭を借り入れ、Aの所有する土地にBの抵当権を設定する場合、届出を行う必要がある。

問2 市街化区域内の土地2,800㎡と市街化調整区域内の土地9,000㎡を交換する場合、それぞれの土地について、届出を行う必要がある。

問3 農地法第5条第1項の許可を受け、土地に関する権利を売り払う場合、届出を行う必要はない。

問4 土地の売買について届出をした者は、都道府県知事から勧告しない旨の通知を受けた場合であっても、届出をした日から起算して6週間経過するまでは、その売買契約を締結してはならない。

問5 届出をして勧告を受けなかった場合に、予定対価の額を減額するだけの変更をして、当該届出に係る契約を締結するとき、改めて届出をする必要はない。

問6 市街化区域に所在する3,000㎡の土地を、A及びBが共有（持分均一）する場合に、Aのみがその持分を売却するとき、届出が必要である。

問7 土地売買等の契約を締結した場合には、当事者双方は、その契約を締結した日から起算して2週間以内に、事後届出を行わなければならない。

問8 Aが所有する市街化区域内に所在する面積5,000㎡の一団の土地を分割して、1,500㎡をBに、3,500㎡をCに売却する契約をAがそれぞれB及びCと締結した場合、Bは事後届出を行う必要はないが、Cは事後届出を行う必要がある。

第3章 法令上の制限

11 国土利用計画法

解答

問1 × 抵当権の設定については、届出不要である。

問2 ○ 記述の通りである。

問3 × 「農地法第3条第1項の許可」のときなら届出不要であるが、「農地法第5条第1項の許可」のときには届出が必要である。

問4 × 勧告しない旨の通知を受けたのであれば、6週間経過しなくても売買契約を締結することができる。

問5 ○ 予定対価の額を"減額"する場合は、改めての届出は不要である。

問6 × 市街化区域では2,000㎡以上の土地取引の場合に届出が必要である。本問のAは、1,500㎡の土地取引として考えるので、届出は不要となる。

問7 × 事後届出制における届出は、「当事者」ではなく「権利を取得する者（買主)」が行う。

問8 ○ 記述の通りである。

MASTER 333

12 土地区画整理法

土地区画整理法の目的

土地区画整理法は、**都市計画区域内**の土地について、**宅地の利用の増進**や**公共施設（道路や公園等）の整備改善**を図るため、土地の区画形質の変更及び公共施設の新設又は変更に関する事業のための手続き等を定めた法律です。

1 土地区画整理の手法と施行者

〈土地区画整理のイメージ図〉

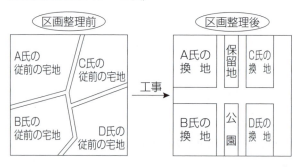

① 道路は広くなり、公園もできる。
② 画地の形状も整然となる。
③ 保留地は施行者のものになり、通常は売却して事業の経費にあてる。

1 換地（かんち）

今ある土地と別の土地を交換する、これが**換地**です。また、6角形の土地を持っているとして、これを道路の整備の都合で4角形に変える場合（つまり、場所的移動がない）にも換地といいます。

2 減歩（げんぶ）

上のイメージ図を見てもわかるように、その地区内の道路が広がり、公園が新設されたりします。そういった土地を生み出すために、**今ある土地よりも換地の方が小さくなります**。これを**減歩**といいます。

では、その地域の住民は損をしてしまうのかというと、理論上はそうではありません。施行前（区画整理前）と施行後（区画整理後）では、

施行後の方が、土地の価格は上がります。したがって、評価額が10％上がるのであれば、減歩によって換地の面積が10％小さくなっても資産価値は変わらないという理屈になります。

3 施行者

土地区画整理事業を施行する者のことを施行者といいます。

① 個人
② 土地区画整理組合 ｝ 民間施行
③ 区画整理会社

④ 都道府県・市町村
⑤ 国土交通大臣 ｝ 公的施行
⑥ 地方住宅供給公社等

※ 土地区画整理組合について

組合設立の認可を申請しようとする者は、事業計画等について、その区域内の宅地について「所有権を有するすべての者」及びその区域内の宅地について「借地権を有するすべての者」のそれぞれの3分の2以上の同意を得なければなりません。

そして、組合が認可により成立すると、その施行地区内の宅地について所有権又は借地権を有する者は、すべてその組合の組合員とされます。なお、借家人は組合員とはなりません。

2 土地区画整理事業の流れ

おおまかな流れは次の通りです。

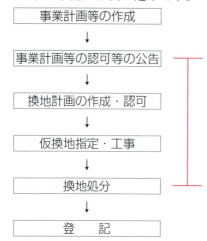

この間、事業の施行の障害となるおそれがある**土地の形質の変更**、**建築物・工作物の新築・改築等**、政令で定める**移動の容易でない物件**（5トンを超えるもの）**の設置・堆積**を行おうとする者は、原則として、**都道府県知事**（市の区域内における民間施行等にあっては市長）**の許可**を受けなければならない。

1 換地照応の原則

換地計画において換地を定める場合、換地及び従前の宅地の位置、地積、土質、水利、利用状況、環境等が照応するように定めなければなりません。これを**換地照応の原則**といいます。

2 清算金

換地は、換地照応の原則により、従前の土地と資産価値が均衡するように配慮して定めるのですが、どうしても不均衡が生じてしまうことがあります。そこで、この**不均衡を是正するために徴収・交付するのが清算金**です。つまり、簡単にいうと、もとの土地と比べて、資産価値が上がった人からはお金を徴収し、逆に、資産価値の下がった人には交付するというものです。

3 保留地

一定の目的のために、誰かの換地として指定しないで取っておく土地のことです。

① 民間施行（個人・土地区画整理組合等）

土地区画整理事業の施行の費用に充てるため、又は規準、規約若しくは定款で定める目的のために定めることができます。

② 公的施行（市町村・都道府県等）

土地区画整理事業の施行の費用に充てるためにのみ定めることができます。また、保留地として定めることができる土地の価額にも制限があり、**施行後の**（その地区の）**宅地の価額の総額が施行前の宅地の価額の総額を超えた場合のみ**、**その価額の範囲内**で定めることができます。

3 仮換地

仮換地とは、工事を円滑に進める等のため、換地処分を行う前において、とりあえず使ってもらう土地を指定するというものです。

Aが所有する甲地について、仮換地としてB所有の乙地が指定されたという前提で説明しましょう。

```
┌──────────────┐    ┌──────────────┐
│              │    │              │
│  A所有の甲地   │    │  B所有の乙地   │
│              │    │              │
└──────────────┘    └──────────────┘
```

1 仮換地の指定

仮換地の指定は、その仮換地となるべき土地の所有者（B）及び従前の宅地の所有者（A）に対し、仮換地の位置及び地積並びに仮換地の指定の効力発生の日を通知してします。

2 仮換地指定の効果

ここは、試験対策として条文の表現に合わせて説明します。

① 従前の宅地について権原に基づき使用し、又は収益することができる者（甲地を所有しているAのこと）は、仮換地の指定の効力発生の日から換地処分の公告がある日まで、仮換地（B所有の乙地）を使用・収益することができるものとし、従前の宅地（甲地）については、使用・収益することができません。

MASTER 337

②　仮換地に使用・収益の障害となる物件が存するとき等の特別の事情があるときは、その仮換地について使用・収益を開始することができる日を別に定めることができます。

　　つまり、時間の流れとしては次のようになります。

　a）仮換地指定の効力発生の日

　　　　Aは甲地の使用・収益ができなくなります。しかし、乙地の都合でAは乙地の使用・収益ができません。そこで、別の日が指定されています。

　b）別に定められた日

　　　　Aは乙地を使用・収益できるようになり、Bは、乙地を使用・収益できなくなります。

　c）換地処分の公告

　※　Aに着目すると、甲地が使用・収益できなくなるのは、「仮換地指定の効力発生の日」からであるのに、乙地を使用・収益できるようになるのは「別に定められた日」ということになります。つまり、いずれの土地も使用・収益できない期間が発生します。そこで、このことによってAが損失を受けた場合、施行者は、Aに対して、通常生ずべき損失を補償しなければならないこととされています。

3 仮換地の指定後の権利変動

　仮換地が指定されても、Aの所有している土地は甲地であることに変わりがありません。したがって、工事期間中に土地の売買を行う場合、Aは甲地を売却します。ただし、買った人が現実に使えるのは乙地です。

　また、Aが借金をして抵当権を設定する場合でも、乙地ではなく、甲地に対して行います。

4 使用収益の停止等

　施行者は、換地処分を行う前において必要があるときは、換地計画において換地を定めないこととされる宅地の所有者等に対して、期日を定めて、その期日からその宅地の使用収益を停止させることができます。

そして、この土地や**仮換地に指定されなかった**土地の管理は施行者が行います。

4 換地処分

1 換地処分の時期と方法

換地処分は、**原則として**、換地計画に係る区域の**全部**について土地区画整理事業の**工事が完了**した後において、**遅滞なく**、しなければなりません。

なお、換地処分は、関係権利者に換地計画において定められた関係事項を通知してします。

そして、民間施行等の場合、換地処分後、遅滞なく、その旨を都道府県知事に届け出なければならず、**都道府県知事**は、その旨の届出があった場合においては、**換地処分があった旨を公告**しなければなりません。

2 換地処分の効果

要点のまとめ

時間の流れ	古い権利（消滅）	換地処分の公告の日が終了したとき	換地処分の公告の日の翌日	新しい権利（発生）
	●換地計画に換地を定めなかった従前の宅地上の権利は消滅する ●行使する利益がなくなった地役権は消滅する			●換地は、従前の宅地とみなされ、換地計画に所有権者として定められた者が取得する ●清算金が確定する ●保留地は、施行者が取得する ●公共施設は、原則として市町村の管理に属する 公共施設の用に供する土地は、原則として、その公共施設を管理すべき者（国が本来果たすべき役割に係るものは国）に帰属する

MASTER 339

※ 地役権について

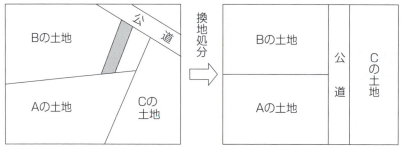

Bの土地にはAの土地のための通行地役権（■の部分）と眺望地役権が設定されていた。

眺望地役権はそのまま存続するが、**通行地役権は行使する利益がなくなったため消滅する。**

3 換地処分に伴う登記等

　施行者は、換地処分がなされた旨の公告があった場合において、施行地区内の土地及び建物について土地区画整理事業の施行により変動があったときは、**遅滞なく**、その**変動に係る登記を申請**し、又は嘱託しなければなりません。

　そして、この登記がされるまでは、**他の登記をすることができません**。ただし、登記の申請人が確定日付のある書類によりその公告前に登記原因が生じたことを証明した場合には、例外として登記が可能です。

頻出! 一問一答

以下の問題文を読んで○か×かを判定しなさい。

問1 換地処分は、原則として換地計画に係る区域の全部について土地区画整理事業の工事が完了した後において行わなければならない。

問2 換地処分は、換地計画において定められた関係事項を公告することにより行われる。

問3 土地区画整理組合が施行する事業における保留地は、換地処分の公告があった日の翌日に、都道府県が取得する。

問4 換地計画において定められた清算金は、換地処分に係る公告があった日の翌日において確定する。

問5 換地処分の公告があった場合において、施行地区内の土地について事業の施行により変動があったときは、当該土地の所有者は、遅滞なく、当該変動に係る登記を申請しなければならない。

解 答

問1 ○ 記述の通りである。

問2 × 換地処分は、関係権利者に換地計画において定められた関係事項を通知してするものとされている。公告によるのではない。

問3 × 保留地は、換地処分の公告があった日の翌日に、施行者（本問では組合）が取得する。

問4 ○ 清算金は、換地処分に係る公告があった日の翌日において確定する。

問5 × この登記は、施行者が申請する。

13 盛土規制法・その他の法令制限

重要度 ★★☆

盛土規制法（宅地造成及び特定盛土等規制法）の目的

　盛土規制法は、危険な盛土等による被害が各地で発生していることから、宅地造成、特定盛土等又は土石の堆積に伴う崖崩れ又は土砂の流出による災害の防止のため必要な規制を行うことにより、国民の生命及び財産の保護等を図るために設けられた法律になります（令和5年5月施行）。

> 令和3年7月に静岡県熱海市では、大雨に伴う盛土崩壊による土石流の発生で多くの方が亡くなり、たくさんの住宅被害が発生しました。この他にも全国各地で盛土等の崩壊による災害が発生していることから、危険な盛土等を規制するため、この法律ができました。

1 用語

1 宅地

　農地、採草放牧地、森林、道路、公園、河川その他政令で定める公共の用に供する施設の用に供されている土地「以外」の土地をいいます。

2 宅地造成

　宅地以外の土地を宅地にするために行う盛土その他の土地の形質の変更で、政令で定めるものをいいます。

> 土地の形質の変更とは、「土地の形状を変更する行為全般」のことで、土地の掘削や盛土が該当します。

　※　宅地を宅地以外の土地にするための土地の形質の変更は、宅地造成にならない。

3 特定盛土等

　宅地又は農地等において行う盛土その他の土地の形質の変更で、当該宅地又は農地等に隣接し、又は近接する宅地において災害を発生させるおそれが大きいものとして政令で定めるものをいいます。

4 土石の堆積

　宅地又は農地等において行う土砂の仮置き（一時的な堆積）のことです。

5 工事主

　宅地造成、特定盛土等に関する**工事の請負契約の注文者**（宅地造成工事を依頼した者）又は請負契約によらないで自らその工事をする者。

6 工事施行者

　宅地造成、特定盛土等の**工事の請負人**（依頼を受けて宅地造成工事を行っている会社等）又は請負契約によらないで自らその工事をする者。

7 造成宅地

　宅地造成又は特定盛土等（宅地において行うものに限る。）に関する工事が施行された宅地をいう。

2 基礎調査

　都道府県（指定都市等を含む）は、基本方針に基づき、後述する宅地造成等工事規制区域の指定、特定盛土等規制区域の指定及び造成宅地防災区域の指定、その他災害防止のための対策に必要な基礎調査を行います。

1 土地の立入り等

　都道府県知事（指定都市又は中核市の区域内の土地については、それぞれ指定都市又は中核市の長。以下同じ。）は、基礎調査のために他人の占有する土地に立ち入って測量又は調査を行う必要があるときは、その必要の限度において、他人の占有する土地に、自ら立ち入り、又はその命じた者若しくは委任した者に立ち入らせることができます。

　他人の占有する土地に立ち入ろうとする者は、立ち入ろうとする日の**3日前**までに、その旨を土地の占有者に通知しなければならず、土地の占有者は、**正当な理由がない限り**、この**立入りを拒み**、又は**妨げてはい**けません。

MASTER 343

3 宅地造成等工事規制区域

　盛土等に伴う災害から人命を守るため、都道府県知事は盛土等を規制する区域の指定ができます。この規制区域には「宅地造成等工事規制区域」と「特定盛土等規制区域」の2種類があり、宅地造成等工事規制区域は、市街地やその周辺等のエリアが指定され、特定盛土等規制区域は、市街地等からは離れているものの、地形等の条件から人家等に被害が及びうるエリアが指定されます。

　今から、宅地造成等工事規制区域について詳しくみていきましょう。

1 宅地造成等工事規制区域の指定

　都道府県知事（指定都市又は中核市の区域内の土地については、それぞれ指定都市又は中核市の長。以下同じ。）は、基礎調査の結果を踏まえ、宅地造成、特定盛土等又は土石の堆積（以下「**宅地造成等**」という。）に伴い災害が生ずるおそれが大きい市街地若しくは市街地となろうとする土地の区域又は集落の区域等であって、宅地造成等に関する工事について規制を行う必要があるものを、**宅地造成等工事規制区域**として**指定**することができます。なお、この指定をしようとするときは、**関係市町村長の意見**を聴かなければなりません。

> この指定は、都市計画区域の内外を問いません。

2 許可が必要な行為

　宅地造成等工事規制区域内において以下の工事（土地の区画形質の変更、土石の堆積）をする場合、**工事主**は、**工事に着手する前**に、原則として、**都道府県知事の許可**を受けなければなりません。

〔土地の区画形質の変更〕
① 高さが**1m**を**超**える崖を生ずる**盛土**
② 高さが**2m**を**超**える崖を生ずる**切土**
③ 盛土と切土とを同時にする場合で、高さが**2m**を**超**える崖を生ずるもの

④ 高さが2mを超える盛土（①③の盛土と異なる点は、崖が生じていない）
⑤ ①〜④に該当しない盛土又は切土であるが、その面積が500㎡を超えるもの

〔盛土〕

〔切土〕

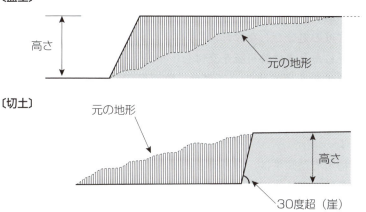

崖とは、地表面が水平面に対して30度を超える角度をもった土地のことです。

〔土石の堆積〕
① 堆積の高さが2mを超えるもの
② 堆積の高さは2mを超えないが、堆積を行う土地の面積が500㎡を超えるもの
※ ①に該当しても、面積が300㎡以下であれば許可不要となる

3 許可申請の手続き等

許可申請の手続き及び工事に関する規定は、以下の通りとなります。
（1）許可申請等
① **工事主**は、宅地造成等に関する工事をしようとする土地の区域内の**土地所有者、借地権者等の全員の同意**を得る。
　↓
② **工事主**は、周辺地域の住民に対し、説明会の開催等**工事の内容を**

周知させるため必要な措置を講ずる。

↓

③　工事主が都道府県知事に対して許可申請をする。

↓

④　許可・不許可

　　都道府県知事は、許可申請があったときは、**遅滞なく、許可又は**不許可の処分をしなければならない。そして、申請者に対して、**許可をしたときは許可証を交付**し、**不許可をしたときは、文書をもってその旨を通知**する。工事は、**許可証の交付**を受けた後でなければ、することができない。なお、都道府県知事は、工事の施行に伴う災害を防止するため**必要な条件を付す**ることができる。

↓

⑤　都道府県知事は、許可をしたときは、速やかに、**工事主の氏名又は名称**、宅地造成等に関する工事が施行される**土地の所在地等を公表**するとともに、**関係市町村長に通知**する。

（2）工事開始から完了

①　許可を受けた工事主は、許可に係る**土地の見やすい場所**に、氏名又は名称その他一定事項を記載した**標識を掲げ**なければならない。

②　一定規模の工事の許可を受けた工事主は、3か月ごとに、**工事の実施状況を都道府県知事に報告**しなければならない。

③　許可を受けた工事主は、宅地造成等に関する**工事の計画の変更**をしようとするときは、**都道府県知事の許可を受け**なければならない。ただし、工事施工者の名称や住所の変更といった**軽微な変更**をしようとするときは、許可は不要となり、変更後、**遅滞なく届け出**をすればよい。

④　許可を受けた工事主は、工事が完了したときは、**完了日から4日以内**に、その工事が技術的基準に適合しているかどうかについて、**都道府県知事の検査を申請**しなければならない。

⑤　都道府県知事は、検査の結果、工事が技術的基準に適合していると認めた場合においては、**検査済証を許可を受けた者に交付**しなけ

ればならない。

※ 高さが５ｍを超える擁壁の設置工事等については、一定の資格を有する者の設計による必要がある。

4 土地の保全等

（1）土地の保全

宅地造成等工事規制区域内の土地の所有者、管理者又は占有者は、宅地造成等（宅地造成等工事規制区域の指定前に行われたものを含む）に伴う災害が生じないよう、その土地を常時安全な状態に維持するように努めなければなりません。また、都道府県知事は、宅地造成等工事規制区域内の土地について、宅地造成等に伴う災害の防止のため必要があると認める場合においては、その土地の所有者、管理者、占有者、工事主又は工事施行者に対し、擁壁等の設置又は改造その他宅地造成等に伴う災害の防止のため必要な措置をとることを勧告することができます。

（2）改善命令

都道府県知事は、宅地造成等工事規制区域内の土地で、宅地造成若しくは特定盛土等に伴う災害の防止のために必要な擁壁等が設置されていないなどのため、これを放置すると宅地造成等に伴う災害発生のおそれが大きいと認められる場合、その災害防止のため必要であり、かつ、土地の利用状況等からみて相当であると認められる限度において、土地又は擁壁等の所有者、管理者又は占有者に対し、相当の猶予期限を付けて、擁壁等の設置若しくは改造、地形若しくは盛土の改良又は土石の除却のための工事を行うことを命じることができます。

MASTER 347

5 監督処分

都道府県知事は、一定の違反をした者に対して許可の取消し等の処分ができます。

	処分を受ける者	処分の内容	処分の理由（抜粋）
1	許可を受けた者（工事主）	・許可の取消し	・不正な手段で許可を受けた ・許可の条件に違反した
2	**工事中** ・工事主 ・工事請負人 （下請人を含む） ・現場管理者	・工事の施行停止命令 ・擁壁等の設置等、災害防止のため必要な措置命令	・無許可で工事 ・許可条件や許可基準に違反
3	**工事終了後** ・工事主 ・土地の所有者、管理者、占有者	・土地の使用禁止、使用制限命令 ・災害防止のために必要な措置を命令	・無許可で工事 ・技術的基準に不適合

6 届出が必要な行為

以下の行為は届出が必要になります。

	届出が必要な者	届出期間
1	規制区域に指定された際、現に宅地造成等、特定盛土等または土石の堆積に関する工事をしている工事主	**指定後21日以内**
2	高さ2mを超える擁壁または崖面崩壊防止施設等、排水施設、地滑り抑止ぐい等の全部または一部の除却工事を行おうとする者	工事着手の **14日前**まで
3	公共施設用地を宅地または農地等に転用した者	**転用後14日以内**

4　造成宅地防災区域

都道府県知事は、基本方針に基づき、かつ、基礎調査の結果を踏まえ、必要があると認めるときは、宅地造成又は特定盛土等（宅地において行うものに限る）に伴う災害で相当数の居住者等に危害を生ずるものの発生のおそれが大きい一団の造成宅地（宅地造成等工事規制区域内の土地を除く）の区域であって一定の基準に該当するものを、**造成宅地防災区域として指定**することができます。

これは、古くからある造成地については、宅地造成等工事規制区域の規

制だけでは、災害防止の観点から不十分なケースがあるので設けられた規制になります。

> 造成宅地防災区域は、宅地造成等工事規制区域内で指定されることはありません。

1 災害の防止のための措置

造成宅地防災区域内の造成宅地の**所有者**、**管理者**又は**占有者**は、災害が生じないよう、その造成宅地について擁壁等の設置又は改造その他必要な措置を講ずるように努めなければなりません。

また、都道府県知事は、造成宅地防災区域内の造成宅地について、災害の防止のため必要があると認める場合においては、その造成宅地の**所有者**、**管理者**又は**占有者**に対し、擁壁の設置等、災害防止のために必要な措置をとるよう**勧告**することができます。

2 改善命令

都道府県知事は、造成宅地防災区域内の造成宅地で、災害防止のために必要な擁壁等が設置されていないなど一定の場合、災害の防止のため必要、かつ、土地の利用状況その他の状況からみて相当であると認められる限度において、造成宅地又は擁壁等の**所有者**、**管理者**又は**占有者**に対して、相当の猶予期限を付けて、擁壁の設置等の工事を行うことを命ずることができます。

その他の法令制限

宅地建物に関する法律は、ここまで見てきた以外にもたくさんあります。試験では、そういったたくさんの法律の中から4つがピックアップされ、ひとつの法律につき1選択肢として、4つの法律で4択の1問を出題するケースがあります。

ここは、法律名と許可権者等が簡単に把握できていれば十分です。

👆 要点のまとめ

	法 律 名		許可権者等（原則）
1	地すべり等防止法		知事の許可
2	急傾斜地の崩壊による災害の防止に関する法律		知事の許可
3	都市再開発法		知事の許可（市の区域内では市長）
4	流通業務市街地の整備に関する法律		知事の許可（市の区域内では市長）
5	密集市街地における防災街区の整備の促進に関する法律		知事の許可（市の区域内では市長）
6	都市緑地法	（特別緑地保全地区）	知事の許可（市の区域内では市長）
		（緑地保全地域）	知事に届出（市の区域内では市長）
7	自然公園法	（国立公園）	環境大臣の許可・届出
		（国定公園）	知事の許可・届出
8	河川法		河川管理者の許可
9	道路法		道路管理者の許可
10	海岸法		海岸管理者の許可
11	港湾法		港湾管理者の許可
12	生産緑地法		市町村長の許可
13	文化財保護法		文化庁長官の許可

頻出! 一問一答

以下の問題文を読んで〇か×かを判定しなさい。

（この問における都道府県知事とは、指定都市等については、その長をいうものとする）

問1 □□□　都道府県知事は、基礎調査の結果を踏まえ、宅地造成、特定盛土等又は土石の堆積に伴い災害が生ずるおそれが大きい市街地若しくは市街地となろうとする土地の区域又は集落の区域等であって、宅地造成等に関する工事について規制を行う必要があるものを、宅地造成等工事規制区域として指定することができる。

問2 □□□　宅地造成等工事規制区域内において、宅地造成に関する工事をしようとする工事施行者は、当該工事に着手する前に、都道府県知事の許可を受けなければならない。

問3 □□□　宅地造成等工事規制区域内において行われる土地の形質の変更に関する工事で、当該宅地に高さが1.5mの崖を生ずる切土で、その面積が600㎡のとき、工事主は、あらかじめ都道府県知事の許可を受ける必要はない。

問4 □□□　宅地造成等工事規制区域内において行われる土地の形質の変更に関する工事の許可申請がなされた場合、都道府県知事は、遅滞なく、許可又は不許可の処分をしなければならない。

問5 □□□　宅地造成等工事規制区域内の土地の所有者、管理者又は占有者は、宅地造成等（宅地造成等工事規制区域の指定前に行われたものを含む）に伴う災害が生じないよう、その土地を常時安全な状態に維持するように努めなければならない。

問6 □□□　新たに指定された宅地造成等工事規制区域内において、現に宅地造成等に関する工事をしている工事主は、その指定があった日から14日以内に、都道府県知事に届出をしなければならない。

問7 □□□　造成宅地防災区域は、宅地造成等工事規制区域内において指定される。

MASTER　351

解 答

問 1　○　記述の通りである。

問 2　×　許可を受けるのは、「工事主」である。

問 3　×　面積が500㎡を超えているので、許可を受ける必要がある。

問 4　○　記述の通りである。

問 5　○　記述の通りである。

問 6　×　当該工事について、工事主は、その指定があった日から「21日以内」に、都道府県知事に届出をしなければならない。

問 7　×　造成宅地防災区域は、宅地造成等工事規制区域内において指定されることはない。

第4章

その他関連知識

　「その他関連知識」からは、税法2問、価格の評定（不動産鑑定評価又は地価公示法）1問、住宅金融支援機構法1問、景品表示法1問、統計1問、土地に関する知識1問、建物に関する知識1問の、計8問が出題されています。
　この分野の中では、税法に苦手意識をもつ受験生が多いようです。しかし、税法からの出題は、「税金が安くなる特例」からの出題が多いので、課税する場合の基本的なルール（何に着目して○％の税金を課してくるのか等）と、それが、どういう要件を満たせばどのように税金が軽減されるのか、に着目して勉強を進めれば、理解しやすくなります。
※　例年問48で出題されている「統計」については、「法律改正点レジュメ」で最新のデータを提供します。

1 地方税

重要度 ★★★

税法について

　本試験では、税金に関する問題が2問出題されます。税金は、国が課す**国税**と地方公共団体が課す**地方税**に分類できます。不動産に関係する税金はたくさんありますが、出題率の高いところに絞って見ていくことにします（したがって、ワザと載せなかった項目があることをお断りしておきます）。

　なお、税額を出すための基本計算式は次の通りです。

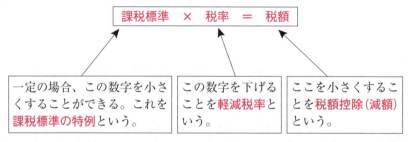

課税標準とは、税金計算をする上で、基になる金額のことです。

税の分類

不動産取得税

1 不動産取得税とは

　不動産取得税は、**取得した不動産のある都道府県から課される**道府県税（税法上はこのように表現する）です。不動産を取得したときに１度だけ課されます。この取得とは、**売買・家屋の建築・増改築**（価格が増加した場合）・**贈与**等が該当します。したがって、**有償・無償は問いません**し、**登記の有無も問いません**。なお、**相続**や**法人の合併**による取得、**国・地方公共団体等**の取得は**課税されません**。

　また、**宅建業者**は、建売住宅を**新築**することにより不動産の取得があったことになりますが、特例で、**１年以内**に譲渡した場合には課税されません。

> 不動産取得税は、取得した不動産のある都道府県から課される税なので、**海外の不動産を取得**しても**課税されません**。

2 税額の計算

1 基本

課税標準 × 税率 ＝ 税額

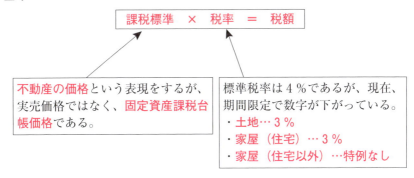

- **不動産の価格**という表現をするが、実売価格ではなく、**固定資産課税台帳価格**である。
- 標準税率は４％であるが、現在、期間限定で数字が下がっている。
  ・土地…３％
  ・家屋（住宅）…３％
  ・家屋（住宅以外）…特例なし

2 課税標準の特例

	控除額等	要件
新築住宅	1戸につき**1,200万円** ※ 長期優良住宅は**1,300万円**	①床面積が**50㎡以上240㎡以下** 　（戸建以外の貸家は40㎡以上240㎡以下） ②**個人・法人**のどちらでもよい
中古住宅	新築時期により異なる	①床面積が**50㎡以上240㎡以下** ②**個人**が**自己の居住の用**に供する ③以下のいずれかに該当すること（主なもの） 　・**S57.1.1以降**に新築されたものであること 　・耐震改修工事を行い**一定の耐震基準**に適合するものであること
土　地	台帳価格の**2分の1**	宅地評価土地であること

宅地評価土地とは、単純に宅地等と思っておいてください。

3 免税点

　課税標準となる額が、以下の金額未満のときには、不動産取得税は課税されません。

区　分		課税標準となるべき額
土地の取得		10万円
家屋の取得	**建築**にかかるもの （新築・増築等）	1戸　23万円
	その他（売買・贈与等）	1戸　12万円

3 納付方法等

　不動産取得税の徴収は、**普通徴収**の方法によります。

普通徴収とは、納税通知書が納税義務者に対して交付されるので、納税義務者は納付期日までに納付するというものです。

固定資産税

1 固定資産税とは

固定資産税は、土地や建物等の固定資産を所有している人に、市町村が毎年課す**市町村税**です。

1 納税義務者と徴収方法

納税義務者は、**1月1日**において登記簿（補充課税台帳）に所有者として**登記（登録）されている者**です。そして、徴収方法は、不動産取得税と同様に**普通徴収**となります。なお、納期は原則として、4月、7月、12月、2月中において、市町村の条例で定めます。

2 固定資産課税台帳価格

この台帳に登録されている価格は、**3年**ごとに**評価替え**が行われます。したがって、この価格は3年間据え置かれるのが原則ですが、家屋の増改築等により**据え置きが不適当**となったときには、途中の年度でも**見直し**が行われます。

3 情報の開示

納税義務者や借地人・借家人は、納税義務の対象となっている固定資産の固定資産課税台帳の**閲覧**及び固定資産課税台帳の記載事項の**証明書の交付**を受けることができます。

第4章 その他関連知識

1 地方税

MASTER 357

2 税額の計算

1 基本計算式と特例

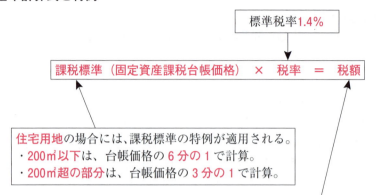

2 免税点

土地は30万円、家屋は20万円です。

> **講義のまとめ**
>
> 不動産取得税と固定資産税の比較
> 1. どこから課税されるか。
>   - **不動産取得税**…都道府県（道府県税）
>   - **固定資産税**……市町村（市町村税）
>
> 2. どういう場合に課税されるか。
>   - **不動産取得税**…売買・家屋の建築・増改築（価格が増加した場合）・贈与等の場合に課税される。有償・無償は問わないし、

登記の有無も問わない。

※　相続や法人の合併による取得、国・地方公共団体等の取得は課税されない。

※　宅建業者は、新築後1年以内に譲渡した場合には、課税されない。

・**固定資産税**……土地や建物等の固定資産を所有している場合に毎年課税。

3．税額の計算

　　課税標準×税率＝税額

　※　どちらも課税標準は、固定資産課税台帳価格を用いる。

（1）課税標準の特例

不動産取得税

・**新築住宅**：1戸につき1,200万円を控除（長期優良住宅については1,300万円を控除）

床面積が50㎡以上240㎡以下、個人・法人のどちらでも可。

・**中古住宅**：控除額は新築時期により異なる

床面積が50㎡以上240㎡以下、自己の居住用であること。

以下のいずれかに該当すること（主なもの）

・S57.1.1以降に新築されたものであること

・耐震改修工事を行い一定の耐震基準に適合するものであること

・**宅　　地**：台帳価格の2分の1

固定資産税

・**住宅用地**：200㎡以下は、台帳価格の6分の1で計算。

200㎡超の部分は、台帳価格の3分の1で計算。

（2）軽減税率

不動産取得税

標準税率は4％。しかし、今は期間限定で数字が下がっている。

土地３％、家屋（住宅）３％、家屋（住宅以外）は特例なし（４％）

固定資産税

標準税率1.4%（軽減税率はない）

（3）税額の減額

不動産取得税

あるにはあるが、試験対策としては労力を使う必要なし。

固定資産税

新築住宅（床面積50㎡以上280㎡以下）の場合、対象住宅の120㎡までの部分を２分の１にする。

	一般住宅の特例	長期優良住宅
地上階数３以上の中高層耐火建築物等	５年度間	７年度間
上記以外（戸建等）	３年度間	５年度間

4．免税点

- **不動産取得税**…土地の取得10万円

   家屋の取得・建築にかかるもの１戸　23万円

   家屋の取得・その他１戸　12万円

- **固定資産税**……土地は30万円、家屋は20万円

5．徴収方法

どちらも普通徴収の方法による。

頻出! 一問一答

以下の問題文を読んで〇か×かを判定しなさい。

問1 　不動産取得税は、不動産の取得に対し、その不動産の所在する市
□□□ 　町村において、その不動産の取得者に課せられる。

問2 　不動産取得税の新築住宅に対する1,200万円の特別控除の対象と
□□□ 　なる床面積要件の上限は、250㎡である。

問3 　宅地の取得に係る不動産取得税の課税標準は、その取得が令和7
□□□ 　年中に行われた場合には、その宅地の価格の3分の1の額とされ
　　　る。

問4 　不動産取得税の標準税率は100分の4であるが、令和7年中に住
□□□ 　宅を取得した場合の税率は100分の3.5となる。

問5 　不動産取得税と固定資産税の徴収は、どちらも申告納付の方法に
□□□ 　よる。

問6 　面積が200㎡以下の住宅用地に対して課する固定資産税の課税標
□□□ 　準は、この住宅用地の課税標準となるべき価格の3分の1の額であ
　　　る。

問7 　固定資産税の免税点は、土地は10万円、家屋は23万円である。
□□□

問8 　新築された2階建ての住宅（120㎡までの部分）については、新
□□□ 　たに課されることとなった年度から3年度分に限り、固定資産税の
　　　3分の1が減額される。

問9 　固定資産税の標準税率は1.7%である。
□□□

解 答

問1　×　市町村ではなく、都道府県である。

問2　×　240㎡である。

問3　×　2分の1の額である。

問4　×　100分の3である。

問5　×　どちらも普通徴収の方法による。

問6　×　6分の1の額である。

問7　×　固定資産税の免税点は、土地は30万円、家屋は20万円である。

問8　×　2分の1が減額される。

問9　×　1.4％である。

2 国税

重要度 ★★★

所得税（譲渡所得税）

　不動産を売ると、その年の所得が増えます。そこで、給与等とは分けて（分離課税）、不動産を売ったことによる儲けに課税するのが譲渡所得税といわれるものです。

1 譲渡所得税の算定

譲渡収入から取得費と譲渡費用を引いた金額である。そして、一定の場合には、そこから下記の金額を引いて(控除して)、税額計算ができる。
課税標準の特例（特別控除）
・収用交換等の場合　5,000万円
・居住用財産を譲渡　3,000万円
・その他
※　この特別控除は、長期・短期を問わず適用される。
※　複数の資産の譲渡により複数の特別控除を受ける場合でも、その人のその年中の特別控除の合計額は、最高で5,000万円までである。
※　同一年に長期譲渡所得と短期譲渡所得の両方がある場合には、まず短期譲渡所得から引く（控除する）。

(補足)
譲渡収入は、売れた金額。
取得費は、その不動産を買ったときの金額。
(不明のときは、売れた金額の5％として計算できる)
譲渡費用は、宅建業者への仲介手数料等。

税率は、譲渡した資産の所有年数によって変わる。
・長期譲渡所得…15％
・短期譲渡所得…30％
※　譲渡した年の1月1日における所有年数が5年超を長期譲渡所得、5年以下を短期譲渡所得という。

2 居住用財産の3,000万円特別控除について

　この特別控除は、先にも記したように長期・短期を問わず適用できますが、前年又は前々年にこの特例か買換え特例（後述）を受けているときには適用できません。また、譲渡先が配偶者、直系血族、生計を一にする親族等の場合にも適用できません。

　なお、譲渡の直前まで居住していなくても、家屋に居住しなくなった日以後3年を経過する日の属する年の12月31日までに譲渡した場合には適用できます。

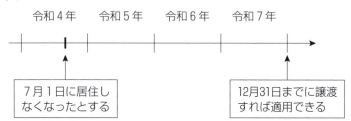

3 軽減税率

　長期譲渡所得の税率が15%であることは先にも記した通りですが、下記に該当すると、この税率を下げて税額計算をすることができます。

1 居住用財産を譲渡した場合の軽減税率の特例

　　3,000万円特別控除をした残額が…
① 6,000万円以下の場合→10%
② 6,000万円超の場合　{ 6,000万円以下の部分→10%
　　　　　　　　　　　 6,000万円超の部分　→15%

※　この特例は、譲渡した年の1月1日において所有期間が10年超でなければならない。また、居住用財産の3,000万円特別控除とは併用できますが、買換え特例（後述）とは併用できない。

2 優良住宅地等のために土地等を譲渡した場合の軽減税率の特例

① 2,000万円以下の場合→10%
② 2,000万円超の場合　{ 2,000万円以下の部分→10%
　　　　　　　　　　　 2,000万円超の部分　→15%

※　この特例は、譲渡した年の１月１日において所有期間が5年超でなければならない。また、居住用財産の3,000万円特別控除や収用交換等の場合の5,000万円特別控除とは併用できない。

4 買換え特例（課税の繰延べ）

　今まで所有していた住宅を売った価格が、買い換えた住宅の取得価格以下のときには、売ったときの儲けには課税しない（繰延べ）というものです。なお、買換え特例と「居住用財産を譲渡した場合の3,000万円特別控除」や「居住用財産を譲渡した場合の軽減税率の特例」は併用できません。

適用要件

譲渡資産	所有期間が10年を超えていること
	居住期間が10年以上であること
	居住用財産であったこと
	譲渡に係る対価が1億円以下であること
買換資産	家屋の床面積が50㎡以上であること
	敷地面積は500㎡以下であること
	既存（中古）住宅の場合の主な要件 ①　耐火建築物で、築25年以内 ②　非耐火建築物で築25年以内、又は、一定の耐震基準に適合するもの
	買換資産は、譲渡した年の前年から翌年末までに取得すること

5 住宅ローン控除（減税）

　この制度は、住宅ローンの年末残高に応じて、たとえばサラリーマンであれば、給与から差し引かれていた所得税を返してもらえるというものです。

　一般の新築住宅の場合、この制度の適用を受けるためには、「住宅の新築の日から６か月以内に居住の用に供していること」「この特別控除を受ける年分の合計所得金額が、2,000万円以下であること」等の要件を満たす必要があります。

6 空き家に係る譲渡所得の3,000万円特別控除

　昨今、古い空き家の放置が社会問題となっています。そこで、相続を原因とする空き家の発生を抑制するため、相続人が相続した一定の家屋等を譲渡した場合、譲渡益から3,000万円を控除できる制度が用意されています。

1 適用要件（抜粋）

① 相続開始の直前において、被相続人の居住の用に供されており、その者以外に居住者がいなかったものであること（つまり、被相続人が一人暮らしをしており、相続により空き家となった）。

　なお、老人ホーム等に入所をしたことにより被相続人の居住の用に供されなくなったものであっても、被相続人が介護保険法に規定する要介護認定等を受け、かつ、相続の開始直前まで老人ホーム等に入所していたこと等の要件を満たす場合には、相続開始の直前においてその被相続人の居住の用に供されていたものとして、この特例を受けることができます。

② 昭和56年5月31日以前に建築された家屋であること（区分所有建物は対象外）。

③ 家屋に一定の耐震改修工事を行った上で、家屋と土地を譲渡する。又は、相続人が家屋を除却して土地を譲渡する等。

④ 相続時から3年を経過する日の属する年の12月31日までに譲渡すること。

⑤ 譲渡金額が1億円以下であること。

講義のまとめ

重複適用のまとめ

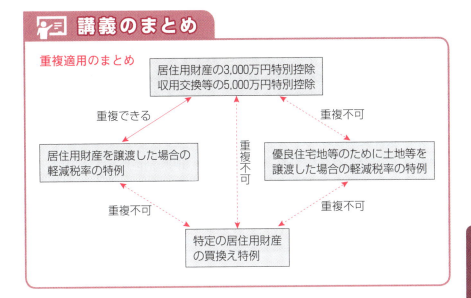

頻出! 一問一答

以下の問題文を読んで○か×かを判定しなさい。

問1 　居住用財産を譲渡した場合の3,000万円特別控除は、長期譲渡所得の場合にのみ適用され、短期譲渡所得の場合には適用されない。
□□□

問2 　居住用財産を配偶者に譲渡した場合であっても、居住用財産を譲渡した場合の3,000万円特別控除の適用を受けることができる。
□□□

問3 　居住用財産を譲渡した場合の3,000万円特別控除と特定の居住用財産の買換え特例は重複適用できる。
□□□

問4 　居住用財産を譲渡した場合の3,000万円特別控除と居住用財産を譲渡した場合の軽減税率の特例は重複適用できる。
□□□

解　答

問1 　×　長期・短期を問わず適用できる。

問2 　×　配偶者に譲渡したときは適用されない。

問3 　×　重複適用できない。

問4 　○　記述の通りである。

印紙税

　一定の売買契約書等を作成した場合に、印紙を貼り付けることにより納税するのが印紙税です。

1 課税の対象

　不動産の売買契約書、地上権・土地賃借権の設定契約書、営業に関する金銭の領収書（5万円未満は非課税）、請負契約書等が課税対象であり、一定額の印紙を貼り付けた上で自己（作成者）や代理人、従業者等が消印します。

　これに対して、建物の賃貸借契約書、委任契約書、営業に関しない受取書、国・地方公共団体等が作成した文書（契約書）には課税されません。

2 納税義務者

　課税文書（契約書や領収書等）の作成者に納税義務があります。また、契約書のように2名以上の者が共同して作成した場合には、それらの者が連帯して納税する義務を負います。

　なお、国・地方公共団体等と一般の会社が契約書を2通作成し、各1通保存する場合には、国・地方公共団体等が保存する契約書は一般の会社が作成したものとして課税対象（印紙を貼り付けて消印）となりますが、一般の会社が保存する方は、国・地方公共団体等が作成したものとして非課税です。

3 納税額

1 売買契約、交換契約、贈与契約

　売買契約の場合には、契約書の記載金額によって印紙税の額が変わります。また、交換契約の場合において、双方の金額が記載されているときには高い方を、交換差金のみが記載されているときには、その交換差金を記載金額として印紙税の額が決まります。そして、贈与契約書については記載金額のないものとされます。

　なお、ひとつの契約書に不動産の売買契約と請負契約が併記されてい

MASTER 369

るときは、原則として、**売買契約に係る文書**として課税されます。

交換差金とは、交換する物件に価格差がある場合、その差額を金銭で支払うことになります。その差額分のお金を交換差金といいます。

不動産売買契約書（参考・抜粋）

記載金額	印紙税額
500万円超　1,000万円以下	5,000円
1,000万円超　5,000万円以下	10,000円
5,000万円超　1億円以下	30,000円
1億円超　5億円以下	60,000円
5億円超　10億円以下	160,000円
記載なし	200円

2 契約金額の増減

すでに作成されている契約書の記載金額を変更する変更契約書については、それが**増額**のときは**増加金額を記載金額**とし、**減額**するときは**記載金額がない**ものとします。

3 地上権・賃借権の設定契約書

権利金・礼金等の**後日返還を予定していない金額**を記載した契約書については、その金額を**記載金額として課税**します。これに対して、**賃料**や、その他に**敷金**等の**後日返還を予定している金額**のみが記載されているときは、**記載金額のない契約書**として課税します。

講義のまとめ

1. 売主と買主が不動産の売買契約書を共同で作成した場合、それらの者は連帯して納税する義務を負う。
2. 印紙の消印は、自己（作成者）や代理人、従業者等が行う。
3. 建物の賃貸借契約書、委任契約書、営業に関しない受取書、国・地方公共団体等が作成した文書（契約書）には課税されない。
4. 国・地方公共団体等と一般の会社が契約書を交わした場合、国・地方公共団体等が保存する契約書には課税され、一般の会社が保存する方は非課税となる。
5. 交換契約の場合、双方の金額が記載されているときには高い方を、交換差金のみが記載されているときには、その交換差金を記載金額とする。
6. 贈与契約書は記載金額のないものとして課税（200円）。
7. ひとつの契約書に不動産の売買契約と請負契約が併記されているときは、原則として、売買契約に係る文書として課税される。
8. すでに作成されている契約書の記載金額を変更する変更契約書
   ・増額…増加金額を記載金額として課税
   ・減額…記載金額のないものとして課税
9. 地上権・賃借権の設定契約書
   ・後日返還を予定していない金額（権利金・礼金等）を記載した契約書は、その金額を記載金額として課税する。
   ・賃料や、その他に敷金等の後日返還を予定している金額のみが記載されているときは、記載金額のない契約書として課税する。

登録免許税

簡単にいうと登記料のことです。

1 納税義務者

売買のように登記を受ける者が2人以上いるときは、それらの者が連帯

MASTER　371

して納税する義務を負います。

2 税率

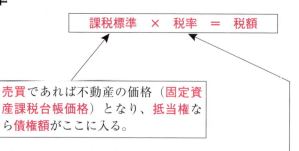

登記の種類		課税標準	税率 本則	建物の特例※1	土地の特例※2
所有権保存登記		不動産の価額	4/1000	1.5/1000	—
所有権移転登記	売買	不動産の価額	20/1000	3/1000	15/1000
	贈与	不動産の価額	20/1000	—	—
	相続	不動産の価額	4/1000	—	—
所有権の信託の登記		不動産の価額	4/1000	—	3/1000
抵当権の設定登記		債権金額	4/1000	1/1000	—
地上権、土地賃借権の設定・移転登記		不動産の価額	10/1000	—	—
仮登記	所有権移転の仮登記	不動産の価額	10/1000	—	—
	その他の仮登記	不動産の価額	本登記の1/2	—	—
その他の登記	不動産の表示の変更の登記	1個につき1,000円			
	登記の抹消（除：表示の登記の抹消）	1個につき1,000円			

※1　建物の特例について（住宅用家屋の税率の軽減）
　　一定の住宅用家屋について、保存登記、移転登記、新築・取得資金貸付に係る抵当権設定登記については税率が軽減される。
　　要件　① 令和9年3月31日までに新築・取得すること
　　　　　② 自分の住宅として使用すること
　　　　　③ 新築又は取得後1年以内に登記すること
　　　　　④ 床面積が50㎡以上であること
　　　　　⑤ 新耐震基準に適合していること。
　　　　　⑥ 過去にこの措置の適用を受けた場合でも、適用要件を満たせば再度適用を受けることができる。
※2　土地の特例について
　　この税率は、令和8年3月31日までである。

3 税額等

　一定の税率を適用して計算した金額が1,000円に満たない場合には、その登記に係る登録免許税の額は、**1,000円**となります。また、登記に係る課税標準の金額を計算する場合において、その全額が1,000円に満たないときは、これを**1,000円**とします。

　なお、建物を新築した場合等の**表示の登記**には、原則として、**課税されません**。

4 納付

　登録免許税の納税地は、納税義務者が受ける登記等の事務をつかさどる**登記所等の所在地**であり、納付時期は**登記等を受けるとき**です。

📋 講義のまとめ

1. 売買のように登記を受ける者が2人以上いるときは、それらの者が**連帯して納税する義務**を負う。
2. 課税標準は、**売買**であれば不動産の価格（**固定資産課税台帳価格**）となり、**抵当権**なら**債権額**となる。
3. 算出した金額が1,000円に満たない場合には、その登記に係る登録免許税の額は、**1,000円**となる。
4. 登記に係る課税標準の金額を計算する場合において、その全額が1,000円に満たないときは、これを**1,000円**とする。
5. 建物を新築した場合等の**表示の登記**には、原則として、**課税されない**。
6. 登録免許税の納税地は、納税義務者が受ける登記等の事務をつかさどる**登記所等の所在地**であり、納付時期は**登記等を受けるとき**となる。

第4章　その他関連知識

2　国税

頻出! 一問一答

以下の問題文を読んで〇か×かを判定しなさい。

問1 土地および建物の賃貸借契約書には、印紙税は課税されない。
□□□

問2 贈与契約書は、印紙税が課税されない。
□□□

問3 すでに作成されている契約書の記載金額を変更する変更契約書については、それが増額のときは、増加金額を記載金額として印紙税が課税される。
□□□

問4 ひとつの契約書に不動産の売買契約と請負契約が併記されているときは、原則として、売買契約に係る文書として印紙税が課税される。
□□□

問5 国と一般の会社が契約書を2通作成し各1通保存する場合、国が保存する契約書は印紙税が非課税となる。
□□□

問6 登録免許税は、建物を新築した場合等の表示の登記には、原則として、課税されない。
□□□

問7 登録免許税の登記に係る課税標準の金額を計算する場合において、その全額が1,000円に満たないときは、これを1,000円とする。
□□□

問8 登録免許税の納税地は、納税義務者の住所地であり、納付時期は登記等を受けるときとなる。
□□□

374 **MASTER**

解答

問1 × 土地の賃貸借契約書には課税される。

問2 × 記載金額のないものとして課税される。

問3 ○ 記述の通りである。

問4 ○ 記述の通りである。

問5 × 国が保存する方は、一般の会社が作成したものとして課税される。

問6 ○ 記述の通りである。

問7 ○ 記述の通りである。

問8 × 納税地は、納税義務者が受ける登記等の事務をつかさどる登記所等
の所在地である。

3 不動産鑑定評価基準・地価公示法

重要度 ★★★

不動産鑑定評価基準

　試験では、「不動産鑑定評価基準」又は「地価公示法」のいずれかから1問出題されています。

1 不動産鑑定評価の3方式

　不動産の価格を求める鑑定評価の基本的な手法には、以下の3手法があります。鑑定評価の手法の適用に当たっては、鑑定評価の手法を当該案件に即して適切に適用すべきです。この場合、地域分析及び個別分析により把握した対象不動産に係る市場の特性等を適切に反映した**複数の鑑定評価の手法を適用すべき**であり、対象不動産の種類、所在地の実情、資料の信頼性等により複数の鑑定評価の手法の適用が困難な場合においても、その考え方を**できるだけ参酌**するように努めるべきです。
（1）原価法
（2）取引事例比較法
（3）収益還元法

2 原価法

　原価法は、最初に**再調達原価**を求め、それに**減価修正**を行って試算価格（**積算価格**）を算出するというものです。

　　再調達原価－減価額＝試算価格（積算価格）
　　　　　　　└─────┘
　　　　　　　　減価修正

1 再調達原価

　対象不動産を**価格時点**において**再調達**することを想定した場合において必要とされる適正な原価の総額をいいます。つまり、もう一度つくり直すといくらかかるかということです。

376 MASTER

2 減価修正

減価修正には、**耐用年数に基づく方法**と**観察減価法**があり、原則として、これらを併用することになっています。

3 試算価格（積算価格）

再調達原価で価格時点における新品の価格が出たので、そこから経年劣化等の減価要因を反映（引く…これが減価修正）させると、価格時点におけるその物件の価値（試算価格）が出ます。

3 取引事例比較法

まず**多数の取引事例を収集**して**適切な事例の選択**を行い、これらの取引価格に、必要に応じて事情補正、時点修正、地域要因の比較、個別的要因の比較等を行って試算価格（比準価格）を求める手法です。

つまり、近くで行われた取引価格をもとに、こちらの物件の価格を出そうというものです。なお、比較すべき取引事例を選択するについては、投機的取引と認められる事例は用いてはなりません。

1 事情補正

比較しようとする取引事例が、「相続や転勤等で売り急いでいて価格を安くしていた」「買主の明らかな知識不足により過大な額で取引が行われた」等の事情があるときは、増額補正や減額補正をする必要があります。これを事情補正といいます。

2 時点修正

比較しようとする取引事例の発生後に、金融情勢や市場の需給動向の変化等が発生した場合には、取引価格を修正する必要があります。これを時点修正といいます。

4 収益還元法

収益還元法とは、対象不動産が将来生み出すであろうと期待される純収益の現在価値の総和を求めることにより、対象不動産の試算価格を求める

第4章 その他関連知識

3 不動産鑑定評価基準・地価公示法

手法です。

　つまり、この手法は不動産投資家等の視点に立ち、対象不動産の収益性に見合った価格を求めようとするものです。したがって、**賃貸用不動産又は賃貸以外の事業の用に供する不動産**の価格を求める場合に**特に有効**です。

　また、この手法は、文化財の指定を受けた建造物等の一般的に市場性を有しない不動産以外のものには、基本的にすべて適用すべきものであり、**自用の不動産**といえども**賃貸を想定**することにより**適用されます。**

講義のまとめ

1．不動産の価格を求める鑑定評価の基本的な手法には、以下の3手法がある。
　（1）原価法
　（2）取引事例比較法
　（3）収益還元法

2．上記の3方式は案件に即して適切に適用すべきである。この場合、地域分析及び個別分析により把握した対象不動産に係る市場の特性等を適切に反映した**複数の鑑定評価の手法を適用すべき**であり、対象不動産の種類、所在地の実情、資料の信頼性等により複数の鑑定評価の手法の適用が困難な場合においても、その考え方を**できるだけ参酌**するように努めるべきである。

3．**原価法**
　（1）最初に**再調達原価**を求め、それに**減価修正**を行って試算価格（**積算価格**）を算出する。
　（2）減価修正には、**耐用年数に基づく方法**と**観察減価法**があり、原則として、これらを**併用**する。

4．**取引事例比較法**
　（1）**多数の取引事例を収集**して**適切な事例の選択**を行う。
　（2）必要に応じて**事情補正、時点修正、地域要因の比較、個別的要因の比較**等を行って試算価格（比準価格）を求める。
　（3）取引事例は、**投機的取引**と認められる事例は**用いてはならない。**

378 **MASTER**

5．収益還元法

（1）収益還元法は、対象不動産が将来生み出すであろうと期待される純収益の現在価値の総和を求めることにより、対象不動産の試算価格を求める。

（2）賃貸用不動産又は賃貸以外の事業の用に供する不動産の価格を求める場合に特に有効。

（3）文化財の指定を受けた建造物等の一般的に市場性を有しない不動産以外のものには、基本的にすべて適用すべきものであり、自用の不動産といえども賃貸を想定することにより適用される。

地価公示法

① 地価公示法の目的等

この法律の目的は、「一般の土地の取引価格に対して指標を与える」「公共事業用地の取得額の算定等に資し、もって適正な地価の形成に寄与する」ことです。

👆 要点のまとめ

公示価格の効力（使い方）

1．都市及びその周辺の地域等において、土地の取引を行う者
　→公示価格を指標として取引を行うよう努めなければならない。

2．不動産鑑定士が鑑定評価を行う場合
　→公示価格を規準としなければならない。

3．公共事業の用に供する土地の取得価格の算定
　→公示価格を規準としなければならない。

4．収用する土地に対する補償金の額の算定
　→公示価格を規準として算定した当該土地の価格を考慮しなければならない。

MASTER 379

2 地価公示の手続き

（1）標準地の選定…標準地とは調査地点のことで、**土地鑑定委員会**が、自然的及び社会的条件からみて類似の利用価値を有すると認められる地域において、土地の利用状況、環境等が通常と認められる一団の土地について選定します。

（2）鑑定評価…**2人以上**の**不動産鑑定士**が、以下を**勘案**して行います。
① 近傍類地の取引価格から算定される推定の価格
② 近傍類地の地代等から算定される推定の価格
③ 同等の効用を有する土地の造成に要する推定の費用の額

（3）審査・判定…土地鑑定委員会が、前記の鑑定評価の結果を**審査**し、必要な**調整**を行い、一定の基準日（1月1日）における標準地の単位面積（1㎡）あたりの正常な価格を判定します。なお、正常な価格とは、標準地に建物が建っていたり、借地権が設定されていたとしても、それらが**ないもの**とした「**更地としての価格**」になります。

（4）官報で公示…土地鑑定委員会は、正常な価格を判定したときは、すみやかに、「標準地の所在」「標準地の単位面積当たりの価格」「標準地及びその周辺の**土地の利用の現況**」等を**官報で公示**します。

（5）送付・閲覧…土地鑑定委員会は公示後、すみやかに、関係**市町村の長**に対して、標準地の所在を表示する図面等を送付します。そして、関係市町村の長は、その図書を**市町村の事務所**において**3年間**、一般の閲覧に供します。

380 **MASTER**

標準地は例年全国で2万6,000地点が選定されています。この標準地は、公示区域（都市計画区域と一定の都市計画区域外）内であることが前提となります。

講義のまとめ

1．公示価格の効力（使い方）

都市等で土地の取引を行う者	指標として取引を行うよう努めなければならない。
不動産鑑定士が鑑定評価を行う場合	規準としなければならない。
公共事業用地の取得価格の算定	規準としなければならない。
収用する土地の補償金額の算定	規準として考慮しなければならない。

2．地価公示の手続き

（1）標準地の選定…土地鑑定委員会が行う。

（2）鑑 定 評 価…2人以上の不動産鑑定士が、以下を勘案して行う。
　① 近傍類地の取引価格から算定される推定の価格
　② 近傍類地の地代等から算定される推定の価格
　③ 同等の効用を有する土地の造成に要する推定の費用の額

（3）審 査・判 定…土地鑑定委員会が、上記の鑑定評価の結果を審査し、必要な調整を行い、価格を判定する。

（4）官 報 で 公 示…土地鑑定委員会は、正常な価格を判定したときは、すみやかに、一定事項を官報で公示する。

（5）送 付・閲 覧…土地鑑定委員会は公示後、すみやかに、関係市町村の長に対して、標準地の所在を表示する図面等を送付する。そして、関係市町村の長は、その図書を市町村の事務所において3年間一般の閲覧に供する。

頻出！ 一問一答

以下の問題文を読んで○か×かを判定しなさい。

（問1〜4は不動産鑑定評価に関するものであり、問5〜7は地価公示法に関する問題である）

問1　不動産の価格を求める鑑定評価の手法は、原価法、取引事例比較法
□□□　又は収益還元法に大別されるが、鑑定評価に当たっては、案件に即してこれらの3手法のいずれか1つを適用することが原則である。

問2　原価法は、最初に再調達原価を求め、それに減価修正を行って試
□□□　算価格（積算価格）を算出するというものである。

問3　取引事例比較法における取引事例は、投機的取引であっても補正
□□□　は比較的簡単にできるので採用することができる。

問4　収益還元法は、賃貸用不動産又は賃貸以外の事業の用に供する不
□□□　動産の価格を求める場合に用いるものであるから、自用の不動産の場合には適用できない。

問5　標準地の選定は、国土交通大臣が行う。
□□□

問6　標準地の正常な価格とは、土地について、自由な取引が行われる
□□□　とした場合に通常成立すると認められる価格をいい、当該土地に地上権がある場合には、その地上権が存するものとして通常成立すると認められる価格をいう。

問7　標準地の鑑定評価は、近傍類地の取引価格から算定される推定の
□□□　価格、近傍類地の地代等から算定される推定の価格及び同等の効用を有する土地の造成に要する推定の費用の額の平均を求めることにより行われる。

解 答

問1　×　原則として、複数の鑑定評価の手法を適用する。

問2　○　記述の通りである。

問3　×　投機的取引と認められる事例は、採用できない。

問4　×　自用の不動産といえども、賃貸を想定することにより適用できる。

問5　×　土地鑑定委員会が行う。

問6　×　地上権がないものとした価格である。

問7　×　「平均」ではなく、「勘案」して行う。

第4章 その他関連知識

3

不動産鑑定評価基準・地価公示法

MASTER 383

4 ▶ 住宅金融支援機構法

重要度 ★★★

住宅金融支援機構

特殊法人等整理合理化計画に基づき、国の資金を用いて**直接融資**を行ってきた**住宅金融公庫が廃止**となりました。その代わり、国民の安定的な住宅取得等を図るため、一般の金融機関による**住宅資金の貸付けを支援・補完**する「**独立行政法人住宅金融支援機構**（以下「機構」という）」が平成19年4月1日に誕生しました。

1 機構の目的

機構は、以下の業務を行うことによって、住宅の建設等に必要な資金の円滑かつ効率的な融通を図り、もって国民生活の安定と社会福祉の増進に寄与することを目的としています。

（1）一般の金融機関による融通を支援するための貸付債権の譲受け等

（2）良質な住宅の建設等に必要な資金の調達等に関する情報の提供等

（3）一般の金融機関による融通を補完

（災害復興建築物の建設等に必要な資金の貸付け）

2 機構の業務

1 証券化支援業務

証券化を利用した長期固定金利の住宅ローンがフラット35と呼ばれるものです。ちなみに、フラット35とは、融資期間の最長が35年であり、その間、金利が変わらない（＝フラット）というところから名前がつきました。ただし、現在は種類が増えています。

流れとしては、次のような感じです。

機構は、民間金融機関が顧客に貸し出した住宅ローンの債権を買い取り、その債権を信託銀行等に信託します。そして、それを担保とした資産担保証券を投資家に発行することで住宅ローン債権を買い取るための資金調達を行います。民間の金融機関は、機構に住宅ローンを買い取っ

てもらうので、長期固定金利の住宅ローンの提供がしやすくなります。

2 融資保険業務

機構が、民間住宅ローンについて**住宅融資保険法による保険**を行うことにより、中小金融機関をはじめとする民間住宅ローンの円滑な供給を促進しようとするもので、具体的には、民間の金融機関から融資を受けた住宅ローンの債務者が、住宅ローンの返済ができなくなった（債務不履行）ことにより、元利金の回収ができずに発生した損害をてん補するというものです。

3 情報の提供業務

住宅の建設、購入、改良、移転をしようとする者又は住宅の建設等に関する事業を行う者に対し、**必要な資金の調達**（ローンについて）又は**良質な住宅の設計**、**建設**等に関する**情報の提供や相談**等を行います。

また、市町村等からの委託に基づき、空家等及び空家等の跡地の活用の促進に必要な資金の融通に関する情報の提供その他の援助を行うことができます。

4 直接融資業務

住宅金融公庫が行っていた**住宅資金の直接融資**は、**原則として廃止**になりましたが、以下に記載する**災害関係、都市居住再生等**の一般の金融機関では融通が困難な分野は**直接融資ができます**（抜粋）。

① **災害復興建築物**の建設、購入又は被災建築物の補修に必要な資金
② **災害予防関連工事**に必要な資金又は地震に対する安全性の向上を主たる目的とする住宅の改良に必要な資金等
③ **マンションの共用部分の改良**に必要な資金等
④ **子どもを育成する家庭**もしくは**高齢者の家庭**に適した良好な居住性能及び居住環境を有する**賃貸住宅建設**に必要な資金等
⑤ **高齢者の家庭**に適した良好な居住性能及び居住環境を有する住宅とすることを主たる目的とする住宅の改良（高齢者が自ら居住する住宅について行うものに限る）に必要な資金等

⑥　**住宅確保要配慮者**に対する賃貸住宅の供給の促進に関する法律の規定による貸付け

※　住宅確保要配慮者とは、障害者、被災者等一定の者で、住宅の確保について特に配慮を要する者をいう。

5 既往債権の管理・回収業務

　(旧)住宅金融公庫の権利及び義務を承継し、その既往債権の管理・回収業務を行います。

頻出! 一問一答

以下の問題文を読んで○か×かを判定しなさい。

問1 　独立行政法人住宅金融支援機構（以下「機構」という。）は、災害復興建築物の建設又は購入に必要な資金を直接融資することができる。

問2 　機構は、子どもを育成する家庭に適した良好な居住性能及び居住環境を有する賃貸住宅建設に必要な資金等を直接融資することができる。

問3 　機構は、住宅金融公庫の権利及び義務を承継し、住宅金融公庫の既往債権の管理・回収業務を行う。

問4 　機構は、マンションの共用部分の改良に必要な資金の融資は行わない。

問5 　機構は、住宅融資保険法による保険を業務として行う。

解　答

問1　○　記述の通りである。

問2　○　記述の通りである。

問3　○　記述の通りである。

問4　×　マンションの共用部分の改良に必要な資金の融資は行う。

問5　○　記述の通りである。

386 **MASTER**

5	**不当景品類及び 不当表示防止法**

重要度 ★★★

不当景品類及び不当表示防止法

　宅建業者が広告を出す場合の表示に関する規定と景品（おまけ）の上限額等をこれからみていきます。試験では、例年1問出題されています。

１ 不動産の表示に関する公正競争規約

1 広告表示の開始時期の制限

　事業者は、宅地の造成又は建物の建築に関する工事の完了前においては、宅建業法第33条に規定する許可等（開発許可、建築確認等）の処分があった後でなければ、当該工事に係る宅地・建物の内容、取引条件等に関する広告表示をしてはなりません。

2 おとり広告の禁止

　事業者は、次に掲げる広告表示をしてはなりません。

① 　**物件が存在しないため**、実際には取引することができない物件に関する表示。

② 　物件は存在するが、実際には**取引の対象となり得ない**物件に関する表示。

③ 　物件は存在するが、実際には**取引する意思がない**物件に関する表示。

3 広告内容の修正等

　事業者は、継続して物件に関する広告その他の表示をする場合において（インターネット等）、当該広告その他の表示の内容に変更があったときは、速やかに修正し、又はその表示を取りやめなければなりません。

4 広告で使用する用語の意味

① 　新築とは、建築工事完了後1年未満であって、居住の用に供されたことがないものをいいます。

第4章 その他関連知識

5 不当景品類及び不当表示防止法

MASTER 387

② **新発売**とは、新たに造成された宅地、新築の住宅又は一棟リノベーションマンションについて、一般消費者に対し、初めて購入の申込みの勧誘を行うことをいい、その申込みを受けるに際して一定の期間を設ける場合においては、その期間内における勧誘をいいます。

③ **ダイニング・キッチン（DK）**とは、**台所と食堂の機能が1室に併存している部屋**をいい、住宅の居室数に応じ、その用途に従って使用するために必要な広さ、形状及び機能を有するものをいいます。

④ **リビング・ダイニング・キッチン（LDK）**とは、**居間と台所と食堂**の機能が1室に併存する部屋をいい、住宅の居室数に応じ、その用途に従って使用するために必要な広さ、形状及び機能を有するものをいいます。

⑤ 予告広告とは、販売区画数若しくは販売戸数が2以上の分譲宅地、新築分譲住宅、新築分譲マンション若しくは一棟リノベーションマンション、又は、賃貸戸数が2以上の新築賃貸マンション等であって、価格等が確定していないため、**直ちに取引することができない物件**について、その**本広告に先立ち**、その取引開始時期をあらかじめ告知する広告表示をいいます。

5 表示してはいけないもの

① 中古住宅の販売における建物の建築経過年数又は建築年月について、**実際のものよりも経過年数が短い又は建築年月が新しい**と誤認されるおそれのある表示。

② 建物の**保温・断熱性、遮音性**、健康・安全性その他の居住性能について、**実際のものよりも優良**であると誤認されるおそれのある表示。

③ 割賦販売又は不動産ローンの条件について、**実際のものよりも有利**であると誤認されるおそれのある表示（例：**アドオン方式**による利率のみを記載し、実質年率を記載しない）。

④ モデル・ルーム又は写真、動画、コンピュータグラフィックス、見取図、完成図若しくは完成予想図による表示であって、物件の規模、形状、構造等について、**事実に相違する表示**又は実際のものよりも優良であると誤認されるおそれのある表示。

6 表示内容（表示する場合の注意）

① 建築条件付土地の取引については、当該取引の対象が土地である旨並びに当該条件の内容及び当該条件が成就しなかったときの措置の内容を明示して表示すること。

② 建築基準法第42条第2項の規定により道路とみなされる部分（セットバックを要する部分）を含む土地については、その旨を表示し、セットバックを要する部分の面積がおおむね10パーセント以上である場合は、併せてその面積を明示すること。

③ 都市計画法第20条第1項の告示が行われた道路（都市計画施設の区域）に係る土地については、工事が未着手であっても、その旨を明示すること。

④ 市街化調整区域に所在する土地については、「市街化調整区域。宅地の造成及び建物の建築はできません」と明示すること（新聞折込チラシ等及びパンフレット等の場合には16ポイント以上の大きさの文字を用いること）。

⑤ 建築基準法第42条に規定する道路に2m以上接していない土地については、原則として「再建築不可」又は「建築不可」と明示すること。

⑥ 路地状部分のみで道路に接する土地であって、その路地状部分の面積が当該土地面積のおおむね30パーセント以上を占めるときは、路地状部分を含む旨及び路地状部分の割合又は面積を明示すること。

⑦ 土地取引において、当該土地上に古家、廃屋等が存在するときは、その旨を明示すること。

⑧ 土地の全部又は一部が高圧電線路下にあるときは、その旨及びそのおおむねの面積を表示すること。この場合において、建物その他の工作物の建築が禁止されているときは、併せてその旨を明示すること。

⑨ 傾斜地を含む土地であって、傾斜地の割合が当該土地面積のおおむね30パーセント以上を占める場合（マンション及び別荘地等を除く）は、傾斜地を含む旨及び傾斜地の割合又は面積を明示すること。ただし、傾斜地の割合が30パーセント以上を占めるか否かにかかわらず、傾斜地を含むことにより、当該土地の有効な利用が著しく阻害される場合（マンションを除く）は、その旨及び傾斜地の割合又は面積を明

示すること。

⑩　土地の有効な利用が阻害される**著しい不整形画地**及び区画の地盤面が2段以上に分かれている等の著しく特異な地勢の土地については、その旨を明示すること。

⑪　建築工事に着手した後に、同**工事を相当の期間にわたり中断**していた新築住宅又は新築分譲マンションについては、**建築工事に着手した時期**及び**中断していた期間**を明示すること。

⑫　賃貸マンション・賃貸アパートにおいて、**家賃保証会社等と契約**することを条件とするときは、その旨及びその額を表示しなければなりません。

⑬　新築分譲住宅等の物件のパンフレット等には、日照その他物件の環境条件に影響を及ぼすおそれのある建物の建築計画又は宅地の造成計画であって自己に係るもの又は自己が**知り得たものがある場合**には、その旨及びその規模を記載しなければなりません。

⑭　住宅の居室等の広さを畳数で表示する場合においては、畳1枚当たりの広さは**1.62㎡**以上の広さがあるという意味で用いること。

⑮　過去の販売価格を比較対照価格とする**二重価格表示**は、次に掲げる要件（抜粋）のすべてに適合し、かつ、実際に、当該期間、当該価格で販売していたことを資料により客観的に明らかにすることができるのであれば、可能です。

　　・過去の販売価格の公表時期及び値下げの時期を明示したものであること。

　　・比較対照価格に用いる過去の販売価格は、値下げの直前の価格であって、値下げ前2か月以上にわたり実際に販売のために公表していた価格であること。

　　・値下げの日から6か月以内に表示するものであること。

⑯　**取引態様**は、「売主」、「貸主」、「代理」又は「媒介」（「仲介」）の別をこれらの用語を用いて表示すること。

⑰　**物件の名称として地名等を用いる**場合において、この物件が公園、庭園、旧跡その他の施設から**直線距離で300ｍ以内**に所在している場合は、これらの施設の名称を用いることができます。

⑱　地目は、登記簿に記載されているものを表示すること。この場合において、現況の地目と異なるときは、現況の地目を併記すること。

⑲　土地の価格については、1区画当たりの価格を表示すること。ただし、1区画当たりの土地面積を明らかにし、これを基礎として算出する場合に限り、1平方メートル当たりの価格で表示することができます。

⑳　物件について、「完売」等の表示内容を裏付ける合理的な根拠を示す資料を現に有している場合を除き、「完売」等著しく人気が高く、売行きがよいという印象を与える用語を使用してはなりません。また、完売していないのに完売したと誤認されるおそれのある広告表示をしてはなりません。

㉑　住宅ローンについて記載する場合には、金融機関の名称もしくは商号又は都市銀行、地方銀行、信用金庫等の種類を明示して表示しなければなりません。

㉒　建物を増築、改築、改装又は改修したことを表示する場合は、その内容及び時期を明示すること。

㉓　公共交通機関は、現に利用できるものを表示し、特定の時期にのみ利用できるものは、その利用できる時期を明示して表示すること。ただし、新設の路線については、路線の新設に係る国土交通大臣の許可処分又はバス会社等との間に成立している協定の内容を明示して表示することができます。

㉔　新設予定の駅等又はバスの停留所は、当該路線の運行主体が公表したものに限り、その新設予定時期を明示して表示することができます。

㉕　団地（一団の宅地又は建物）と駅その他の施設との間の道路距離又は所要時間は、取引する区画のうちそれぞれの施設ごとにその施設から最も近い区画（マンション及びアパートにあっては、その施設から最も近い建物の出入口）を起点として算出した数値とともに、その施設から最も遠い区画（マンション及びアパートにあっては、その施設から最も遠い建物の出入口）を起点として算出した数値も表示すること。

㉖ 徒歩による所要時間は、道路距離80mにつき1分間を要するものとして算出した数値を表示すること。この場合において、1分未満の端数が生じたときは、1分として算出すること。

㉗ 建築基準法第28条の規定（居室の採光及び換気）に適合していないため、同法において居室と認められない納戸その他の部分については、その旨を「納戸」等と表示すること。

㉘ 宅地又は建物の写真又は動画は、取引するものを表示すること。ただし、取引する建物が建築工事の完了前である等その建物の写真又は動画を用いることができない事情がある場合においては、取引する建物を施工する者が過去に施工した建物であり、かつ、次に掲げるものに限り、他の建物の写真又は動画を用いることができます。この場合においては、当該写真又は動画が他の建物である旨及びアに該当する場合は、取引する建物と異なる部位を、写真の場合は写真に接する位置に、動画の場合は画像中に明示すること。

ア 建物の外観は、取引する建物と構造、階数、仕様が同一であって、規模、形状、色等が類似するもの。ただし、当該写真又は動画を大きく掲載するなど、取引する建物であると誤認されるおそれのある表示をしてはならない。

イ 建物の内部は、写される部分の規模、仕様、形状等が同一のもの。

㉙ 温泉法による温泉については、温泉に加温・加水したものについては、その旨を明示して表示しなければなりません。

㉚ 宅地又は建物のコンピュータグラフィックス、見取図、完成図又は完成予想図は、その旨を明示して用い、当該物件の周囲の状況について表示するときは、現況に反する表示をしないこと。

㉛ 学校、病院、官公署、公園等は、次に掲げるところにより表示すること。

ア 現に利用できるものを表示すること。

イ 物件からの道路距離または徒歩所要時間を明示すること。

ウ その施設の名称を表示すること。ただし、公立学校及び官公署の場合は、パンフレットを除き、省略することができます。

㉜ **デパート**、**スーパーマーケット**、**商店等**の商業施設は、**現に利用で きるもの**を物件からの道路距離または徒歩所要時間を明示して表示す ること。ただし、工事中である等その施設が将来確実に利用できると 認められるものにあっては、その**整備予定時期**を明示して表示するこ とができます。

㉝ **土地の価格**は、取引する全ての区画の価格を表示すること。ただ し、分譲宅地の価格については、**パンフレット等の媒体を除き**、1区 画当たりの**最低価格**、**最高価格**及び**最多価格帯**並びにその**価格帯に属 する販売区画数のみで表示**することができます。また、この場合にお いて、販売区画数が10未満であるときは、最多価格帯の表示を省略す ることができます。

㉞ **建物の面積（マンションにあっては、専有面積）**は、延べ面積を表 示し、これに車庫、地下室等の面積を含むときは、その旨及びその面 積を表示すること。ただし、新築分譲住宅、新築分譲マンション、一 棟リノベーションマンション、新築賃貸マンション、新築賃貸アパー ト等については、**パンフレット等の媒体を除き**、最小建物面積及び最 大建物面積のみで表示することができます。

㉟ **管理費（マンションの事務を処理する等の費用）**については、1戸 当たりの月額（予定額であるときは、その旨）を表示することとされ ているが、住戸により管理費の額が異なる場合において、その全ての 住宅の管理費を示すことが困難であるときは、最低額及び最高額のみ で表示することができます。

㊱ **修繕積立金**については、1戸当たりの月額（予定額であるときは、 その旨）を表示すること。ただし、住戸により修繕積立金の額が異な る場合において、その全ての住宅の修繕積立金を示すことが困難であ るときは、最低額及び最高額のみで表示することができます。

㊲ **賃貸住宅（マンション又はアパートにあっては、住戸）の賃料**につ いては、取引する全ての住戸の1か月当たりの賃料を表示すること。 ただし、新築賃貸マンション又は新築賃貸アパートの賃料について は、パンフレット等の媒体を除き、1住戸当たりの最低賃料及び最高 賃料のみで表示することができます。

② 不動産業における景品類の提供の制限に関する公正競争規約

事業者は、一般消費者に対し、次に掲げる範囲を超えて景品類を提供してはなりません。

懸賞によらないで提供する場合（総付景品）	取引価額の10分の1又は100万円のいずれか低い額
懸賞により提供する場合	取引価額の20倍又は10万円のいずれか低い額

③ 措置命令

内閣総理大臣は、不当景品類の提供や不当表示がなされた場合、その事業者に対し、措置命令をすることができます。その命令は、当該違反行為が既になくなっている場合においても可能です。なお、内閣総理大臣は、措置命令の権限を消費者庁長官に委任します。

頻出! 一問一答

以下の問題文を読んで〇か×かを判定しなさい。

問1 未完成建売住宅を販売する場合、建築確認を受けていなくても、現に確認を申請中であれば、「建築確認申請中」と表示して広告することができる。
□□□

問2 宅建業者が、実際には存在しない物件について、新聞折込ビラで広告をしても、広告の物件と同程度の物件を準備していれば、不当表示となるおそれはない。
□□□

問3 宅建業者が、居住の用に供されたことがない建物について、新聞折込ビラで「新築」と表示する場合、建築後1年6か月のものであれば、不当表示となるおそれはない。
□□□

問4 土地の全部又は一部が高圧電線路下にあるときは、その旨及びそのおおむねの面積を表示することとされている。
□□□

問5 徒歩による所要時間は、直線距離80mにつき1分間を要するものとして算出した数値を表示することとされている。
□□□

問6 路地状部分のみで道路に接する土地であって、その路地状部分の面積が当該土地面積のおおむね30パーセント以上を占めるときは、路地状部分を含む旨及び路地状部分の割合又は面積を明示することとされている。
□□□

問7 新築分譲マンションを販売するにあたり、契約者全員が4つの選択肢の中から景品を選ぶことができる総付景品のキャンペーンを企画している場合、選択肢の1つを現金200万円とし、他の選択肢を海外旅行として実施することができる。
□□□

問8 内閣総理大臣から委任を受けた消費者庁長官は、不当な表示の禁止規定に違反する行為があるときは、当該事業者に対して措置命令をすることができるが、当該違反行為が既になくなっているときは、することができない。
□□□

第4章 その他関連知識

5 不当景品類及び不当表示防止法

解 答

問1 × 広告ができるのは、建築確認を受けてからである（申請中はだめ）。

問2 × おとり広告であり、不当表示となる。

問3 × 不当表示である。新築とは、建築後1年未満であって、居住の用に供されたことがないものをいう。

問4 ○ 記述の通りである。

問5 × 直線距離ではない。道路距離である。

問6 ○ 記述の通りである。

問7 × 総付景品の上限は、「取引価額の10分の1」又は「100万円」のいずれか低い額までである。

問8 × 既になくなっていてもできる。

6 土地・建物の知識

重要度 ★★★

土地

宅地としての適否を中心に見ていきます。

〈土地のイメージ〉

1 地形等

（1）**丘陵地**、**台地**、**段丘**は、一般的に水はけがよく、地耐力もあり、洪水や地震に対する安全度も比較的高いので**宅地に適しています**。ただし、**縁辺部**は**がけ崩れの危険**があります。

〈扇状地〉
流れが急にゆるやかになったので扇形に土砂が堆積した

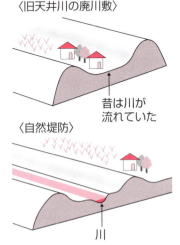

〈旧天井川の廃川敷〉
昔は川が流れていた

〈自然堤防〉

川

（2）扇状地は砂礫層（砂や小石の混ざった層）からなり、水はけがよい
という特徴があります。しかし、低地であることから、土石流や洪水等
の災害の危険性も認識する必要があります。

（3）自然堤防は、砂質や砂礫質の土地からなっているところが多く、**比
較的宅地に適しています。**

（4）自然堤防に囲まれた後背低地は粘性土等の軟弱地盤であることが多
く、地震や洪水に対して弱いため、**宅地として不向きです。**

（5）旧天井川の廃川敷とは、平地より高いところを流れていた川で、今
は廃川となっている土地のことです。低地部の中では**比較的宅地に適し
ています。**

（6）旧河道は、昔、河川が流れていた低地であり、地盤は軟弱ですから、
宅地に適しているとはいえません。

2 地形図

（1）急傾斜地では等高線の間隔は密になり、傾斜が緩やかな土地では等
高線の間隔は疎になっています。

（2）斜面の等高線の間隔が不ぞろいで大きく乱れているような場所では、
過去に**崩壊**が発生した可能性があります。

3 宅地造成

（1）建物の不等沈下は、一般に切土部よりも**盛土部で起こりやすい傾向**
があります。

（2）造成宅地では、一般に切土部分に比べて盛土部分で地盤沈下量が大
きくなります。

（3）宅地の安定に排水処理は重要であり、特に**砂質土**からなるのり面は、
地表水による浸食には比較的弱いため、**擁壁に水抜き穴を設ける等十分
な排水処理が必要**です。

4 崩壊

（1）地すべりは、特定の地質や地質構造を有する地域に集中して分布す
る傾向が強く、地すべり地形と呼ばれる馬蹄形の独特な地形を形成する

ことが多くなります。また、地下水位が高いため、竹などの好湿性の植物が繁茂することが多いという特徴があります。

（2）**断層**は、ある面を境にして地層が上下又は水平方向にくい違っているものであり、その周辺の地盤は安定せず、断層に沿った崩壊、地すべりが発生する危険性が高くなります。

（3）**断層地形**は、直線状の谷、滝その他の地形の急変する地点が連続して存在するといった特徴が見られることが多くなります。

（4）**崖錐堆積物**は、山地から崩れ落ちた砂礫の堆積したものであり、地すべりが生じやすくなります。

（5）**崩壊跡地**は、微地形（肉眼では確認できるが地形図上では判別しにくい非常に小規模な地形）的には馬蹄形状の凹地形を示すことが多くなります。また、地下水位が高いため竹などの好湿性の植物が繁茂することが多くなります。

（6）**がけ崩れ**は、梅雨の時期や台風時の豪雨によって発生することが多く、がけに近接する住宅では日頃から降雨に対する注意が必要です。

5 洪水

（1）河川近傍の低平地で盛上を施した古い家屋が周辺に多いのは、**洪水常習地帯**である可能性が高くなります。

（2）**都市内の中小河川の氾濫被害の要因**として、急速な都市化・宅地化に伴い河川をコンクリート等で護岸したことから、降雨量が多いとそれが浸透せず、**一度に河川に流れ込む**ということが挙げられます。

6 液状化現象

液状化現象とは、地震の振動によって地中の水分と地盤を構成する砂が混ざり、地盤が飽水状態となることにより砂が摩擦力を失って、非常に軟弱な地盤になることです。これは、**比較的粒径のそろった砂地盤で、地下水位の浅い地域で発生しやすい**現象です。

建　物

1 木造建築物

　工法の種類は、在来工法（軸組工法）の他に枠組壁工法（ツーバイフォー工法）、丸太組工法等があります。

1 軸組

　柱、梁（はり）、筋かい等の軸部材の組合せで構成する骨組みで、新築工事現場の前を通ると右図と同様のものを見ることができます。

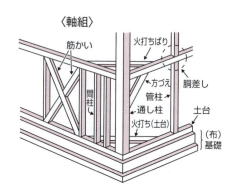

〈軸組〉

2 ツーバイフォー工法

　この工法は、建物を柱ではなく壁で支えるため、耐震性が高いという特徴があります。

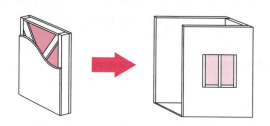

①工場で壁をつくる
　２インチ×４インチの枠組
　合板でサンドイッチ

②現地で組み立てる

3 木材について

①　木材に一定の力をかけたときの圧縮に対する強度は、**繊維方向がもっとも強く、直角方向はもっとも弱くなります。**

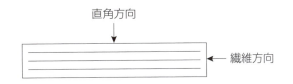

② 木材を断面で見たときの樹心に近い部分を心材といい、外周部を辺材といいます。**心材**は樹液をあまり含まず樹木に**強固性**を与えますが、**辺材**は樹液を多く含むため、**虫害に弱く腐朽**しやすくなります。

③ 木材は、湿潤状態にあるものよりも、乾燥しているものの方が強度は大きくなります。

4 補強等について

① 耐震性を向上させるには、軸組に**筋かい**を入れるほか、**合板を打ち付ける**方法があります。

② 筋かいは、**木造**だけでなく**鉄筋**を使用してもかまいません。

③ 柱、筋かい、土台のうち、地面から１ｍ以内の部分には、有効な防腐措置を講ずるとともに、必要に応じて、しろあり等の虫害を防ぐための措置を講じなければなりません。

2 鉄筋コンクリート造

1 性質

鉄筋コンクリート造とは、コンクリート中に鉄筋を埋め込んだ構造であり、鉄筋とコンクリートが共同して加重を負担（抵抗）します。

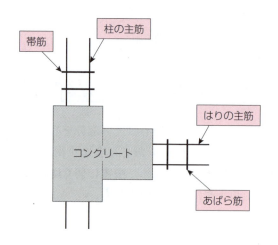

2 施工及び材料

① 鉄筋コンクリート造に使用される骨材、水及び混和材料は、鉄筋をさびさせ、又はコンクリートの凝結及び硬化を妨げるような**酸、塩、有機物、泥土を含んではなりません。**

② 原則として、鉄筋コンクリート造の柱については、**主筋は4本以上**とし、**主筋と帯筋は緊結**しなければなりません。

③ 鉄筋に対するコンクリートの**かぶり厚さ**は、**耐力壁**にあっては3cm以上としなければなりません。

> かぶり厚さとは、コンクリートの表面から鉄筋までの距離。つまり、鉄筋を覆うコンクリートの厚さのことをいいます。

④ **構造耐力上主要な部分に係る型わく及び支柱**は、コンクリートが自重及び工事の施工中の荷重によって著しい変形又はひび割れその他の損傷を受けない強度になるまでは、**取り外してはなりません。**

⑤ 鉄筋と普通コンクリートを比較すると、温度上昇に伴う体積の膨張の程度（**熱膨張率**）は、**ほぼ等しい**です。したがって、長期間の寒暖の差にも一体性を保つことができます。

⑥ 鉄筋コンクリート造における柱の**帯筋**やはりの**あばら筋**は、地震力に対する**せん断補強**のほか、内部の**コンクリートを拘束**したり、**柱主筋の座屈を防止**する効果があります。

⑦　原則として、**鉄筋の末端**は、**かぎ状に折り曲げて**、コンクリートから抜け出ないように定着しなければなりません。

頻出! 一問一答

以下の問題文を読んで〇か×かを判定しなさい。

問1　斜面の等高線の間隔が不ぞろいで大きく乱れているような場所では、過去に崩壊が発生した可能性がある。

問2　地すべりは、特定の地質や地質構造を有する地域に集中して分布する傾向が強く、地すべり地形と呼ばれる馬蹄形の独特な地形を形成することが多い。

問3　断層は、ある面を境にして地層が上下又は水平方向にくい違っているものであるが、その周辺では地盤の強度が安定しているため、断層に沿った崩壊、地すべりが発生する危険性は低い。

問4　丘陵地帯で地下水位が深く、固結した砂質土で形成された地盤の場合、地震時は液状化する可能性が高い。

問5　原則として、鉄筋コンクリート造の柱については、主筋は3本以上とし、主筋と帯筋は緊結しなければならない。

問6　鉄筋コンクリート造に使用される骨材、水及び混和材料は、鉄筋をさびさせ、又はコンクリートの凝結及び硬化を妨げるような酸、塩、有機物又は泥土を含んではならない。

問7　木材に一定の力をかけたときの圧縮に対する強度は、直角方向がもっとも強く、繊維方向はもっとも弱い。

問8　木造建築物の耐震性を向上させるには、軸組に筋かいを入れるほか、合板を打ち付ける方法がある。

解 答

問1 ○ 記述の通りである。

問2 ○ 記述の通りである。

問3 × 断層の周辺の地盤は安定せず、断層に沿った崩壊、地すべりが発生する危険性が高い。

問4 × 液状化現象は、比較的粒径のそろった砂地盤で、地下水位の"浅い"地域で発生しやすい。

問5 × 柱の主筋は4本以上としなければならない。

問6 ○ 記述の通りである。

問7 × 記述が逆である。繊維方向がもっとも強く、直角方向はもっとも弱い。

問8 ○ 記述の通りである。

あ

- 案内所等の届出 …………………… 191
- 遺言 ………………………………… 96
- 意思能力 …………………………… 20
- 一団の土地（国土利用計画法）
  ……………………………… 326,329
- 一括競売（抵当権）……………… 88
- 一般定期借地権 ………………… 122
- 一般媒介（非明示型）…………… 197
- 一般媒介（明示型）……………… 197
- 遺留分 ……………………………… 96
- 遺留分侵害額の請求 ……………… 97
- **印紙税** …………………………… 369
- 請負 ………………………………… 67
- 受付番号（不動産登記法）……… 106
- **営業保証金** ……………………… 175
- 営業保証金の還付 ……………… 177
- 営業保証金の取戻し …………… 178
- 営業保証金の保管替え等 ……… 176
- 液状化現象 ……………………… 399
- 援用（時効）……………………… 48
- おとり広告の禁止 ……………… 387

か

- 買換え特例 ……………………… 365
- 海岸法 …………………………… 350
- **解除後の第三者と登記** ………… 83
- **解除の効果** ……………………… 25
- 崖錐堆積物 ……………………… 399

- 開発許可 ………………………… 274
- 開発審査会 ……………………… 281
- 開発登録簿 ……………………… 278
- 外壁の後退距離 ………………… 315
- **解約手付** ………………………… 27
- 確定期限（債務不履行）………… 23
- 確定日付ある証書（債権譲渡）… 53
- 確認済証 ………………………… 286
- がけ崩れ ………………………… 397
- 課税標準 ………………………… 354
- 課税標準の特例 ………………… 354
- 河川法 …………………………… 350
- 合筆の登記 ……………………… 108
- かぶり厚さ ……………………… 402
- 仮換地 …………………………… 337
- 仮登記 …………………………… 108
- **監視区域** ………………………… 328
- 換地 ……………………………… 334
- 換地照応の原則 ………………… 336
- 換地処分 ………………………… 339
- **監督処分** ………………………… 244
- 還付充当金 ……………………… 181
- 管理組合 ………………………… 136
- 管理者 …………………………… 136
- 議決権 …………………………… 137
- 危険負担 ………………………… 28
- 既存不適格建築物 ……………… 288
- 北側斜線制限 …………………… 311
- 規約（区分所有法）……………… 138
- 旧河道 …………………………… 398

急傾斜地の崩壊による災害の防止に
　関する法律 ……………………… 350
旧天井川の廃川敷 ……………… 397
丘陵地 ……………………………… 397
供託 ………………………………… 175
供託所等に関する説明 ………… 189
共同申請主義 …………………… 107
共同不法行為 …………………… 71
強迫 ………………………………… 9
業務停止処分 …………………… 244
共有 ………………………………… 75
共用部分 ………………………… 136
近隣商業地域 …………………… 263
区域区分 ……………………… 261
クーリング・オフ …………… 224
区分所有権 ……………………… 136
区分所有者 ……………………… 136
景観地区 ………………………… 264
軽減税率 ………………………… 354
契約不適合 ………… 31,67,227
欠格（相続） …………………… 95
欠格要件 ………………………… 147
減価修正 ………………………… 377
原価法 …………………………… 376
検査済証 ………………… 280,287
原状回復義務 …………………… 26
建築確認 ……………………… 285
建築主事 ………………………… 285
建築審査会 ……………………… 287
限定承認 ………………………… 95
減歩 ……………………………… 334
建蔽率 ………………………… 299
権利金 …………………………… 370
権利の登記 ……………………… 105

権利部 …………………………… 105
合意更新 ………………………… 119
工業専用地域 …………………… 263
工業地域 ………………………… 263
広告開始時期の制限 …………… 189
広告費用 ………………………… 234
工作物責任 ……………………… 71
工事主 …………………………… 343
更新（借地借家法） ……… 119,127
更新のない建物賃貸借 ………… 130
洪水 ……………………………… 399
高度地区 ………………………… 264
高度利用地区 …………………… 264
港湾法 …………………………… 350
国税 ……………………… 354,363
国土交通大臣免許 ……………… 147
誇大広告 ………………………… 188
固定資産課税台帳 ……………… 357
固定資産税 …………………… 357

さ

債権 ……………………………… 2
債権者 …………………………… 2
債権譲渡 ………………………… 52
債権譲渡の対抗要件 …………… 52
債権の消滅 ……………………… 54
採草放牧地 ……………………… 317
再調達原価 ……………………… 376
債務 ……………………………… 2
債務者 …………………………… 2
債務不履行 …………………… 23
詐欺 ……………………………… 7
錯誤 ……………………………… 6
詐術 ……………………………… 19

37条書面	213	借家権	127
市街化区域	261	借家権の承継	130
市街化調整区域	261	借家権の譲渡	128
市街地開発事業	266	借家権の対抗要件	129
市街地開発事業等予定区域	266,270	借家の転貸	128
市街地開発事業の施行区域	270	収益還元法	377
資格登録簿	164	集会	137
敷金	114	集会の決議事項	139
敷地面積の最低限度	314	集会の招集	137
事業地（都市計画法）	270	従業者証明書	190
事業用定期借地権	122	従業者名簿	190
軸組	400	住宅瑕疵担保履行法	253
時効	45	住宅金融支援機構	384
時効の完成	48	住宅ローン控除（減税）	365
時効の完成猶予	47	重要事項説明書	205
時効の更新	47	重要事項の説明	205
自己契約	38	受働債権	56
事後届出制	324	取得時効	45
自己発見取引	197	守秘義務	192
指示処分	245,248	順位番号（不動産登記法）	105
事情補正	377	準工業地域	263
地すべり	398	準住居地域	263
地すべり等防止法	350	準耐火建築物	290,308
自然公園法	350	準都市計画区域	261
自然堤防	398	準防火地域	308
事前届出制	328	商業地域	263
指定流通機構	200	使用者責任	70
時点修正	377	使用貸借	119
自働債権	56	譲渡所得税	363
事務禁止処分	248	消費税（報酬）	234
借地権	119	消滅時効	46
借地権の譲渡と借地の転貸	121	所有権	74
借地権の対抗要件	121	所有権留保	229
借地上の建物の滅失・再築	120		

審査請求（開発許可・建築確認） ……………………………………… 281
新築 ……………………………………… 387
新発売（不当景品類及び不当表示防止法） ……………………………… 388
心裡留保 …………………………………… 2
筋かい …………………………………… 401
税額 ……………………………………… 354
税額控除 ………………………………… 354
制限行為能力者 ………………………… 15
成功報酬主義 …………………………… 234
清算金 …………………………………… 336
生産緑地法 ……………………………… 350
正常な価格 ……………………………… 380
正当事由 ………………………………… 119
成年被後見人 …………………………… 16
税率 ……………………………………… 354
政令で定める使用人 …………………… 152
積算価格 ………………………………… 377
絶対効 …………………………………… 63
絶対高さ ………………………………… 314
絶対的効力 ……………………………… 63
善意無過失 ……………………………… 3
善意有過失 ……………………………… 3
扇状地 …………………………………… 397
専属専任媒介 …………………………… 198
専任の宅建士 …………………………… 168
専任媒介 ………………………………… 198
占有（時効） …………………………… 45
占有者 …………………………………… 137
占有の承継（時効） …………………… 45
専有部分 ………………………………… 136
相殺 ……………………………………… 55
造作買取請求権 ………………………… 129

造成宅地 ………………………………… 343
造成宅地防災区域 ……………………… 348
相続 ……………………………………… 94
相対効 …………………………………… 63
相対的効力 ……………………………… 63
双方代理 ………………………………… 38
措置命令（不当景品類及び不当表示防止法） ……………………………… 394
損害賠償額の予定 ……………… 26,218
損害賠償請求権の時効 ………………… 71

た

第一種住居地域 ………………………… 263
第一種中高層住居専用地域 …………… 263
第一種低層住居専用地域 ……………… 263
第1種特定工作物 ……………………… 274
耐火建築物 ……………………… 290,308
代価弁済 ………………………………… 89
代金減額請求権 ………………………… 32
第三者弁済 ……………………………… 54
代襲相続 ………………………………… 94
台地 ……………………………………… 397
第二種住居地域 ………………………… 263
第二種中高層住居専用地域 …………… 263
第二種低層住居専用地域 ……………… 263
第2種特定工作物 ……………………… 274
ダイニング・キッチン（DK） …… 388
代理 ……………………………………… 37
代理権の消滅 …………………………… 37
高さ規制 ………………………………… 311
宅地造成 ………………………… 342,398
宅地造成等工事規制区域 ……………… 348
宅地建物取引業（宅建業） …………… 142
宅建業者名簿 …………………………… 152

宅建士	162	登記	104
宅建士証	166	登記機関	104
宅建士証の提出・返納	167	登記原因証明情報	107
建物買取請求権	121	登記識別情報	107
建物譲渡特約付借地権	122	等高線	398
段丘	397	同時履行の抗弁権	23
単純承認	95	道路	295
断層	399	登録（宅建士）	163
断層地形	399	登録消除処分	248
地域地区	262	登録の移転	165
地役権	78	登録免許税	371
地価公示法	379	道路斜線制限	311
地区計画	267	道路法	350
地形図	398	特殊建築物	285
地上権	78	特定街区	264
地方税	354	特定行政庁	287
中間検査	287	特定盛土等	342
注視区域	328	特別縁故者	97
帳簿	191	特別用途地区	263
賃借権の譲渡	113	都市計画区域	260
賃借物の転貸	113	都市計画施設の区域	270
賃貸借	112	都市計画制限	270
追完請求権	31	都市再開発法	350
追認	11,18,19,40	都市施設	265
ツーバイフォー工法	400	都市緑地法	350
通謀虚偽表示	4	土地鑑定委員会	380
定期借地権	122	土地区画整理	334
抵当権	86	土地区画整理組合	335
抵当権消滅請求	89	都道府県知事免許	147
鉄筋コンクリート造	401	取消権の消滅	11
手付	27	取消し後の第三者と登記	84
手付金等の保全措置	220	取引事例比較法	377
田園住居地域	263	取引態様の明示	188
転貸借	128		

な

２項道路	296
認証（保証協会）	180
農業委員会	317
農地	317
農林水産大臣	318
延べ面積	302

は

媒介	143
媒介契約	197
媒介契約書	198
廃業等の届出	153
廃除	95
背信的悪意者	83
排水処理	398
８種規制	218
罰則	250
日影規制	312
比準価格	377
非常用の昇降機	290
非線引都市計画区域	262
被相続人	94
必要費	112
被保佐人	17
被補助人	18
評価額（媒介契約）	198
表見代理	41
標識	191
表示の登記	104
標準地	380
標準媒介契約約款	199
表題部	104

避雷設備	290
風致地区	264
不確定期限（債務不履行）	23
不完全履行	24
普通徴収	356,357
物権変動の対抗要件	82
物上保証人	54
不動産鑑定評価基準	376
不動産業における景品類の提供の制限に関する公正競争規約	394
不動産取得税	355
不動産の表示に関する公正競争規約	387
不法行為	70
不法行為者	82
不法占拠者	82
フラット35	384
文化財保護法	288,350
分筆の登記	108
変更の登録	164
弁済（債権の消滅）	54
弁済業務保証金	179
弁済業務保証金の還付	180
弁済業務保証金の取戻し	181
弁済業務保証金分担金	179
崩壊跡地	399
防火地域	308
防火壁	290
放棄（相続）	96
報酬	234
法定更新	119
法定相続人	94
法定相続分	94
法定代位	55

法定地上権 ……………………… 87
保証 ………………………………… 60
保証協会 ………………………… 178
保証債務の範囲 …………………… 60
保証人の資格 ……………………… 60
保留地 …………………………… 336

ま

未成年者 …………………………… 15
密集市街地における防災街区の整備
　の促進に関する法律 …………… 350
みなし業者 ……………………… 154
無権代理 …………………………… 39
無権利者 …………………………… 82
無免許営業等の禁止 …………… 155
免許 ……………………………… 147
免許換え ………………………… 153
免許証 …………………………… 151
免許取消処分 ……………… 244,247
免許の欠格要件 ………………… 147
免税点 ……………………… 356,358
木造建築物 ……………………… 400

や

有益費 …………………………… 112
容積率 …………………………… 301
用途制限 ………………………… 292
用途地域 ………………………… 262

ら

履行遅滞 …………………………… 23
履行不能 …………………………… 24
リビング・ダイニング・キッチン
　（ＬＤＫ）……………………… 388

流通業務市街地の整備に関する法律
　………………………………… 350
隣地斜線制限 …………………… 311
連帯債務 …………………………… 62
連帯保証 …………………………… 62
6 m区域 ………………………… 295

執　筆
都丸正弘（TAC宅建士講座講師）

2025年度版　宅建士　超速マスター

（平成19年度版　2007年7月1日　初版　第1刷発行）
2025年4月29日　初版　第1刷発行

編　著　者	Ｔ　Ａ　Ｃ　株　式　会　社	
	（宅建士講座）	
発　行　者	多　　田　　敏　　男	
発　行　所	ＴＡＣ株式会社　出版事業部	
	（ＴＡＣ出版）	

〒101-8383　東京都千代田区神田三崎町3-2-18
電　話 03(5276)9492(営業)
FAX 03(5276)9674
https://shuppan.tac-school.co.jp

組　　版	株式会社　グ　ラ　フ　ト	
印　　刷	株式会社　ワ　コ　ー	
製　　本	株式会社　常　川　製　本	

© TAC 2025　　Printed in Japan

ISBN 978-4-300-11451-3
N.D.C. 673

本書は，「著作権法」によって，著作権等の権利が保護されている著作物です。本書の全部または一部につき，無断で転載，複写されると，著作権等の権利侵害となります。上記のような使い方をされる場合，および本書を使用して講義・セミナー等を実施する場合には，小社宛許諾を求めてください。

乱丁・落丁による交換，および正誤のお問合せ対応は，該当書籍の改訂版刊行月末日までといたします。なお，交換につきましては，書籍の在庫状況等により，お受けできない場合もございます。
また，各種本試験の実施の延期，中止を理由とした本書の返品はお受けいたしません。返金もいたしかねますので，あらかじめご了承くださいますようお願い申し上げます。

宅地建物取引士

2025年度版 宅地建物取引士への道

宅地建物取引士証を手に入れるには、試験に合格し、宅地建物取引士登録を経て、宅地建物取引士証の交付申請という手続

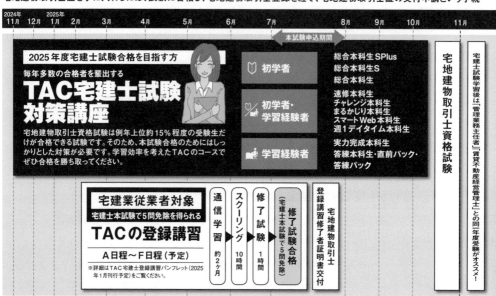

"実務の世界で活躍する皆さまを応援したい"そんな思いから、TACでは試験合格のみならず宅建業で活躍されている方、活躍したい方を「登録講習」「登録実務講習」実施機関として国土交通大臣の登録を受け、サポートしております。

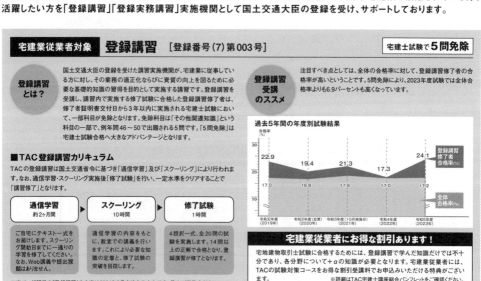

資格の学校 TAC

きが必要です。

宅建士試験合格者対象
TACの登録実務講習
第1日程～第9日程（予定）

※詳細はTAC宅建士登録実務講習パンフレット（2025年12月刊行予定）をご覧ください。

実務経験2年未満の方が資格登録をするために必要

- 通信学習（約1ヶ月）
- スクーリング（12時間）
- 修了試験（1時間）
- 修了試験合格

宅地建物取引士 登録実務講習 修了証交付

宅建士試験合格後1年以内の方
宅地建物取引士試験合格後1年以内に宅地建物取引士証の交付申請をする場合は、「法定講習」の受講は不要です。

宅建士試験合格後1年超の方
「法定講習」受講

法定講習とは？
宅地建物取引士証の交付・更新を受けるにはあらかじめ各都道府県知事が指定する機関が実施する講習（おおむね6時間）を受講する必要があります。
1. 宅地建物取引士証の更新の方
2. 設定事例に基づき、宅建業の実務に必要な知識を契約締結・決済・引渡しに至るまでの流れに沿って学習していきます。特にスクーリング（演習）では、重要事項説明、契約書作成等の事例をもとに演習していきます。（なお、宅地建物取引士証の有効期限が切れた場合、宅地建物取引士としての仕事はできませんが、宅地建物取引士の登録自体が無効になることはありません。）
3. 宅建士資格試験合格後、宅地建物取引士証の交付を受けてから1年が経過した方

法定講習を受講した場合は全科目終了後、当日に宅地建物取引士証が交付されます。

左側縦書き列
- 賃貸不動産経営管理士試験（例年11月中旬実施／12月下旬合格発表）
- 宅地建物取引士資格試験 合格
- 管理業務主任者試験（例年12月初旬実施／翌年1月中旬合格発表）

年月
2026年1月 / 12月

右側
- 30～60日 宅地建物取引士 資格登録
- 15～30日 宅地建物取引士証交付申請
- 宅地建物取引士証交付

宅建士試験合格者で実務経験2年未満の方対象 登録実務講習
[登録番号（6）第4号] **合格後の宅建士資格登録に必要**

登録実務講習とは？
登録実務講習は、宅建士試験合格者で宅建業の実務経験が2年に満たない方が資格登録をする場合に、この講習を受講・修了することにより「2年以上の実務経験を有する者と同等以上の能力を有する者」と認められ、宅地建物取引業法第18条第1項に規定する宅地建物取引士資格の登録要件を満たすことができる、というものです。登録実務講習では、設定事例に基づき、不動産取引実務に必要な知識を契約締結・決済・引渡しに至るまでの流れに沿って学習していきます。特にスクーリング（演習）では、重要事項説明、契約書作成等の事例をもとに演習していきます。

宅建建物取引士証交付手続きのススメ
登録の消除を受けない限り、宅地建物取引士登録は一生有効です。しかし、宅地建物取引士証の交付を受ける際に、試験合格後1年を経過した場合には「法定講習」を受講する必要があるため、合格してから1年以内に宅地建物取引士証交付の手続きをするのがオススメです。

※当ページ記載の「登録実務講習」の内容は2024年8月末時点のものです。予めご了承ください。

■TAC登録実務講習カリキュラム
TACの登録実務講習は国土交通省令に基づき「通信学習」及び「スクーリング（演習）」により行います。なお、通信学習・スクーリング（演習）実施後「修了試験」を行い、一定水準をクリアすることで「講習修了」となります。

- **通信学習** 約1ヶ月間
  ご自宅にテキスト等をお届けします。スクーリング開始までに、テキストを使用してWeb講義を視聴する等、自宅学習をおこなってください。提出課題はありません。
- **スクーリング（演習）** 12時間
  実務上必要な重要事項説明・契約書の作成等の事例をもとに、教室で演習します。
- **修了試験** 1時間
  一問一答式及び記述式の試験を実施します。一問一答式及び記述式試験の各々で8割以上の得点を取ると合格となり、登録実務講習が修了となります。

登録講習及び登録実務講習の詳細は専用パンフレットをご覧ください。
（2024年12月～2025年1月刊行予定）

各パンフレットのご請求はこちらから
通話無料 **0120-509-117**
受付時間 月～金 10:00～19:00 土・日・祝 10:00～17:00

TACホームページ https://www.tac-school.co.jp/ TAC 宅建士 検索

資料請求バーコード

宅地建物取引士 試験ガイド

>> 試験実施日程（2024年度例）

試験案内配布
例年7月上旬より各都道府県の試験協力機関が指定する場所にて配布（各都道府県別）

【2024年度】
7/1(月)～7/16(火)

試験申込期間
■郵送（消印有効）
例年7月上旬～7月中旬
■インターネット
例年7月上旬～7月下旬

【2024年度】
■郵送
7/1(月)～7/16(火)消印有効
■インターネット
7/1(月)9時30分～
7/31(水)23時59分

試　験
毎年1回
原則として例年10月第3日曜
日時間帯／午後1時～3時（2時間）
※登録講習修了者
午後1時10分～3時（1時間50分）

【2024年度】
10/20(日)

合格発表
原則として11月下旬

合格者受験番号の掲示および合格者には合格証書を送付

【2024年度】
11/26(火)

>> 試験概要（2024年度例）

受験資格	原則として誰でも受験できます。また、宅地建物取引業に従事している方で、国土交通大臣から登録を受けた機関が実施する講習を受け、修了した人に対して試験科目の一部（例年5問）を免除する「登録講習」制度があります。
受験地	試験は、各都道府県別で実施されるため、受験申込時に本人が住所を有する都道府県での受験が原則となります。
受験料	8,200円
試験方法・出題数	方法：4肢択一式の筆記試験（マークシート方式）　出題数：50問（登録講習修了者は45問）
試験内容	法令では、試験内容を7項目に分類していますが、TACでは法令をもとに下記の4科目に分類しています。 | 科目	出題数
民法等	14問
宅建業法	20問
法令上の制限	8問
その他関連知識	8問 | ※登録講習修了者は例年問46～問50の5問が免除となっています。

試験実施機関	（一財）不動産適正取引推進機構 〒105-0001 東京都港区虎ノ門3-8-21　第33森ビル3階 03-3435-8111　http://www.retio.or.jp/

 受験資格または願書の配布時期及び申込受付期間等については、必ず各自で事前にご確認ください。
願書の取り寄せ及び申込手続も必ず各自で忘れずに行ってください。

詳しい資料のご請求・お問い合わせは 通話無料 **0120-509-117** 受付時間 月〜金 10:00〜17:00 土日祝 10:00〜17:00 TAC 検索

資格の学校 TAC

学習経験者対象
学習期間の目安 **1〜2ヶ月**

8・9月開講
答練パック

アウトプット重視
途中入学OK!
講義ペース 週**1〜2**回
※時期により回数が前後する場合がございます。

実戦感覚を磨き、出題予想論点を押さえる！
学習経験者を対象とした問題演習講座

学習経験者を対象とした問題演習講座です。
試験会場の雰囲気にのまれず、時間配分に十分気を配る予行練習と、TAC講師陣の総力を結集した良問揃いの答練で今年の出題予想論点をおさえ、合格を勝ち取ってください。

カリキュラム（全8回）

8・9月〜		10月上旬	10月中旬	11月下旬
直前ハーフ答練（3回） 答練＋解説講義 「本試験（50問・2時間）」への橋渡しとなる「25問・1時間」の答練です。「全科目・範囲指定なし」の答練で、本試験の緊張感を体感します。	**直前答練（4回）** 答練＋解説講義 出題が予想されるところを重点的にピックアップし、1回50問を2時間で解く本試験と同一形式の答練です。時間配分や緊張感をこの場でつかみ、出題予想論点をも押さえます。	**全国公開模試（1回）** 本試験約2週間前に、本試験と同一形式で行われる全国公開模試です。本試験の擬似体験として、また客観的な判断材料としてラストスパートの戦略にお役立てください。	宅建士本試験	合格！

本試験形式

開講一覧

教室講座
8・9月開講予定
札幌校・仙台校・水道橋校・新宿校・池袋校・渋谷校・八重洲校・立川校・町田校・横浜校・大宮校・津田沼校・名古屋校・京都校・梅田校・なんば校・神戸校・広島校・福岡校

ビデオブース講座
札幌校・仙台校・水道橋校・新宿校・池袋校・渋谷校・八重洲校・立川校・町田校・横浜校・大宮校・津田沼校・名古屋校・京都校・梅田校・なんば校・神戸校・広島校・福岡校
8月中旬より順次講義視聴開始予定

Web通信講座
8月上旬より順次教材発送開始予定
8月中旬より順次講義配信開始予定

通常受講料　教材費・消費税10%込

教室講座	
ビデオブース講座	**¥33,000**
Web通信講座	

答練パックのみお申込みの場合は、TAC入会金（¥10,000・10%税込）は不要です。なお、当コースのお申込みと同時もしくはお申込み後、さらに別コースをお申込みの際にTAC入会金が必要となる場合があります。予めご了承ください。
※なお、上記内容はすべて2024年8月時点での予定です。詳細につきましては2025年合格目標のTAC宅建士講座パンフレットをご参照ください。

宅地建物取引士

全国公開模試

受験の有無で差がつきます!

選ばれる理由がある。

- 高精度の個人別成績表!!
- Web解説講義で復習をサポート!!
- 高水準の的中予想問題!!

"高精度"の個人別成績表!!
TACの全国公開模試は、全国ランキングはもとより、精度の高い総合成績判定、科目別得点表示で苦手分野の最後の確認をしていただけるほか、復習方法をまとめた学習指針もついています。本試験合格に照準をあてた多くの役立つデータ・情報を提供します。

Web解説講義で"復習"をサポート!!
インターネット上でTAC講師による解答解説講義を動画配信いたします。模試の重要ポイントやアドバイスも満載で、直前期の学習の強い味方になります!復習にご活用ください。

"ズバリ的中"の予想問題!!

毎年本試験でズバリ的中を続出しているTACの全国公開模試は、宅建士試験を知り尽くした講師陣の長年にわたる緻密な分析の積み重ねと、叡智を結集して作成されています。TACの全国公開模試を受験することは最高水準の予想問題を受験することと同じなのです。

下記はほんの一例です。もちろん他にも多数の的中がございます!

2024年合格目標　TAC全国公開模試	2024年　宅建士本試験
問題 問19 肢3　**正解** ×　〔盛土規制法〕特定盛土等規制区域内において行われる土石の堆積に関する工事(特定盛土等に関する工事を除く。)については、工事主は、土石の堆積に伴う災害の発生のおそれがないと認められるものとしての一定の工事を除き、当該工事に着手する日の10日前までに、当該工事の計画について都道府県知事に届け出なければならない。	**問題** 問19 肢4　**正解** ○　〔盛土規制法〕特定盛土等規制区域内において行われる特定盛土等又は土石の堆積に関する工事については、工事主は、当該工事に着手する日の30日前までに、主務省令で定めるところにより、当該工事の計画を都道府県知事に届け出なければならない。ただし、特定盛土等又は土石の堆積に伴う災害の発生のおそれがないと認められるものとして政令で定める工事については、この限りでない。
問題 問30 肢1　**正解** ×　〔営業保証金〕営業保証金は、金銭のほか、国債証券、地方債証券、その他国土交通省令で定める有価証券でも供託できるが、有価証券はその種類に応じて、額面金額の100分の90又は100分の80のいずれかの価額に評価される。	**問題** 問27 肢3　**正解** ×　〔営業保証金〕(宅地建物取引業保証協会の社員ではない宅地建物取引業者)Aは、金銭と有価証券を併用して供託することができ、有価証券のみで供託する場合の当該有価証券の価額は、国債証券の場合はその額面金額の100分の90、地方債証券の場合はその額面金額の100分の80である。
問題 問38 肢2　**正解** ×　〔クーリング・オフ〕(宅地建物取引業者Aが、自ら売主として、宅地建物取引業者ではないBと建物の売買契約を締結した場合)AがBに対してクーリング・オフについて告げる書面には、Aの商号又は名称及び免許証番号を記載すれば、Aの住所は記載する必要はない。	**問題** 問30 肢1　**正解** ○　〔クーリング・オフ〕(宅地建物取引業者Aが、自ら売主として、宅地建物取引業者ではない個人Bとの間で宅地の売買契約を締結した場合)Aがクーリング・オフについて告げるときに交付すべき書面には、Aの商号又は名称及び住所並びに免許証番号の記載は必要であるが、Aの宅地建物取引士の記名は必要ない。

◆全国公開模試の詳細は2025年7月上旬に発表予定です。

直前対策シリーズ

※直前対策シリーズの受講料等詳細につきましては、2025年7月中旬刊行予定のご案内をご確認ください。

ポイント整理、最後の追い込みに大好評!

TACでは、本試験直前期に、多彩な試験対策講座を開講しています。
ポイント整理のために、最後の追い込みのために、毎年多くの受験生から好評をいただいております。
周りの受験生に差をつけて合格をつかみ取るための最後の切り札として、ご自身のご都合に合わせてご活用ください。

8月開講　直前対策講義　〈全7回／合計17.5時間〉　講義形式

 ビデオブース講座　　 **Web通信講座**

直前の総仕上げとして重要論点を一気に整理!
直前対策講義のテキスト(非売品)は本試験当日の最終チェックに最適です!

対象者
- よく似たまぎらわしい内容や表現が「正確な知識」として整理できていない方
- 重要論点ごとの総復習や内容の整理を効率よくしたい方
- 問題を解いてもなかなか得点に結びつかない方

特色
- 直前期にふさわしく「短時間(合計17.5時間)で重要論点の総復習」ができる
- 重要論点ごとに効率良くまとめられた教材で、本試験当日の最終チェックに最適
- 多くの受験生がひっかかってしまうまぎらわしい出題ポイントをズバリ指摘

カリキュラム (全7回)

使用テキスト
- ●直前対策講義レジュメ (全1冊)

※2025年合格目標宅建士講座「総合本科生SPlus」「総合本科生S」「総合本科生」をお申込みの方は、カリキュラムの中に「直前対策講義」が含まれておりますので、別途「直前対策講義」のお申込みの必要はありません。

通常受講料(教材費・消費税10%込)
- ■ビデオブース講座
- ■Web通信講座

¥33,000

10月開講　やまかけ3日漬講座　〈全3回／合計7時間30分〉　問題演習+解説講義

 教室講座　　**Web通信講座**

TAC宅建士講座の精鋭講師陣が2025年の宅建士本試験を
完全予想する最終直前講座!

対象者
- 本試験直前に出題予想を押さえておきたい方

特色
- 毎年多数の受験生が受講する大人気講座
- TAC厳選の問題からさらに選りすぐった「予想選択肢」を一挙公開
- リーズナブルな受講料
- 一問一答形式なので自分の知識定着度合いが把握しやすい

使用テキスト
- ●やまかけ3日漬講座レジュメ (問題・解答 各1冊)

申込者限定配付

通常受講料(教材費・消費税10%込)
- ■教室講座
- ■Web通信講座

¥9,900

※2025年合格目標TAC宅建士講座各本科生・パック生の方も別途お申込みが必要です。
※振替・重複出席等のフォロー制度はございません。予めご了承ください。

宅建士とのW受験に最適!

宅地建物取引士試験と賃貸不動産経営管理士試験の同一年度W受験をオススメします!

宅建士受験生の皆さまへ!

宅建士で学習した知識を活かすには同一年度受験!!

お部屋探し・入居の入り口(大家と入居者の賃貸借契約仲介)では**「宅建業」**の知識が必要となり、入居後から退去までは**「賃貸管理業」**の知識が必要となります。

このことから、Wライセンスとすることで賃貸においてのお部屋探し〜入居〜退去まで、人々の安心・安全な生活に密接に関わることができ、**宅建業+賃貸管理業=『不動産業』のスペシャリストとして活躍できるフィールドが広がります。**

また、試験科目が宅地建物取引士と多くの部分で重なっており、宅地建物取引士受験者にとっては資格取得に向けての大きなアドバンテージになります。宅地建物取引士受験生の皆様には、**同一年度に賃貸不動産経営管理士試験とのW合格のチャレンジをオススメします!**

◆各資格試験の比較　※受験申込受付期間にご注意ください。

	宅地建物取引士	共通点	賃貸不動産経営管理士
受験申込受付期間	例年7月初旬〜7月末		例年8月初旬〜9月下旬
試験形式	四肢択一・50問	↔	四肢択一・50問
試験日時	毎年1回、10月の第3日曜日		毎年1回、11月の第3日曜日
	午後1時〜3時(2時間)	↔	午後1時〜3時(2時間)
試験科目 ※主要な科目	民法 借地借家法 不動産登記法 宅建業法 建築基準法 都市計画法	↔	**民法 借地借家法 不動産登記法 宅建業法 建築基準法 都市計画法**
	国土利用計画法 農地法 土地区画整理法 鑑定評価 統計		賃貸住宅管理業法 賃貸住宅の維持・保全 賃貸住宅標準契約書 個人情報保護法 原状回復をめぐるトラブルとガイドライン
受験者数	233,276名　(令和5年度)		28,299名　(令和5年度)
合格者数	40,025名　(令和5年度)		7,972名　(令和5年度)
合格率	17.2%　(令和5年度)		**28.2%　(令和5年度)**
合格基準点	36点/50点　(令和5年度)	↔	36点/50点　(令和5年度)

※賃貸不動産経営管理士試験を目指すコースの詳細は、2025年合格目標 賃貸不動産経営管理士講座パンフレット(2024年12月刊行予定)をご覧ください。

宅建士からのステップアップに最適!

ステップアップ・ダブルライセンスを狙うなら…

宅地建物取引士の本試験終了後に、不動産鑑定士試験へチャレンジする方が増えています。なぜなら、これら不動産関連資格の学習が、不動産鑑定士へのステップアップの際に大きなアドバンテージとなるからです。宅建の学習で学んだ知識を活かして、ダブルライセンスの取得を目指してみませんか?

▶不動産鑑定士

宅建を学習された方にとっては見慣れた法令が点在しているはずです。

2024年度不動産鑑定士短答式試験
行政法規 出題法令・項目

難易度の差や多少の範囲の相違はありますが、一度学習した法令ですから、初学者に比べてよりスピーディーに合格レベルへと到達でき、非常に有利といえます。
なお、論文式試験に出題される「民法」は先述の宅建士受験者にとっては馴染みがあることでしょう。したがって不動産鑑定士試験全体を通じてアドバンテージを得ることができます。

問題	法律	問題	法律
1	土地基本法	21	マンションの建替え等の円滑化に関する法律
2	不動産の鑑定評価に関する法律	22	不動産登記法
3	不動産の鑑定評価に関する法律	23	住宅の品質確保の促進等に関する法律
4	地価公示法	24	宅地造成及び特定盛土等規制法
5	国土利用計画法	25	宅地建物取引業法
6	都市計画法	26	不動産特定共同事業法
7	都市計画法	27	高齢者、障害者等の移動等の円滑化の促進に関する法律
8	都市計画法	28	土地収用法
9	都市計画法	29	土壌汚染対策法
10	都市計画法	30	文化財保護法
11	土地区画整理法	31	自然環境保全法
12	土地区画整理法	32	農地法
13	都市再開発法	33	河川法、海岸法、公有水面埋立法
14	都市再開発法	34	国有財産法
15	景観法	35	所得税法
16	建築基準法	36	法人税法
17	建築基準法	37	租税特別措置法
18	建築基準法	38	地方税法
19	建築基準法	39	相続税法
20	建築基準法	40	資産の流動化に関する法律、投資信託及び投資法人に関する法律

さらに 宅地建物取引士試験を受験した経験のある方は割引受講料にてお申込みいただけます!

詳細はTACホームページ、不動産鑑定士講座パンフレットをご覧ください。

TAC出版 書籍のご案内

TAC出版では、資格の学校TAC各講座の定評ある執筆陣による資格試験の参考書をはじめ、資格取得者の開業法や仕事術、実務書、ビジネス書、一般書などを発行しています！

TAC出版の書籍
*一部書籍は、早稲田経営出版のブランドにて刊行しております。

資格・検定試験の受験対策書籍

- 日商簿記検定
- 建設業経理士
- 全経簿記上級
- 税理士
- 公認会計士
- 社会保険労務士
- 中小企業診断士
- 証券アナリスト
- ファイナンシャルプランナー(FP)
- 証券外務員
- 貸金業務取扱主任者
- 不動産鑑定士
- 宅地建物取引士
- 賃貸不動産経営管理士
- マンション管理士
- 管理業務主任者
- 司法書士
- 行政書士
- 司法試験
- 弁理士
- 公務員試験(大卒程度・高卒者)
- 情報処理試験
- 介護福祉士
- ケアマネジャー
- 電験三種　ほか

実務書・ビジネス書

- 会計実務、税法、税務、経理
- 総務、労務、人事
- ビジネススキル、マナー、就職、自己啓発
- 資格取得者の開業法、仕事術、営業術

一般書・エンタメ書

- ファッション
- エッセイ、レシピ
- スポーツ
- 旅行ガイド（おとな旅プレミアム/旅コン）

TAC出版

(2024年2月現在)

書籍のご購入は

1 全国の書店、大学生協、ネット書店で

2 TAC各校の書籍コーナーで

資格の学校TACの校舎は全国に展開！
校舎のご確認はホームページにて

資格の学校TAC ホームページ
https://www.tac-school.co.jp

3 TAC出版書籍販売サイトで

CYBER BOOK STORE TAC出版書籍販売サイト

24時間ご注文受付中

TAC 出版 で 検索

https://bookstore.tac-school.co.jp/

- 新刊情報をいち早くチェック！
- たっぷり読める立ち読み機能
- 学習お役立ちの特設ページも充実！

TAC出版書籍販売サイト「サイバーブックストア」では、TAC出版および早稲田経営出版から刊行されている、すべての最新書籍をお取り扱いしています。
また、会員登録（無料）をしていただくことで、会員様限定キャンペーンのほか、送料無料サービス、メールマガジン配信サービス、マイページのご利用など、うれしい特典がたくさん受けられます。

サイバーブックストア会員は、特典がいっぱい！ (一部抜粋)

通常、1万円(税込)未満のご注文につきましては、送料・手数料として500円(全国一律・税込)頂戴しておりますが、1冊から無料となります。

専用の「マイページ」は、「購入履歴・配送状況の確認」のほか、「ほしいものリスト」や「マイフォルダ」など、便利な機能が満載です。

メールマガジンでは、キャンペーンやおすすめ書籍、新刊情報のほか、「電子ブック版TACNEWS(ダイジェスト版)」をお届けします。

書籍の発売を、販売開始当日にメールにてお知らせします。これなら買い忘れの心配もありません。

書籍の正誤に関するご確認とお問合せについて

書籍の記載内容に誤りではないかと思われる箇所がございましたら、以下の手順にてご確認とお問合せを
してくださいますよう、お願い申し上げます。
なお、正誤のお問合せ以外の**書籍内容に関する解説および受験指導などは、一切行っておりません。**
そのようなお問合せにつきましては、お答えいたしかねますので、あらかじめご了承ください。

1 「Cyber Book Store」にて正誤表を確認する

TAC出版書籍販売サイト「Cyber Book Store」の
トップページ内「正誤表」コーナーにて、正誤表をご確認ください。

CYBER TAC出版書籍販売サイト
BOOK STORE

URL:https://bookstore.tac-school.co.jp/

2 1 の正誤表がない、あるいは正誤表に該当箇所の記載がない ⇒ 下記①、②のどちらかの方法で文書にて問合せをする

★ご注意ください★

お電話でのお問合せは、お受けいたしません。
①、②のどちらの方法でも、お問合せの際には、「お名前」とともに、
「対象の書籍名(○級・第○回対策も含む)およびその版数(第○版・○○年度版など)」
「お問合せ該当箇所の頁数と行数」
「誤りと思われる記載」
「正しいとお考えになる記載とその根拠」
を明記してください。
なお、回答までに1週間前後を要する場合もございます。あらかじめご了承ください。

① ウェブページ「Cyber Book Store」内の「お問合せフォーム」より問合せをする

【お問合せフォームアドレス】

https://bookstore.tac-school.co.jp/inquiry/

② メールにより問合せをする

【メール宛先　TAC出版】

syuppan-h@tac-school.co.jp

※土日祝日はお問合せ対応をおこなっておりません。
※正誤のお問合せ対応は、該当書籍の改訂版刊行月末日までといたします。

乱丁・落丁による交換は、該当書籍の改訂版刊行月末日までといたします。なお、書籍の在庫状況等
により、お受けできない場合もございます。
また、各種本試験の実施の延期、中止を理由とした本書の返品はお受けいたしません。返金もいたし
かねますので、あらかじめご了承くださいますようお願い申し上げます。

TACにおける個人情報の取り扱いについて
■お預かりした個人情報は、TAC(株)で管理させていただき、お問合せへの対応、当社の記録保管にのみ利用いたします。お客様の同意なしに業務委託先以外の第三者に開示、提供することはござい
ません(法令等により開示を求められた場合を除く)。その他、個人情報保護管理者、お預かりした個人情報の開示等及びTAC(株)への個人情報の提供の任意性については、当社ホームページ
(https://www.tac-school.co.jp)をご覧いただくか、個人情報に関するお問い合わせ窓口(E-mail:privacy@tac-school.co.jp)までお問合せください。

(2022年7月現在)